教育部人文社会科学研究一般项目资助"义务教育'就近入学'中的平等权问题研究"（17YJA880060）

# 就近入学
# 与义务教育公平

邵亚萍　著

ZHEJIANG UNIVERSITY PRESS
浙江大学出版社

# 序

《中华人民共和国义务教育法》第二章第十二条规定："地方各级人民政府应当保障适龄儿童、少年在户籍所在地学校就近入学。父母或者其他法定监护人在非户籍所在地工作或者居住的适龄儿童、少年，在其父母或者其他法定监护人工作或者居住地接受义务教育的，当地人民政府应当为其提供平等接受义务教育的条件。"

就近入学的"近"究竟有多近？非户籍地的适龄儿童就近入学如何能够平等实现？可以说，这些问题近年来逐渐为司法机关所关注。追求高水平教育质量永远是每个中国家庭的目标。由此，就近入学与教育资源的妥当划分密不可分，在一定程度上关系到义务教育的公平性。

邵亚萍副教授关注教育法多年，更是以平等权为视角对义务教育阶段的学区划分问题展开了探讨，既有对中国"就近入学"的规范和制度分析，也对国外典型制度进行了探究；既分析了就近入学的司法案例，也对就近入学的现实运作及政策层面上的问题进行了梳理，全景式地为我们展示了就近入学所面临的实践问题以及由此所带来的学术挑战。同时，本书也整理、搜集、研究了诸多数据，不仅可供研究者参考，也将有助于教育行政部门决策的科学性。

在生育政策逐渐放开的当下，可以预见，义务教育入学问题将更加突出。与其说我们所追求的是距离上的就近，不如说其背后所承载的是"内卷"形势下，传统东亚文化对精英主义的执着追求。因此，其最终依赖于义务教育本质的复原，即义务教育是国家统一实施的所有适龄儿童、少年必须接受的教育，是国家必须予以保障的公益性事业。剔去违背该本质的制度设计，我们对就近入学的困扰和焦虑将在实质上得以消解。

相信每位阅读本书的读者都会从中受益并能够冷静、客观地重思当下义务教育领域中的平等权实现问题。

是以序！

胡敏洁

浙江大学光华法学院教授

2021年6月

# 前　言

　　教育公平是公民平等权在受教育领域的具体体现。教育公平的理念源远流长，自古以来我国就有"有教无类"的朴素理想。随着教育对于社会、个人发展重要性的日益提升，教育公平被认为是社会公平的重要基石，也是衡量法治程度的重要指标。教育公平的内涵，一般包括机会公平、过程公平和结果公平。机会公平也即起点公平，是指受教育者都有同等的受教育机会；过程公平是指受教育过程中的公平，要求教育者在实施教育活动中平等对待受教育对象；结果公平则指学生受教育结果评价中的公平对待。在三者的关系中，机会公平是教育公平的基础，过程公平是起点公平的延续，结果公平是教育理想。自新中国成立以来，党和政府始终把促进教育公平作为执政理念、行动目标和政策措施，在一个一穷二白、人口众多、发展不平衡的国家大力推进教育公平，创新了促进教育公平的中国模式，为世界教育公平提供了宝贵经验。

　　义务教育是提升国民整体素质的普惠工程。新中国成立以来，我国在促进义务教育公平方面做出了积极努力。从1954年《宪法》第八十六条确认公民平等权到1986年新中国第一部基础教育法律《中华人民共和国义务教育法》（以下简称《义务教育法》）的诞生，再到2006年《义务教育法》修订等，依法推进教育公平始终是党和政府进行教育改革和教育治理的基本路径。就近入学、标准化学校建设、教育扶贫、外来务工人员随迁子女受教育权保障等举措有效地提升了义务教育巩固率，有力地推进了教育均衡，促进了教育公平。党的十八大以来，享有公平而有质量的教育已经成为新时代的新需求，坚持以人民为中心、促进教育优质均衡发展成为新时代教育事业的政策目标。

同时仍需看到的是，基于历史的原因，义务教育公平的推进尚存不少亟待解决的问题：城乡之间、区域之间、校际之间的教育资源尚不均衡，外来务工人员随迁子女的受教育权保障尚未全面实现、促进教育公平的政策尚需稳定化和法治化、民办学校承担义务教育职责的法律机制尚需完善、教育信息化背景下的教育公平问题需要特别关注等，这些都要求从中央到地方的各级国家机关、社会力量和家庭予以充分关注，并从多个层面共同推动教育公平。

公平的实质是生命个体的平等，是人性尊严的平等。在"教育公平是社会公平重要基础"的理念已经深入人心的今天，在加快推进教育现代化、建设社会主义教育强国的战略背景下，在深层次推进教育公平、办好人民满意的教育的要求下，对义务教育公平的关注始终是教育领域的重要话题。本书以义务教育就近入学中的平等权保障问题为核心，通过对就近入学的规范解读、平等保障原理分析、实施情况调研以及司法裁判的研究，从法学的视角对就近入学的平等保障及其关联的教育公平问题进行较为深入的研究，希冀对我国义务教育公平的推进贡献微薄力量。

# 目　录

# 第一章

# 国内外义务教育就近入学的制度演进

所谓就近入学，指的是学龄儿童、少年在自己家庭附近的学校"就近"上学，这一"就近"固然不是物理意义上的最短直线距离，却有着对孩子义务教育阶段"路短腿短"的人性关怀。从我国学界的研究来看，对就近入学的关注与1986年《义务教育法》的颁布实施有关，并在2006年该法修订前后各形成一个研究高峰，迄今热度不减。而耐人寻味的是：在有关就近入学的研究中，一个共同的指向是教育公平问题，即就近入学究竟是推进了义务教育公平还是成为教育不公的制度渊源。而要回答这个问题，则需要从历史和文本的视角考察就近入学的制度演变，探究其不同阶段的具体内容及其制度目的。基于此，本章主要对新中国成立以来的就近入学制度形成进行梳理，为探究其与教育公平之间的关系提供基础，同时通过对部分国家就近入学制度的解读，对就近入学规定的国际趋势做出基本的判断。

## 一、新中国成立以来我国就近入学的制度形成

作为义务教育入学的一项基本制度，新中国成立以来对就近入学首次做出立法规定的是1986年的《义务教育法》，相关立法和政策制定、学术研究

等亦多以此为起点，但在该法出台以前，新中国的基础教育已实施30多年，那么这其间是否也要求就近入学呢？基于此，笔者以1986年为界，对就近入学的制度情况分别进行考察，以获得对该制度的完整认识。

**（一）1986年前的就近入学**

新中国成立之前，1949年9月的《中国人民政治协商会议共同纲领》规定了新中国教育的性质，即"中华人民共和国的文化教育为新民主主义的，即民族的、科学的、大众的文化教育"。根据毛泽东的理解，大众的文化教育"应为全民族中百分之九十以上的工农劳苦民众服务"，这在1949年12月召开的第一次全国教育工作会议上得到强调，确立了教育必须为工农服务，必须为国家生产建设服务的方针，要求各级各类学校必须向工农敞开大门，接受工农干部和工农子女入学，从而在中国历史上首次将占人口最大多数的劳动人民纳入教育体系，这对于我国公民整体文化水平的提升起了积极的作用。相关资料显示，"1949年，我国80%人口是文盲，小学净入学率仅20%，初中毛入学率仅3%。到1965年，全国小学毛入学率迅速提高到84.7%，基本脱盲者累计超过1亿人"。[1] 而在扫盲脱盲的过程中，是否已经出台了适龄儿童、少年就近入学的制度化规定，笔者在资料收集的范围内并无发现，但发现个别规范中已经出现就近入学的概念。

1962年，《四川省人民委员会关于人民办学的试行办法》（川议字〔1962〕331号）中较为明确地提出了"就近入学"的要求，其第二条规定："人民办学应当根据群众自愿，便于群众子女就近入学，可以由农村的生产队、城市的街道办事处举办，或者由几个生产队联合举办；可以由企业、事业、机关、团体举办，也可以由学生家长、教师、热心教育事业的人士，联

---

① 杨银付，王秀江.在教育公平之路上砥砺奋斗[EB/OL].（2019-10-10）[2021-05-01].https://edu.gmw. cn/2019-10/11/content_33222712.htm.

合举办或个人举办"。该办法中的就近入学是否是最早的文本规定尚不能确定，但"便于"群众子女入学显然是"就近"之目的，而从文本的表达来看，也应属人民办学需遵循的要求。当然，仅仅一个文本无法说明一个制度的存在，但结合当时的基础教育办学情况，就近入学应具有较大的现实可能。

在公民基本权利保障问题上，现代法治国家均确立了一个基本的理念，即国家是法定的保障主体，义务教育更是被纳入了基本公共服务的范畴，应由国家免费提供。但在新中国成立初期，基于国家经济状况和办学力量的原因，中、小学教育事业的发展采取了"两条腿走路"的方针，即以国家办学为主体，充分调动社队集体、厂矿、企业单位各方面办学的积极性，这在1957年6月3日发布的《教育部关于提倡群众办学的通知》中得到充分反映。该通知强调"中、小学是地方性和群众性的事业，我国地广人多，经济落后，中、小学教育不可能完全由国家包下来，当前必须采取多种多样的办学形式，才可以适当满足儿童入学和升学的要求。因此，今后除了国家办学外，还必须大力提倡群众办学，动员城乡居民和工矿、企业、机关、团体、院校、合作社等单位的员工，根据需要、自愿和可能的原则，集资兴办学校。此外，还应鼓励华侨办学，并允许私人办学"。"对过去原由工矿、企业、机关、团体、院校、合作社等部门自办的学校，已移交给地方教育行政部门接管的，可以报请省、市人民委员会根据具体情况决定由教育行政部门继续办理或与原主管单位协商，逐渐交还给原单位自办，或由原单位动员职工群众办理。"可见，该通知中虽然没有出现就近入学的概念，但在"工矿、企业、机关、团体、院校、合作社等部门"自办学校的情况下，适龄儿童、少年就近入学有了较大的现实可能。

20世纪80年代初，我国基础教育仍然采取了"两条腿走路"的办学方式，这一过程中，就近入学的要求逐渐体现。如1983年《四川省人民政府关于厂矿、企业办学经费问题的试行办法》（川府发〔1983〕207号）就规定，"教育部门办的城市、县镇中小学，除重点中学按规定范围统一择优录取学生外，应按教育部门统一安排的学校服务区域，凭户口就近地入学的原则招收学生（包括随父母调动的转学生）。学校不能为了增加收入，任意招收户口不在本区域的学生入学。不能拒收合乎条件和规定的转学生，不能向这些学生收取转学费。对于虽远离县、镇，但就近有入学条件的厂矿、企业单位，为了追求'名牌学校'，愿出高额经费组织学生进城入学或违背当地划区规定，跨区入学的做法，应予制止。已跨区入学的可等学生毕业完为止"。此后《四川省人民政府关于集资办学和厂矿、企业交纳办学经费问题的补充通知》（川府发〔1984〕58号）中又有所补充，即在厂矿和企事业单位中，"已经单独举办或联合举办了子弟校，其职工子女的绝大多数在子弟校入学，极少数由于住地分散，就近、就地在地方上学的，不再交纳办学经费"。

1984年10月11日，《国家教育委员会关于厂矿企业办学和向厂矿企业集资办中、小学应注意的几个问题的通知》（国家教委〔84〕教计字199号）中也出现就近入学的概念，该通知第三条规定："党政机关、人民团体、事业单位和当地人民政府批准的一些规模很小，职工居住分散，确实无力办学的厂矿企业单位，其职工子女，由教育部门负责统一安排就近入学。除按规定学校收取学杂费外，不要硬性摊派办学经费。"就近入学的国家保障义务特点初显。

可见，1986年《义务教育法》出台以前，虽然就近入学尚未作为一项制度得以确立，但在面向工农兵办学的思路下，却使就近入学具备了一定的现实条件，并逐渐成为基础教育的办学要求。当然，就近入学的整体情况必定受制于当时的办学条件，但这也为1986年就近入学的入法奠定了现实基础。

### （二）1986年以来就近入学的立法梳理

1986年，《义务教育法》的出台使就近入学作为一项法律制度得以确立，相关立法亦日渐丰富。借助"北大法宝"，以"就近入学"为关键词搜索显示：截至2020年7月5日，有全国性的法律1项，为1986年的《义务教育法》及其历次修订；行政法规2项，为《义务教育法实施细则》和《校车安全管理条例》；规章以下的中央规范性文件共27项，其中国务院13项、国务院各机构14项。在地方层面：有地方性法规192项、政府规章71项、规章以下的规范性文件1966个、地方工作文件1988个。地方规范中，其中现行有效的3880个，失效的273个，已被修改的71个，部分失效的3个。地方分布中，规范数据位居前三的分别为江苏省301条、福建省258条、广东省218条，而数据最少的三个地方则分别是西藏自治区17条、天津市40条及宁夏回族自治区49条。解读这些规范，可以了解就近入学的制度全貌，并为相关研究提供依据和视角。根据《立法法》对"法"的范围界定，涉及就近入学的立法及其内容如下所示。

#### 1.法律

在教育领域，1995年的《中华人民共和国教育法》（以下简称《教育法》）是规范教育关系的基本法，而对就近入学问题做出直接规定的则是1986年的《义务教育法》，至今已历经2006年的修订和2015年、2018年的两次修正。

（1）1986年《义务教育法》。作为新中国成立以来的第一部《义务教育法》，该法立法简约，仅有十八条，其第九条第一款对就近入学做出了规定，即"地方各级人民政府应当合理设置小学、初级中等学校，使儿童、少年就近入学"。而对于就近入学的目的、要求等，并无立法解释可供参考，从而引发了对于就近入学是公民权利抑或义务的诸多争论。

（2）2006年《义务教育法》。1986年的《义务教育法》在促进基础教育普及、提升中小学入学率方面发挥了积极作用，相关数据显示，"截至1991年，全国小学适龄儿童入学率达到97.8%，在校生的巩固率已达96.9%"①。这其中，就近入学规定的执行显然功不可没。但值得注意的是，就近入学亦并未被完全执行。伴随着"有学可上"问题的解决，寻求更优教育资源的行为逐渐凸显，其典型的现象即是各地基于优质教育资源的追求而引发的"以钱择校""以权择校"及"以优择校"问题，不仅扭曲了义务教育的本质规律，亦破坏了社会公平，从而在20世纪90年代后成为教育领域重点治理的对象。1995年，《教育法》的颁布对受教育权的平等保障做出了进一步强调，其第九条规定："中华人民共和国公民有受教育的权利和义务。公民不分民族、种族、性别、职业、财产状况、宗教信仰等，依法享有平等的受教育机会"，这对于义务教育领域实现平等保障起了积极的推进作用。如果说对优质资源的追逐是一种天性的话，那么在优质教育资源可能影响一个人的发展、全面的权利保障意识已得到整体提升的背景下，对义务教育的公平保障显然成为重要的时代需求。正是基于择校热、权利意识提升及《教育法》出台这些多方面的因素，促使《义务教育法》需要对新情况做出回答，2006年的修订正是在这样的背景下进行的，而有关就近入学的规定也同样需要适应这一趋势和要求。

2006年《义务教育法》对就近入学的规定见于第十二条，共三款，即"适龄儿童、少年免试入学。地方各级人民政府应当保障适龄儿童、少年在户籍所在地学校就近入学；父母或者其他法定监护人在非户籍所在地工作或者居住的适龄儿童、少年，在其父母或者其他法定监护人工作或者居住地接受义务教育的，当地人民政府应当为其提供平等接受义务教育的条件。具体办法由省、自治区、直辖市规定；县级人民政府教育行政部门对本行政区域内的军人子女接受义务教育予以保障"。其所表达的含义主要是三方面：

---

① 吴福生.《义务教育法》实施情况[J].中国法律年鉴，1992（1）：110.

第一，免试免费入学。"免试"，是适应义务教育阶段特点、保障"人人有学可上"的入学原则，也是对通过考试择优选拔方式的否定。事实上，在基础教育阶段，通过"免试"保障受教育权、提升全民素质亦是世界各国的通行做法。在"免费"入学方面，此次修法将义务教育的免费范围从1986年规定的"学费"扩展到"杂费"，即在第二条第二款明确"义务教育是国家统一实施的所有适龄儿童、少年必须接受的教育，是国家必须予以保障的公益性事业"的基础上，规定"实施义务教育，不收学费、杂费"。这一修改既是对部分地方乱收费现象的规制，也是吸取了专家意见的结果。资料显示：在讨论修改稿草案时，财政部胡成玉和教育部张文提出："现行义务教育法中没有关于杂费的规定，杂费这一概念首先出现在义务教育法实施细则中，当时是为了弥补教育经费严重不足而给予的一个出路。杂费与学费并无本质区别。只要国家财政能够负担义务教育经费的投入，杂费就应该全免。"孙鹤娟提出，"收取杂费是义务教育的一个阶段性现象，并不是长期存在，国务院已经明确要在两年内全部免除杂费，届时也就不存在'杂费'这一概念了，建议从立法的前瞻性和稳定性考虑，将'逐步免收杂费'修改为'免收杂费'"。[1]事实证明，"免收学杂费"是义务教育作为公共服务的基本要求，也是普及基础教育的重要举措。

第二，确立"就近"安排的标准，即户籍所在地、法定监护人的工作或居住地。这为各地的学区划分提供了实际操作方向并一直沿用至今。但部分学者所提出的就近入学内涵及由谁来确定就近入学的范围和原则等问题并未在这次修订中明确，而在就近入学的性质方面，学界尚存不同观点，如有的学者认为是政府的义务和适龄儿童、少年的权利。[2]

---

① 全国人民代表大会.有关部门、教育工作者和专家对义务教育法（修订草案）的意见[EB/OL].（2006-03-17）[2019-03-05].https://pkulaw.com/protocol/48968e8d30ddc04c3652e74a78d4299bbdfb.html.

② 全国人民代表大会.有关部门、教育工作者和专家对义务教育法（修订草案）的意见[EB/OL].（2006-03-17）[2019-03-05].https://pkulaw.com/protocol/48968e8d30ddc04c3652e74a78d4299bbdfb.html.

第三，就近入学的平等保障。比较于1986年立法并无明确的教育平等条款，此次修法显然在平等保障方面迈进了一大步，体现了教育法治的向前推进。对此，《关于〈中华人民共和国义务教育法（修订草案）〉的说明》中有所说明，即"义务教育资源分配不尽合理，城乡之间、地区之间、学校之间的差距依然存在，在一些地方和有些方面还是有扩大的趋势"成为此次修法的一个重要原因。从1986年的《义务教育法》第九条仅仅要求"地方各级人民政府应当合理设置小学、初级中等学校，使儿童、少年就近入学"，到2006年第12条中有关免试入学、政府保障职责及适龄儿童、少年在其父母或者其他法定监护人工作或者居住地入学等的规定，①均体现了国家通过立法对于就近入学公平诉求的回应，也体现了较为合乎现实的平等观。如原修订草案第十二条第二款规定，"适龄儿童、少年的父母或者其他监护人在非户籍所在地工作或者居住的，该适龄儿童、少年可以在其父母或者其他监护人工作或者居住地接受义务教育，并享有与当地适龄儿童、少年平等的接受义务教育的权利。具体办法由省、自治区、直辖市规定"。对此，北京师范大学的褚宏启担心上述规定可能会引发教育移民的浪潮，造成严重的社会问题。北京市教委何劲松认为，根据北京市当时流动儿童、少年有38万人，居住非常集中，主要在城乡接合部，而这些区域的公办学校有限，而其他区域的学校，因为父母不在那里工作，孩子们也去不了等实际情况。因此，简单地规定由流入地人民政府解决流动儿童、少年的义务教育问题，难以实施。基于此，2006年的修改最后调整为"当地人民政府应当为其提供平等接受义务教育的条件"，具有一定的时代合理性。此次就近入学规定的修订和变化也表明，在义务教育实施了20年后，就近入学与教育公平的关联度越来越为各界所关

---

① 2006年《义务教育法》第12条："适龄儿童、少年免试入学。地方各级人民政府应当保障适龄儿童、少年在户籍所在地学校就近入学。父母或者其他法定监护人在非户籍所在地工作或者居住的适龄儿童、少年，在其父母或者其他法定监护人工作或者居住地接受义务教育的，当地人民政府应当为其提供平等接受义务教育的条件。具体办法由省、自治区、直辖市规定。县级人民政府教育行政部门对本行政区域内的军人子女接受义务教育予以保障。"

注，最终在立法层面有所体现。

而在2006年至今的10多年间，就近入学是否公平已经成为一个常见的、普遍的话题。伴随着社会的发展和权利意识的增强，其背后的教育平等理念日益凸显，对平等的追求更为强烈。

（3）2015年《义务教育法》。2015年4月24日，第十二届全国人民代表大会常务委员会第十四次会议对《义务教育法》进行第一次修正，此次修正内容仅涉及一条，即将第四十条修改为"教科书价格由省、自治区、直辖市人民政府价格行政部门会同同级出版行政部门按照微利原则确定"，有关就近入学的立法规定没有发生变化。

（4）2018年《义务教育法》。2018年12月29日第十三届全国人民代表大会常务委员会第七次会议对《义务教育法》进行第二次修正，此次修正内容仅涉及出版管理部门的表达变动，即将第四十条中的"出版行政部门"修改为"出版主管部门"。

通过对《义务教育法》立法沿革的梳理可见，有关就近入学的规定主要体现于1986年和2006年的内容，尤其是2006年的修订对于就近入学的进一步推进有着积极意义。

2.行政法规

与义务教育就近入学相关的行政法规主要为1992年的《中华人民共和国义务教育法实施细则》和2012年的《校车安全管理条例》。

（1）《义务教育法实施细则》（以下简称《细则》）。1992年3月14日国家教委令第19号发布、国务院批准，2008年1月15日被《国务院关于废止部分行政法规的决定》废止，原因是已被2006年6月29日中华人民共和国主席令第52号公布的《义务教育法》代替。在该实施细则中，与就近入学相关的重要内容为：

第一，承认"借读"形式的入学方式。所谓"借读"，是指考生的学籍不在其应就读的学校而跨校、跨学区就读的一种情形，如学生的学籍在甲校而在乙校就读或学生的户籍在甲地而在乙地就读。《细则》第十四条规定："适龄儿童、少年到非户籍所在地接受义务教育的，经户籍所在地的县级教育主管部门或者乡级人民政府批准，可以按照居住地人民政府的有关规定申请借读。借读的适龄儿童、少年接受义务教育的年限，以其户籍所在地的规定为准。""借读"原为解决户口、成绩等原因造成的入学问题，但由于一定历史时期相关学校可以收取借读费，从而也引发了乱收费问题。而一些优质的学校也因此成为名为"借读"实为"择校"的对象，助推了教育领域的乱象。基于此，根据教育部门的规定，从2006年9月1日起、全国各地最迟从2009年1月1日起，义务教育阶段学校不再收取借读费、书费、杂费。在教育部有关规范招生秩序的文件中，严禁招收借读生，严禁"人籍分离"已经成为基本的要求，收取"借读费"的行为更是被严格禁止。

　　第二，将统筹规划和合理布局纳入义务教育学校建设，保障适龄儿童、少年就近入学的重要内容，以努力实现第十条的在20世纪末"普及初等义务教育"。其第二十六条规定："实施义务教育学校的设置，由设区的市级或者县级人民政府统筹规划，合理布局。小学的设置应当有利于适龄儿童、少年就近入学。寄宿制小学设置可适当集中。普通初级中学和初级中等职业技术学校的设置，应当根据人口分布状况和地理条件相对集中。"在就近入学的实施中，合理的学校布局是重要的基础性条件，实施细则的这一规定对于1986年《义务教育法》的完善和2006年的修订入法意义重大。

　　第三，规定了相应的法律责任。如第三十八条对于因工作失职未能如期实现义务教育实施规划目标的、无特殊原因未能如期达到实施义务教育学校办学条件要求的、对学生辍学未采取必要措施加以解决的、无正当理由拒绝接收应当在该地区或者该学校接受义务教育的适龄儿童、少年就学情形下，对有关责任人员给予行政处分的规定都体现了这一取向，有助于立法内容的落实。

（2）《校车安全管理条例》。经2012年3月28日国务院第197次常务会议通过，当年4月5日公布，自公布之日起施行。该条例以保障学生上学路上的人身安全为立法目的，但其背后亦与就近入学密切相关，即从政府的职责角度，合理布局学校设置、保障学生就近入学或者在寄宿制学校入学仍然是其首要的职责，而提供校车服务则是对无法实现就近入学的一种补充性措施。对此，该条例第三条明确规定："县级以上地方人民政府应当根据本行政区域的学生数量和分布状况等因素，依法制定、调整学校设置规划，保障学生就近入学或者在寄宿制学校入学，减少学生上下学的交通风险。……对确实难以保障就近入学，并且公共交通不能满足学生上下学需要的农村地区，县级以上地方人民政府应当采取措施，保障接受义务教育的学生获得校车服务。"此外，《校车安全条例（草案征求意见稿）及说明》①中也提到，"各方面普遍认为，尽量缩短学生上学距离，减少交通风险，是减少校车安全事故的源头性措施，应当切实贯彻《义务教育法》关于保障学生就近入学，以及设置寄宿制学校保障居住分散学生入学的规定"，并认为"从我国国情出发，城市应保障就近入学和以公共交通为主解决学生交通需求，需由政府给予必要支持的主要应当是农村地区为居住分散学生提供的校车服务"。

梳理上述中央立法可以发现，从1986年的《义务教育法》到1992年的实施细则再到2006年的法律修订，以及《校车安全管理条例》的出台实施，有关就近入学的规定愈益具体和明确，从学校布局、"就近"安排学区的标准以及未能满足"就近"要求下的问题解决均进行了较为全面的安排，亦体现了制度之间的衔接。

---

① 国务院法制办.关于《校车安全条例》（草案征求意见稿）及说明[EB/OL].（2011–12–11）[2019–03–05].
http://www.gov.cn/gzdt/2011-12/11/content_2017064.htm.

3.地方立法

从1986的《义务教育法》第八条规定义务教育"实行地方负责，分级管理"到2006年的《义务教育法》第十五条确立"国务院领导，省、自治区、直辖市人民政府统筹规划实施，县级人民政府为主管理的体制"，中央立法明确了地方政府是实施义务教育的主体，因此，如何通过地方立法来推进义务教育及就近入学关系到立法目标能否实现。资料显示，自1986年以来，具有地方立法权的地方立法机构积极作为，并根据义务教育的发展阶段不断推进地方立法。包括：

（1）1986—2006年。该阶段的目标是实施1986年《义务教育法》，通过就近入学普及九年制义务教育。从各地的立法内容看，两个特点比较突出：

第一，根据各地实际确立了普及初等义务教育的时间节点和目标比例。如《北京市实施〈中华人民共和国义务教育法〉办法》第二条规定："城区、近郊区的城市地区和远郊县城为一九八七年，农村地区为一九九〇年。个别有特殊困难的地方，经区（县）人民政府报请同级人民代表大会常务委员会批准，可适当推迟。"[①]黑龙江省要求"初等义务教育应在1988年实现；初级中等义务教育分为四类：经济发达、教育基础较好的地区和单位，1990年实现；经济条件较好、已经普及初等义务教育的地区和单位，1993年实现；经济文化基础一般的地区和单位，1995年实现；经济不发达、教育基础薄弱的地区和单位，2000年实现"[②]。《浙江省实行九年制义务教育条例》第二条要求"全省在1988年以前普及小学义务教育。城市和经济发达地区，在1990年以前按质按量普及初级中学义务教育，其他地区在1995年左右普及初中

---

① 1986年7月8日北京市第八届人民代表大会常务委员会第二十九次会议通过，京常字〔1986〕21号。

② 《黑龙江省实施〈中华人民共和国义务教育法〉条例》（1986年5月29日黑龙江省第六届人民代表大会第四次会议通过）。

阶段的普通教育或职业技术教育"①。山东省规定："实现九年制义务教育，全省以县（市、区）为单位分为三类：城市市区和经济比较发达、已经普及初等教育的县（市、区），1990年左右实现九年制义务教育。经济中等发展程度，已经普及或接近普及初等教育的县（市、区），1990年左右实现初等教育阶段的义务教育，1995年左右实现九年制义务教育。经济不发达、尚未普及初等教育的县（区），1995年实现初等教育阶段的义务教育，2000年左右实现九年制义务教育。"②江西省则是"1990年在全省普及初等义务教育；1995年在全省占70%人口的地区普及初级中等义务教育；到本世纪末在全省实现九年制义务教育"③。天津市"实现的年限，市区（包括滨海各区的城区部分，下同）和郊区、县的城镇为1988年，农村为1990年。有特殊困难的乡、村，经区（县）人民政府报请区（县）人民代表大会常务委员会批准，可适当推迟"④。云南省"全省多数县（市）在1990年左右普及初等教育，其余县在1995年基本普及初等教育"⑤。新疆维吾尔自治区"全区1995年前基本普及初等教育，2000年前基本普及初级中等教育"⑥。总体而言，时间节点和目标比例的设定与各地的经济发展水平、教育基础水平有关，而通过就近入学的落实，在20世纪末基本实现普及九年制义务教育也是各地比较一致的目标。

① 1985年6月13日浙江省第六届人民代表大会第三次会议通过，已根据1995年4月29日浙江省第八届人民代表大会常务委员会第十八次会议通过的《关于修改〈浙江省实行九年制义务教育条例〉的决定》修正。

② 《山东省实施〈中华人民共和国义务教育法〉办法》（1986年9月9日山东省第六届人民代表大会常务委员会第二十一次会议通过）。

③ 《江西省实行九年制义务教育条例》（1986年1月29日江西省第六届人民代表大会常务委员会第十五次会议通过）。

④ 《天津市实施〈中华人民共和国义务教育法〉办法》（1986年11月6日天津市第十届人民代表大会常务委员会第三十次会议通过）。

⑤ 《云南省实施〈中华人民共和国义务教育法〉办法》（1986年10月29日云南省第六届人民代表大会常务委员会第二十四次会议通过）。

⑥ 《新疆维吾尔自治区义务教育实施办法》（1988年5月28日新疆维吾尔自治区第七届人民代表大会常务委员会第二次会议通过）。

第二，基于该目标的设定，各地对合理布局义务教育学校，实现就近入学提出了具体要求。如山东省和北京市的实施办法中均规定各地应当"合理设置小学和初级中等学校，有步骤地使适龄儿童、少年就近入学。边远山区就近入学有困难的，应当创造条件，设置寄宿制学校"等。黑龙江省要求"各级人民政府应当合理设置小学、初级中等学校，方便儿童、少年就近入学"等。其间，1992年《义务教育法实施细则》颁布后，各地对就近入学问题进一步做出了细化规定，如浙江省在1995年的实施办法修正版第十一条规定："适龄儿童、少年入学实行就近入学原则。学校不得拒绝接收应在该学校接受九年制义务教育的适龄儿童、少年就学。无正当理由拒绝其入学的，由当地人民政府或教育主管部门责令其限期改正。适龄儿童、少年到非户籍所在地接受九年制义务教育的，可依照有关规定申请借读。"上海市1997年修改了地方性法规后，其第八条要求"区、县教育行政主管部门和乡、镇人民政府应当按照就近入学的原则划定学校的招生范围，使所有适龄儿童、少年能够入学。自行办学单位的招生范围，应当报经市教育行政主管部门批准"。山东省第八届人民代表大会常务委员会第十四次会议审议批准的《青岛市城市中小学校校舍场地管理办法》也强调"新居住区建设和旧城区改造时，必须根据学生就近入学的需要，规划建设或改建扩建中小学校。学校应与其他工程同时设计、同时施工、同时交付使用"[①]等。

（2）2006年《义务教育法》修订至今，各地相应地进行同步修正，就近入学与均衡教育、平等保障之间的关系在立法中得到重视。如陕西省要求"合理配置教育资源，促进城乡之间、区域之间、学校之间义务教育均衡发展，保障所有适龄儿童、少年依法平等享受接受义务教育的权利，落实义务教育的责任"，第十一条规定"县（市、区）人民政府应当保障适龄儿童、少

---

① 山东省人民代表大会常务委员会关于批准《青岛市人民代表大会常务委员会关于修改〈青岛市城市中小学校校舍场地管理办法〉的决定》的决定（1995年4月8日省八届人大常委会第十四次会议通过）。

年在户籍所在地就近入学。县（市、区）教育行政部门根据适龄儿童、少年数量和分布状况，合理划分学区，确定和调整本行政区域内公办学校的就近招生范围和人数，并向社会公布"。针对非户籍学生，第十三条明确"跟随父母或者其他法定监护人在非户籍所在地居住的适龄儿童、少年，应当在新学期开始三十日前，由其父母或者其他法定监护人持本人及儿童、少年的户籍、居住、就业、流出或者转学等证明，到居住地所在学区的学校办理入学手续。超出学校办学规模不能接收适龄儿童、少年入学的，学校应当及时向县（市、区）教育行政部门报告，由县（市、区）教育行政部门统筹安排就近入学的学校"[①]。其他地方也均有类似规定，并对就近入学予以进一步明确。

4.就近入学立法梳理小结

综合中央和地方的立法史，就近入学立法呈现以下特点：

（1）立法目的愈加注重权利保障。早期立法旨在通过普及九年制义务教，提高全民素质，相关制度安排如在边远、居住特别分散的地方设置寄宿制、半寄宿制学校（班），校车服务，借读等均体现了这一点。而随着义务教育普及率的提高及权利意识的提升，2006年该法修订后，这一目的仍然构成《义务教育法》就近入学的重要内容，但保障适龄儿童和少年的受教育权，实现其方便、安全、平等入学的立法倾向越来越明确，例如有关学校合并、撤销、搬迁，妥善安排学生就近入学等，这些均体现了通过立法保障权利的重要特点及趋势。流动人口适龄子女、残疾的适龄儿童和少年、流浪儿童、孤儿的入学问题也进一步得到重视。如《湖北省义务教育条例》第十七条规定："流浪未成年人、集中供养孤儿由所在未成年人救助保护中心、儿

---

① 《陕西省实施〈中华人民共和国义务教育法〉办法》( 2008 年 10 月 9 日陕西省第十一届人民代表大会常务委员会第四次会议修订 ) 第五条。

童福利机构送其入学。"[1]

（2）学区划分标准逐渐具体化。相较于中央立法要求"合理布局，保证儿童、少年就近入学"及"根据本行政区域内居住的适龄儿童、少年的数量和分布状况等因素来确定学区"较为笼统的规定，地方立法在其立法权限内，更多地将地理条件、交通环境等因素纳入其中。如《新疆维吾尔自治区实施〈中华人民共和国义务教育法〉办法（2008年修订）》第十九条规定"县级以上人民政府应当根据城乡总体规划、土地利用总体规划，根据本行政区域内居住的适龄儿童、少年的数量和分布状况、地理条件、交通环境等因素，按照国家有关规定，制定、调整学校设置规划，合理布局中小学校点"等。这一特点也与不同层级立法的要求相契合。

同时值得注意的是，就近入学与行政区域的关联度呈现出从有一定的灵活度到逐渐收紧的变化过程。早期基于普及义务教育的目的，部分地方可以在一定程度跨行政区域就近入学。如《江西省实行九年制义务教育条例》[2]第十条规定，"小学要方便适龄儿童、少年就近入学，不受行政区域限制"。《大连市保障适龄儿童少年接受义务教育若干规定》[3]第十四条规定，"各级人民政府计划、教育行政部门，依法编制小学、初级中学招生计划。学校要严格执行招生计划，不得随意扩大班额、招收重读生和借故拒收应入本校就读的适龄儿童、少年，并应允许农村适龄儿童、少年跨乡（镇）就近上学"。伴随着对"择校"的控制及对于就近入学的严格执行，这类规定越来越少，地方立法中"公办学校不得擅自跨招生范围组织招生"[4]的类似规定越来越多，如《江苏省实施〈中华人民共和国义务教育法〉办法》（2019年修正）第九

---

[1] 《湖北省人民代表大会常务委员会关于集中修改、废止涉及取消证明事项的部分省级地方性法规的决定》（2020年6月3日湖北省第十三届人民代表大会常务委员会第十六次会议通过）。

[2] 1986年1月29日江西省第六届人民代表大会常务委员会第十五次会议通过。

[3] 1990年6月29日辽宁省大连市第十届人民代表大会常务委员会第十九次会议通过。

[4] 《重庆市义务教育条例》（2011年3月25日重庆市第三届人民代表大会常务委员会第二十三次会议通过）第九条。

条规定"学校应当接收施教区内的适龄儿童、少年入学，不得跨施教区组织招生"。《贵州省义务教育条例》（2019年修正）第十七条规定学校"不得跨学区选招学生"等。这些都表明，"就近"的要求越来越严格。

（3）就近入学的保障机制日益完善。包括：进一步明确了免试"就近"入学。如《北京市实施〈中华人民共和国义务教育法〉办法（修订）》第十条规定："适龄儿童、少年免试入学。学校不得采取或者变相采取考试、测试、面试等形式选拔学生，不得将各种竞赛成绩、奖励、证书作为入学的依据"；非户籍生的就近入学保障得到立法确认并进一步明确，尤其是在各地实行居住证制度后，"义务教育"被作为基本的公共服务被确立下来。如《浙江省义务教育条例》第十二条规定"持有本省居住证的人员，与其同住的子女需要在居住地接受义务教育，符合省人民政府规定条件的，可以凭居住证到居住地所在县级人民政府教育主管部门申请就读；县级人民政府教育主管部门应当按照规定予以保障"[①]。此类规定基本上见于各地地方性法规及政府规章。此外对残疾儿童、少年的就近安排、有关校车服务的规定等也体现了这一特点。以校车服务为例，其提供校车服务的前提即是就近入学无法实现。如《湖南省实施〈校车安全管理条例〉办法》第四条规定，"县级以上人民政府应当多渠道筹措校车经费，按照国家规定保障因学校设置或者撤并原因难以就近入学，且公共交通不能满足上下学需要的农村地区学生获得校车服务。学校服务半径符合国家规定或者公共交通能够满足学生上下学需要的，应当不使用校车；使用校车的，不享受财政资金支持"（湖南省人民政府令第277号）。《宁夏回族自治区校车安全管理办法》第四条规定："对难以保障就近入学，公共交通又不能满足学生上下学需要的农村地区，县级以上人民政府应当保障接受义务教育的学生获得校车服务"（宁夏回族自治区人民政府令第86号）等。

---

[①]　2009年11月27日浙江省第十一届人民代表大会常务委员会第十四次会议通过。

（4）就近入学在多种规范中都得到规定。除了各地的义务教育条例作为就近入学的主要依据外，有关残疾人权益保障、校车服务、拥军优属等立法中亦多有涉及，体现了对就近入学多层面的立法保障。

### （三）就近入学的政策研读

我国立法对就近入学做出了较为原则性的规定，而进一步细化并为义务教育实施提供具体的可操作性依据的则是规章以下的其他规范性文件。相较于教育立法数量的有限性，其他规范性文件则数量众多，分布庞杂，本书将其统一纳入"教育政策"范畴，并对其进行进一步的解读，以获得对就近入学更具象的认识。解读中央和地方政策可以发现，有关就近入学的规定和内容主要见于下面几类政策文件。

#### 1.中央层面的教育发展规划类文件

教育关乎国家和个人发展。改革开放以来，党中央、国务院先后颁布《中国教育改革和发展纲要》（中发〔1993〕3号）、《国家中长期教育改革和发展规划纲要（2010—2020年）》（中发〔2010〕12号）、《中国教育现代化2035》（2019年2月发布）和《加快推进教育现代化实施方案（2018—2022年）》（2019年2月发布）等纲领性文件，在不同历史时期有力地指导推动了教育改革发展，有关义务教育就近入学的要求也得到强调。如《中国教育改革和发展纲要》强调，"基础教育是提高民族素质的奠基工程，必须大力加强……政府、社会、家长要认真履行自己的义务，保证适龄儿童入学，制止学生的辍学"，并要求"稳步推进小学毕业生就近入学"。《国家中长期教育改革和发展规划纲要（2010—2020年）》在要求在"合理规划学校布局，办好必要的教学点，方便学生就近入学"的同时对进城务工人员随迁子女的入学问题进行了强调，确立了"坚持以输入地政府管理为主、以全日制公办中小学为主"的基本原则，确保进城务工人员随迁子女平等接受义务教育，并要求"加快农村寄宿制学校建设,优先满足留守儿童住宿需求。采取必要措施,确保适龄儿童少年不因家庭经济困难、就学困难、学习困难等原因而失学,努力消除辍学现象"。在此基础上,国家教育事业发展五年规划纲要亦往往对就近入学问题进行进一步明确,如《国家教育事业发展"十一五"规划纲要》《国家教育事业发展"十三五"规划》等,后者并就加强农村学校布局规划、努力保障学生就近入学、接受有质量的教育做出了部署。

2.中央层面的基础教育、义务教育类政策文件

如《国务院办公厅转发教育部关于义务教育阶段办学体制改革试验工作若干意见的通知》(国办发〔1998〕96号)、《国务院关于基础教育改革与发展的决定》(国发〔2001〕21号)、《国务院办公厅关于规范农村义务教育学校布局调整的意见》(国办发〔2012〕48号)、《国务院关于深入推进义务教育均衡发展的意见》(国发〔2012〕48号)、《国务院关于统筹推进县域内城乡义务教育一体化改革发展的若干意见》(国发〔2016〕40号)、《中共中央、国务院关于深化教育教学改革全面提高义务教育质量的意见》等。这些政策文件既明确了义务教育改革的方向,同时也就就近入学问题的解决提出了指导性意见,如合理布局学校、提升义务教育质量、推进义务教育均衡发展等,以此推动义务教育公平。

3.教育部的政策文件

教育部发布的各种政策文件,包括年度工作要点、有关义务教育治理、义务教育年度招生工作通知等,均涉及就近入学的诸多内容。如《教育部2021年工作要点》将"推动城乡义务教育一体化发展"确定为"提升人民群众教育获得感"的工作要点之一,其中的一项工作措施即为"深入落实义务教育'公民同招'和免试就近入学政策,不断提高进城务工人员子女在公办学校就读(含政府购买学位)比例"。从历史的角度,对违反就近入学的行为如跨学区的"择校"、招录特长生、通过考试选拔优质生源、违规收取入学

捐资助学款等的治理也是教育部门的一项重要工作，以此保证就近入学的实施。如20世纪90年代以来，由于各学区间的教育资源不均衡现象，追逐优质教育资源、跨学区择校之风日盛，通过"择校"治理实现就近入学即成为义务教育领域的重要工作。如《国务院办公厅转发国家教委等部门关于1996年在全国开展治理中小学乱收费工作实施意见的通知》（国办发〔1996〕18号）提出，"一定要把'择校生'高收费问题坚决遏制住，重点是大中城市。对义务教育阶段公办学校现仍在招收'择校生'的，当地政府和有关部门要采取果断措施首先解决好高收费问题。从1995年秋季起已不招收'择校生'的省区市，要做好工作，巩固已有成果，防止反复。其他省区市要采取一步到位或尽快分步到位的办法限期解决'择校生'问题，实现就近入学的目标"等。而在年度招生工作通知中，合理布局、科学划片、规范学校招生行为、加强学生学籍管理等要求也为地方义务教育就近入学工作提供了具体的指导。

4.地方政府及当地教育部门的政策文件

这一类政策文件既是对国家法律法规和中央、上级部门教育政策的执行，同时也会根据所在地的特点进一步加以细化，文件数量多、分布形式多样，见于义务教育招生通知、义务教育标准化学校基准标准、义务教育阶段学生学籍管理办法、积分入学文件等。地方政策文件中，从省级到区县一级，对就近入学的规定也逐步细化，尤其是区县一级作为负责义务教育的法定主体，相关招生工作方案及施教区划分文件往往规定了就近入学的具体要求和相关程序，包括工作原则、招生对象、报名办法、录取办法、排序规则及特定群体的入学问题等。地方政府及其教育部门的政策文件为就近入学问题研究提供了更为具体的视角。

5.就近入学政策规定解读

解读就近入学政策规定可以发现，其呈现出两个显著的特点：一是与上位法律规范得到较好的衔接，体现了就近入学问题上的法制统一；二是政策规定更为具体地规定了就近入学的细节性内容，从而有利于制度的实施和落实。就具体内容而言，就近入学的下述内容在政策文件中得到强调和明晰：

（1）强调公办学校在就近入学中的职责。如《国务院办公厅转发教育部关于义务教育阶段办学体制改革试验工作若干意见的通知》（国办发〔1998〕96号）针对各地"公办民助""民办公助"等不同形式的办学体制改革中出现的问题，强调"办好义务教育是政府义不容辞的职责，各级政府要下大力量办好公办学校，确保公办学校能够满足适龄儿童少年就近入学的需求"。《国务院关于统筹推进县域内城乡义务教育一体化改革发展的若干意见》（国发〔2016〕40号）亦规定"要坚持以公办学校为主安排随迁子女就学，对于公办学校学位不足的可以通过政府购买服务方式安排在普惠性民办学校就读。实现混合编班和统一管理，促进随迁子女融入学校和社区。公办和民办学校都不得向随迁子女收取有别于本地户籍学生的任何费用。特大城市和随迁子女特别集中的地方，可根据实际制定随迁子女入学的具体办法"。强调义务教育为普惠性的公共服务，强调就近入学安排中的政府职责，成为各地政府教育管理中越来越明确的理念和认识。

（2）以强化招生管理落实就近入学。就近入学是义务教育阶段的招生和入学原则，对违反就近入学的行为进行治理是中央和地方的共同方向。如《国务院关于深入推进义务教育均衡发展的意见》（国发〔2012〕48号）"把区域内学生就近入学比率和招收择校生的比率纳入考核教育部门和学校的指标体系，以切实缓解'择校热'"。近几年来，针对民办学校拔尖招生的行为，教育部门出台的"公民同招"要求同样体现了这一目的。如2019年5月教育部发布的《关于严格规范大中小学招生秩序的紧急通知》要求"各地要进一步落实义务教育免试就近入学规定，科学划定服务片区范围，确保义务教育免试就近入学政策全覆盖。进一步规范义务教育阶段民办学校招生行为，将民办义务教育学校招生纳入属地教育行政部门统一管理，与公办学校同步招生，不得提前招生，不得通过考试或变相考试选拔生源，不得以任何形式干扰破坏招生秩序，坚决防止对生源地招生秩序造成冲击"。

（3）方便学生入学始终是就近入学的重要取向。在就近入学的制度设计中，方便孩子入学始终是最初的也是最符合义务教育要求的重要考量。如《国务院关于基础教育改革与发展的决定》（国发〔2001〕21号）就要求"农村小学和教学点要在方便学生就近入学的前提下适当合并，在交通不便的地区仍需保留必要的教学点，防止因布局调整造成学生辍学。针对农村义务教育学校因布局调整和撤并而大幅减少，导致部分学生上学路途变远的情况，《国务院办公厅关于规范农村义务教育学校布局调整的意见》（国办发〔2012〕48号）指出，"保障适龄儿童少年就近入学是义务教育法的规定，是政府的法定责任，是基本公共服务的重要内容。……充分考虑学生的年龄特点和成长规律，处理好提高教育质量和方便学生就近上学的关系，努力满足农村适龄儿童少年就近接受良好义务教育需求"。"农村义务教育学校布局要保障学生就近上学的需要。农村小学1至3年级学生原则上不寄宿，就近走读上学；小学高年级学生以走读为主，确有需要的可以寄宿；初中学生根据实际可以走读或寄宿。原则上每个乡镇都应设置初中，人口相对集中的村寨要设置村小学或教学点，人口稀少、地处偏远、交通不便的地方应保留或设置教学点。各地要根据不同年龄段学生的体力特征、道路条件、自然环境等因素，合理确定学校服务半径，尽量缩短学生上下学路途时间。"《教育部关于当前加强中小学管理规范办学行为的指导意见》（教基一〔2009〕7号）也指出"在优先方便学生就近入学、不加重农民负担的前提下，根据学龄人口变化，合理布局农村义务教育阶段学校，因地制宜地科学配置教育资源"。

（4）优化教育资源配置是实现就近入学的根本。对此，中央到地方的文件均关注到了这一问题。有关学校布局调整、危房改造、规范学制、城镇化发展、移民搬迁等政策背后亦有着这一考量。事实上，尽管新中国成立以来我国义务教育覆盖面、入学率、巩固率持续提高，"但受办学条件、地理环境、家庭经济状况和思想观念等多种因素影响，我国一些地区特别是老少边穷岛地区仍不同程度存在失学辍学现象，初中学生辍学、流动和留守儿童失学辍学问题仍然较为突出"。对此，《国务院办公厅关于进一步加强控辍保学提高义务教育巩固水平的通知》（国办发〔2017〕72号）要求"避免因上学远上学难而辍学……避免因学校布局不合理和学生上下学交通不方便造成学生失学辍学"。《国务院办公厅关于全面加强乡村小规模学校和乡镇寄宿制学校建设的指导意见》（国办发〔2018〕27号）也指出，统筹社会主义新农村建设和农村学校建设，优化农村教育规划布局，科学合理设置乡村小规模学校（指不足100人的村小学和教学点）和乡镇寄宿制学校……准确把握布局要求。农村学校布局既要有利于为学生提供公平、有质量的教育，又要尊重未成年人身心发展规律、方便学生就近入学；既要防止过急过快撤并学校导致学生过于集中，又要避免出现新的"空心校"。城乡义务教育公办学校标准化建设的推进促进了义务教育优质均衡发展。

（5）"就近"的含义进一步具体化

由于就近入学的含义和标准并未在立法层面得以明确，有关"就近"的理解成为实践操作的重要内容。相关资料显示，国家《中小学校设计规范》（GB 50099—2011）的规定为："城镇完全小学的服务半径宜为500m，城镇初级中学的服务半径宜为1000m。"而具体到地方，梳理相关文件可以发现，各地多在"义务教育学校办学基本标准"中明确"服务半径"的具体标准并有所差异。解读我国31个省区市的具体规定，主要有以下几种情形：

第一，明确"服务半径"的具体距离。如北京市要求"无寄宿条件的中小学校服务半径，小学不宜超过500m，中学不宜超过1000m"[1]，河北省要求"依据城市或乡镇建设总体规划要求，结合人口密度和人口分布，尤其是学

---

① 关于印发《北京市中小学校办学条件标准》（建设部分—试行）的通知（京教建〔2018〕11号）。

龄人口高峰，综合考虑地形地貌、能源、交通、环境等因素，以小学就近入学、初中相对集中、方便学生就学为原则，合理设置。小学服务半径一般不超过2千米"。①吉林省规定的入学半径为"小学2千米左右，初中3千米左右。走读学生上学途中单程步行时间，小学低年级不超过30分钟，小学高年级、初中不超过45分钟"②。山西省要求农村"学生上下学时间原则上步行单程不超过40分钟"。"学校服务半径参照学校规模、住宿条件及交通环境确定，应避免学生跨越公路干线、无立交设施的铁路、无安全通行防护设施的河流及水域。"③新疆维吾尔自治区"就近入学走读半径小学不超过3千米，初中不超过5千米"④等。

第二，只笼统地规定"服务半径"，类似于"合理布局、方便入学、适度集中"等。如河南、四川、海南、陕西、江苏、贵州、浙江、黑龙江、西藏、宁夏等省区。如四川省要求："学校布局要坚持就近入学的原则，立足本地实际，根据城市、乡（镇）总体规划要求，适应新型城镇化、新型工业化发展需要，统筹考虑城乡人口流动、学龄人口变化，以及当地地理环境、交通状况、教育条件保障能力、学生家庭经济负担等因素，充分考虑学生的年龄特点和成长规律，处理好提高教育质量和方便学生就近上学的关系，努力满足适龄儿童少年就近接受良好义务教育需求。"⑤河南省规定："学校设置应本着方便学生就近入学的原则，与城镇化建设、新农村建设、学龄人口变化趋势和农村中小学布局调整相结合，综合考虑交通、环境等因素，满足

---

① 《河北省义务教育学校办学基本标准（试行）》（冀教基〔2011〕32号）。

② 关于印发《吉林省义务教育学校办学基本标准》的通知（吉政办发〔2010〕8号）。

③ 山西省教育厅关于印发《山西省义务教育阶段中小学办学标准（试行）》的通知（晋教基〔2009〕20号）。

④ 《新疆维吾尔自治区义务教育学校办学基本标准（试行）》（新教基〔2011〕23号）。

⑤ 《四川省义务教育学校办学条件基本标准（试行）》（川教〔2012〕184号）。

学校未来发展和教育教学需要，使其具有适宜的规模和可持续发展空间。"[①]湖北省要求"合理确定服务半径，既相对集中，又方便学生就近入学"[②]。广西壮族自治区则要求"学校服务半径参照学校规模、住宿条件及交通环境确定"[③]等。

第三，未对"服务半径"做出特别规定。如安徽省、上海市、天津市、辽宁省、内蒙古自治区等。

当然，对于"就近"与服务半径之间是什么关系并无明确的答案，一般认为，"就近"即合理的学校服务半径。而何谓"合理"，也没有具体规定。同时，城市与农村条件的差异也使这一"合理"的服务半径需要根据具体情况予以确定。如《国务院办公厅关于规范农村义务教育学校布局调整的意见》中要求"各地要根据不同年龄段学生的体力特征、道路条件、自然环境等因素，合理确定学校服务半径，尽量缩短学生上下学路途时间"。《国务院办公厅关于全面加强乡村小规模学校和乡镇寄宿制学校建设的指导意见》规定，"原则上小学1–3年级学生不寄宿，就近走读上学，路途时间一般不超过半小时；4–6年级学生以走读为主，在住宿、生活、交通、安全等有保障的前提下可适当寄宿，具体由县级人民政府根据当地实际确定"等。此外，就近入学并非为直线距离最近入学的观点也在《教育部办公厅关于做好2016年城市义务教育招生入学工作的通知》（教基一厅〔2016〕1号）中予以明确。根据该通知，"区（县）教育行政部门要在上级教育行政部门指导统筹下，根据适龄学生人数、学校分布、所在社区、学校规模、交通状况等因素，按照确保公平和就近入学原则依街道、路段、门牌号、村组等，为每所义务教育学校科学划定片区范围。鉴于一些地方人口分布和学校布局具有不均匀性、街

---

① 《河南省人民政府办公厅关于印发河南省义务教育学校办学条件基本标准（试行）的通知》（豫政办〔2016〕129号）。

② 关于印发《湖北省义务教育学校办学基本标准（试行）》的通知（鄂教规〔2011〕3号）。

③ 《广西壮族自治区义务教育学校办学基本标准（试行）》（桂政办发〔2011〕164号）。

区形状具有不规则性，就近入学并不意味着直线距离最近入学"。

综上，我国就近入学的立法和政策规定体现出层级丰富、内容多样的特点，为义务教育的入学问题提供了较为全面的规范依据。

## 二、世界部分国家的就近入学制度

"就近"入学符合义务教育阶段学龄儿童和少年的特点，也因此成为世界各国通用的义务教育入学方式。相较于我国较为丰富的就近入学相关规范，对其他国家相关资料的获取则显然困难得多。借助于有限的资料，笔者选取了部分国家，对其就近入学制度进行简要梳理。

### （一）欧洲国家

#### 1.俄罗斯[①]

作为成功发射世界上第一颗人造地球卫星的国家，从俄国到苏联到俄罗斯，该国的教育深受政治的影响，并随着社会转型对教育目标和理念、手段进行调整。纵观其基础教育发展历史，1786年沙皇叶卡捷琳娜二世时期的《国民学校章程》是俄罗斯历史上第一部有关国民教育制度的正式法令，其面向各阶层的、免费的普通国民学校的规定推动了俄罗斯教育的普及。1802年，亚历山大二世时期的《国民教育暂行章程》，对国民教育的结构和布局进行调整，其中面向城乡所有堂区建立的一年制的堂区学校扩大了下层居民的受教育可能。1828年尼古拉一世时期的《中小学校章程》，循着"每一阶层都有自己的教育"的原则，规定了由等级分明的四级教育组成的教育体系。而1918年的《统一劳动学校章程》和《统一劳动学校宣言》，则建立

---

① 部分资料参见：姜晓燕，赵伟.俄罗斯基础教育[M].上海：同济大学出版社，2015.

了苏联苏维埃政权后全面实现学校民主化的法律依据，建立起免费的普及教育体系，明确所有公民都有受教育的权利，教育无等级、男女平等，并形成了从8岁到17岁的九年制义务教育体系，其中8~13岁为第一级（5个年级），13~17岁为第二级（4个年级）。此后，1930年的《关于普及初等义务教育的决定》、1992年首部《俄罗斯教育法》及20世纪90年代初期的《俄罗斯宪法》进一步发展了义务教育，将免费教育从学前、初等、基础、中等普通教育阶段扩展到中等职业教育阶段，并将教育改革引向民主化、多元化、多样化方向。

在基础教育问题上，俄罗斯一直实施义务教育体制，其教育经费主要由地方投入，而经济发展的不平衡也使各地区教育支出的差别十分突出。1992年的《俄罗斯教育法》是其教育领域的根本法并历经修订，但其基础教育的教学标准则是由2001年9月《俄罗斯联邦普通教育国家标准法》所确立的，其内容包括国家教育标准、地区教育标准和教育机构标准。有关就近入学的学校布局和"就近"的具体距离，则在《俄罗斯联邦普通教育机构卫生保健标准》中觅得踪迹。相关资料显示，为方便就近入学，该规范对中小学的规模进行了限定，"城市的中小学人数不应超过1000人，农村1—4年级不超过80人，1—9年级不超过250，1—11年级不超过500人"。在"就近"的距离问题上，"校舍应距离居民街区十字路口100~170米"，"向到校距离超过1千米的学生提供校车服务"。[①]也因此，俄罗斯各州政府也都将就近入学写入了相关教育法律规范，所有孩子都是按照市政府的行政区划就近上学。"家长给孩子入学报名可以直接去就近的学校报名，也可以去政府设置的服务中心，或是在网上报名。"但由于俄罗斯中小学教育资源的分布极度不公平，故而在入学问题上也面临诸多现实问题。如曾有报道称，莫斯科市政府在2011年出台了《普通教育法补充规定》，赋予学校附近居住的学生的优先入

---

① 张海霞.俄罗斯义务教育阶段的公立办学标准及其经费保障[J].现代教育科学，2009（1）：75–77.

学权，但却引发了不住在好学校附近的家长不满，认为有损教育公平。[①]也有一所莫斯科的小学因执行就近入学规定不积极而被家长告上法庭，最后，检察官认为学校的这种做法是违反国家法律和侵犯了公民享受公平教育的权利。为避免就近入学此类问题的发生，俄罗斯各级政府也会做出一些改革，比如会开通统一的服务咨询热线，完善网上报名的执行标准。涉及有关就近入学的争议时，"每个学校都必须成立一个解决冲突的委员会，该独立的委员会必须在7个工作日之内处理家长的上诉"[②]。

总体而言，当今俄罗斯的基础教育在注重多元性的同时，其精英教育的特点比较明显，这从其将"实科中学"设置为重点中学、成立"天才儿童教育机构"等方面均能得到体现，也反映了俄罗斯争创教育强国的思路。

### 2.芬兰

芬兰基础教育被公认为世界的佼佼者，其兼顾质量、公平和效率的教育模式被视为教育领域的传奇，并赋予其世界第一的美誉，吸引了世界各国众多教育界人士前往学习和观摩。

在芬兰基础教育的价值取向中，"平等"是其一直遵循的真谛。自20世纪70年代以来，为每个学生提供公平的教育这一宗旨从未发生改变。在此基础上，芬兰通过逐步推进改革、健全公共服务、促成教育利益相关者广泛参与及稳定的教育政策，推进基础教育优质发展和公平发展。芬兰法律规定，芬兰的永久居民都应该接受义务教育，起始年龄是7岁。教育提供者负责检测孩子的入学情况，通知家长及时让孩子入学。孩子的父母或监护人负责支持孩子完成义务教育。只有完成基础教育的教学大纲或者接受10年的义务教

---

① 杨政.莫斯科取消入学优先权 解决小学择校难问题[EB/OL].（2011-04-20）[2021-06-18]. https://edu.qq.com/a/20110420/000172.htm.

② 帆帆.盘点各国公办学校的学区划分和就近入学制度[EB/OL].（2015-04-04）[2020-08-01].https://world.huanqiu.com/article/9CaKrnJJAIE.

育，芬兰的义务教育才算完成。如果由于孩子的缺陷或者疾病，基础教育不能在9年内完成，那么义务教育应该早一年开始。如果达到义务教育年龄的孩子没有接受义务教育，当地政府部门负责采取措施让孩子接受义务教育。在学校安排问题上，芬兰地方教育部门通过划分学区来分配学生，但也允许择校。按学区入学遵循"就近"原则。芬兰法律规定，学生在家校之间的往返时间，包括等待时间，最多不能超过两个半小时；如果学生年满13岁，往返时间可以增加到3小时。如果接受基础教育的学生从家到学校的距离超过5千米，应为学生提供免费的教育或者足够的补贴；对于一年级学生而言，距离超过3千米就有资格享受免费交通。在某些偏远地区，一些就读7—9年级的学生因家庭距离学校过远，地方政府负责提供学校宿舍或私人家庭解决他们的住宿问题。[①]在学年中的周末和节假日，学生可以享受免费交通往返于家和学校之间。芬兰的择校制度也相对特别，不仅学生可以选择学校，学校也可以选择学生。学生可以不接受学区划分分配，而是有权申请到任何其他学校中去，家庭只需为学生到其他学区就学支付一定的交通费用即可。虽然芬兰法律禁止中小学举行入学考试，但中小学在录取学生时可以综合考虑学生平时的学校表现及特色课程记录。尽管由于不同地区、不同学校之间的教育资源差距较小，择校现象在芬兰较少，但择校中，家庭背景较好的学生相对更有优势，择校也使得学校间发生分层，有1/3的学校比较受欢迎，40%的学校不受欢迎，其他处于中间位置。[②]择校客观上也影响了教育均衡，导致了学校间的竞争，继而影响到教育公平问题，已引起芬兰相关部门的重视。此外，"有些父母可能不愿让孩子到学校接受教育，而是自己在家教育他们，这在芬兰也是允许的。这种情况下，父母要接受市政部门的监督确保其子女能够完成国家规定的义务教育内容。但这种情况非常少，当前综合学校适龄

---

① 康建朝，李栋.芬兰基础教育[M].上海: 同济大学出版社，2015: 17.

② 康建朝，李栋.芬兰基础教育[M].上海: 同济大学出版社，2015: 36.

儿童约50万人，每年不愿入学而在家接受教育的儿童只有300人左右"①。芬兰也非常注重对弱势群体的关注，努力不让一个孩子掉队，彰显其一贯秉持的教育公平理念。芬兰亦是世界上第一个为中小学生提供免费午餐的国家，将之作为保证教育公平的重要手段。而在教育评估环节，早在1999年就通过了的一系列教育法律法规都强调教育评估的重要性，如《基础教育法》《公立和私立教育法规》《教育和文化财政投入法规》等，并以此保证全体公民公平的教育机会和权利实现。

21世纪以来，伴随着芬兰地方和学校办学自主权的扩大，学校在多样化、个性化发展的同时，也对芬兰的教育均衡带来影响，从而给其教育公平带来新的挑战，芬兰政府亦正努力颁布系列政策文件，引领基础教育改革发展方向。

### 3.英国

作为老牌的资本主义国家，英国的基础教育诞生于6世纪，经历了教育功能实现从家庭到教会再到国家的过程，其间国家与教会对于教育掌控权有过长期斗争，统一的国民教育体系直到19世纪后半期才开始逐渐建立起来。第二次世界大战以后，英国人意识到教育在促进国家和社会发展中的重要作用，开始实施义务教育并不断延长其年限。英国的义务教育有两个概念，一个是针对5~16岁儿童，是在学校教育体系中执行和参加的义务教育，二是针对17~18岁的青少年，参与教育和培训，义务教育的责任主体从学生和家长转变为青少年本身。因此，在英国，尤其是在英格兰，离校年龄和义务教育完结年龄并不是等同的，离校并不意味着脱离教育与培训，②从第一层面来理解更对应于我国的义务教育。纵观其在基础教育上的重要立法和政策，《1870年初等教育法案》是英国历史上第一部教育法，其通过建立地方教育

---

① 康建朝，李栋.芬兰基础教育[M].上海：同济大学出版社，2015：51.

② 李建民.英国基础教育[M].上海：同济大学出版社，2015：42.

管理机构，为免费的义务教育做了不可或缺的铺垫。法案实施以后，英国初等教育迅速发展，到19世纪80年代，全国学龄儿童入学率已达90%。[①]《1918年教育法》（又称《费舍法案》）的出台，确立了英国统一的义务教育毕业年龄为14岁，取消小学学费，扩大了允许地方教育当局提供的辅助教育事业的范围，而《1944年教育法》则将义务教育划分为初等教育和中等教育两段，并历史性地将中等教育定位为衔接初等教育和继续教育的阶段，建立起连续的公共教育体系。撒切尔夫人执政期间提出的《1988年教育改革法》以法律的形式规定了义务教育阶段即5~16岁阶段的课程、考试制度等多个方面的重大改革决定，其主要目的就在于提高教育质量[②]，但由于其改革是以新自由主义为基本指导思想，因而处于弱势地位的群体无法得到充分保证，教育公平问题呈现，家长的选择权也受制于经济条件、文化背景等因素。基于此，布莱尔执政期间试图扭转撒切尔时期教育改革中的不平等现象，出台了《追求卓越的学校教育》，其目的是推进基础教育均衡发展，同步推进教育质量提升和教育公平。布朗政府时期，为了提升教育质量，于2007—2010年出台了三个标志性政策文本，即《儿童计划：构建美好的未来》《国家挑战：提高标准，支持学校发展》《你的孩子，你的学校，我们的未来：建立21世纪的学校制度》，其中对于贫困家庭儿童和赋予家长更多选择权有了更多的关注。

在义务教育入学问题上，英国在《1870年初等教育法案》中即已确立了就近入学的原则，明确规定"小学生就学距离为3英里（约4.8千米），超过3英里家长有权以距离太远拒绝送孩子入学"[③]。不过基于其自由的传统，英国在中小学入学问题上也一直具有多样化、精细化的特点。一方面，其公立学校一般实行就近上学，根据学生所在的家庭地址按片入学，提供免费的教

① 李建民.英国基础教育[M].上海：同济大学出版社，2015：11.

② 李建民.英国基础教育[M].上海：同济大学出版社，2015：38.

③ 王琴.英国中小学入学政策研究[J].基础教育参考，2007（11）：39-42.

育。而公立学校也有多种类型，包括学院式学校、社区学校、基金会学校、自愿受助学校、资源受控学校、寄宿制学校及文法学校等，[①]从而为家长提供了一定的选择权。除此之外，英国的私立学校也有较多的类型，以此满足家长的选择权。但开放的选择权也带来事实上教育公平问题，在英国的"精英教育"思想下，私立学校多经选拔入学，入学成本相对较高，也因此其比例较低，如2013年仅有7%的学生就读私立学校。[②]历史上的"11岁考试"制度也引发了过度竞争、人才选拔效果不佳、社会分层固化，从而引发教育公平问题。此外，由于政党的轮流执政，其在教育公平问题上的立场亦并不一致。在招生标准方面，每所学校都有权决定本校的招生条件，自主决定招生偏好，但"住得离学校较近"是学校重要的考虑点之一。[③]此外，是否有兄弟姐妹在本校就读、家长的宗教信仰等方面也是部分学校考虑的因素。由于每所学校都有入学标准，家长需要通过申请程序为孩子入学做出选择，能否进入意愿的学校就读，跟学校的招生名额、学生家庭具有一定关联，也因此面临教育公平问题。2006年《教育与督导法》即禁止学校在招生时面试家长和学生，并要求为弱势家庭提供公平的入学机会，构建更为公平的入学机制。

2010年以来，英国将"追求卓越"、追求"高质量的教育公平"作为基础教育的目标，意味着对"质量"和"公平"问题的同样关注，体现出比较一致的世界趋势。

4.德国[④]

德国是联邦制国家，按照《德国基本法》的相关规定，德国的文化教育

---

① 李建民.英国基础教育[M].上海：同济大学出版社，2015：49.

② 李建民.英国基础教育[M].上海：同济大学出版社，2015：50.

③ 李建民.英国基础教育[M].上海：同济大学出版社，2015：179.

④ 部分资料参见：秦琳.德国基础教育[M].上海：同济大学出版社，2015.

事务属于各州自治范围，这决定了各州教育具有多元化、差异化的特点，教育改革在国家层面的推进也因此较为缓慢。基础教育是德国整个教育体系赖以维系的根基，相关资料显示，早在17世纪，德国就开始实施义务教育。如1642年的萨克森–科堡–哥达、1674年的布伦瑞克公国等就颁布法令，规定不分性别、无关阶层，父母必须将年满5岁的子女送去学校，这被认为是世界上最早的义务教育。当然，这一规定并不具有统一的国家强制性特点。19世纪中期，普鲁士在欧洲率先实施免费的学校教育。1839年《儿童工作保护法》等法律的出台，对于深化义务教育改革起了积极的推动作用。到1867年，其6~14岁儿童入学率为70.4%，已经走在欧美其他国家的前列。[①]1871《德意志帝国宪法》明确规定德意志帝国是联邦制国家，文化、教育、卫生和地方行政等权力依然归附于各联邦政权，从而在现代国家法治框架下仍然保留了文化自治的传统。1969年以来，德国在联邦层面共制定出台了6个教育领域的法律文件，其中与基础教育关系较为密切的是《学习促进法》，其主要内容是对来自低收入家庭的学生提供助学金，回应了70年代以来民众要求扩大教育机会、增加教育投入、促进教育公平的呼声。目前，德国大约每4个学生就有一人受益于该法案。

在德国，教育事业属各联邦州的管辖范围，因此各州的学校体制和规定都有所不同。但在大部分联邦州，公立小学采取的是与我国类似的"学区划片、就近入学"政策。德国的小学也叫"基础学校"，学制一般在4~6年。由于没有重点与非重点之分，孩子上学不存在选择学校的问题，一般就近入学。无论是本地人、外地人、移民还是外国常驻德国工作人员的子女，只要达到上学年龄，不必接受任何测试就可申请进入附近小学学习。[②]出于教育

---

① 秦琳.德国基础教育[M].上海：同济大学出版社，2015：13.

② 张碧弘.德国小学就近入学无需择校 中学分流成绩决定[EB/OL].（2006–07–22）[2020–08–01].http://news.sohu.com/20060722/n244390043.shtml.

机会均等、促进教育公平的考虑，根据德国各联邦州法定的"小学学区"，家长应该将儿童送至自家户口登记所在的学区内小学就读，以保证学生在家庭和学校间往返的便捷与安全。即便是在可以自由择校的北威州、汉堡等地，家长们也不一定能把孩子送到自己眼中"理想"的小学。如果某个学校报名的人太多，校方仍然可以按照就近原则招生并佐以择优录取或抽签等办法。如果家长对指定学校不满意，可以向政府提出异议，陈述理由，力求达成一致意见。如果不行，还可以到行政法院去打官司。还有一种选择就是把孩子送到私立学校。但私立学校数量很少，家长还得掏腰包交学费。在德国也存在"学区房"等教育不公现象，而取消学区制度的任意择校制度，也加剧了不同阶层之间的教育分层。因此，如何使优质教育资源分配于各个社会阶层也是德国统一以来基础教育发展的核心问题。

5.法国[1]

以"自由、平等、博爱"为国家意识和民族意识的法国，其教育理念中既包括了尊重多元和崇尚包容的部分，也有着中央统一管理管理的体制特点。其中基础教育阶段统一和均衡的要求尤为突出，教育平等构成其重要的教育理念之一。集结其教育领域各层次法律的《教育法典》第一条即规定："教育是国家的第一要务。对教育的公共服务是根据各类学生的需要进行设计和组织的，旨在促进机会平等。"在义务教育方面，法国早在19世纪即确立了教育"世俗化、免费、义务"三大原则，并开始对6~13岁的儿童实行7年免费教育。二战后的教育改革原则中，社会公正、人人都有接受完备教育的权利及各级基础教育争取免费的规定体现了基础教育中公平的取向。其中1989年《教育指导法》明确规定：如果家庭提出要求，每个3岁儿童都应该被距离其住所最近的学前教育机构接收。但该法实施十几年后并没有完全实

---

[1]　部分资料参见：王晓宁，张梦琦.法国基础教育[M].上海：同济大学出版社，2015.

现既定目标，基础教育阶段学业失败和文盲的比例仍居高不下。2005年《学校未来的导向与纲要法》奠定了法国未来20年教育发展的宏观框架，提出了新世纪教育改革的目标是"为了全体学生的成功"。该法对教育平等的关注主要体现于通过设立教育成功个人项目、增加中等教育奖学金学生数量、促进男女平等，以及改善残疾学生教育，来达到新时期的教育平等目标。该法还对义务教育的定位及任务进行了明确，即该阶段是保证每个学生获得共同基础的必要途径，这阶段所掌握的知识和能力是学生未来面对各种复杂情况、适应社会变化和获得终身学习能力的基础。2011年，法国实施"中小学创新与成功计划"。该计划是"教育优先区"政策的一个配套和升级的实施方案，旨在通过改善学校环境、帮助每个学生学业成功、加强教师队伍的稳定来促进教育公平。2013年的《重建共和国的学校》提出了要探索将义务教育年限延长至18周岁。而在20世纪50年代，该年限是到16周岁，即总共10年。2013年6月的《重建共和国基础教育规划法》确定要优先发展小学教育，并向困难地区倾斜以缩小不平等状况，并指出小学教育的主要目标是获得基础知识和语言能力。

　　法国政府早在1963年就颁布法令规定了中小学生就近入学的原则。按照法律规定，所有义务教育阶段的学生（6~16岁）在选择公立学校时均应在其家庭附近的学区就近入学。政府通过编制学校分区图来限定公共教育服务的区域，同时满足家庭的教育需求。学区制是法国教育系统的基石。在基础教育阶段，学校分区根据学校的不同层次和接受学生的能力，确定招生的地理区域。学校的服务半径是10~15千米。每年，各地教育行政部门都要根据学校居民区适龄儿童的数量和学校的招生能力确定学校分区，每所学校分区的范围有的会具体到每个门牌号的住所。学生一律按照指定的区域就近入学，在学校招生之前，家长会得到学校分区及规定学校的有关信息。家长为孩子入学注册时，须出示户籍证、身份证或出生证、居住证明和儿童疫苗注射记

录。家长在到市镇政府规定的学校注册时，还须提供市镇政府签发的学校注
册许可证。①对于能否跨区入学问题，根据相关资料，这主要是在学生留级
时才会涉及的一个问题。教师的流动也按学区制度由教育部统一筹划，这种
方式一直持续到20世纪90年代末。②如果学生所居住的市镇没有学校或接收
能力有限，其他市镇不能拒绝这些学生的入学申请，但学生所在的市镇必须
分担这些学生就读学校的运转费用。具体的费用承担上，可以由这两个市镇
协商解决。发生争议的，则根据国家教育委员会的建议，由国家代表确定每
个市镇的分担数额。③

　　学区制对于法国教育均衡发挥了重要作用，但因生源差异而造成的校际
之间差距也十分明显，对于家长的择校权也是一种限制。应该说，自1963年
以来的40多年中，就近入学在一定程度上促进了法国的社会平等和各阶层
的融合，但由于教育资源的差异、家长选择权等因素，其间也曾经尝试进行
调整。如"1983年，当时的教育部部长决定在五个省区试点松动就近入学制
度,1987年试点省区扩大到74个，甚至有些地区完全取消"④。但由于取消
就近入学制度的受益者往往是家境优越的学生，由此带来了教育公平问题，因
此后来又恢复了严格的就近入学。在法国，对就近入学的立场始终存在着不
同观点，如何协调不同群体的利益诉求、如何体现公共教育的公平性仍然是
其中重要的考虑点。当然，可以保证的一点是，即使平民的子女无法选择优
质的学校，但也可以在家庭附近规范的学校就读。⑤

---

① 王晓宁，张梦琦.法国基础教育[M].上海：同济大学出版社，2015：173.

② 王晓宁，张梦琦.法国基础教育[M].上海：同济大学出版社，2015：149.

③ 王晓宁，张梦琦.法国基础教育[M].上海：同济大学出版社，2015：59.

④ 安延.法国就近入学制度遭质疑[J].基础教育参考，2007（8）：27-28.

⑤ 王晓宁，张梦琦.法国基础教育[M].上海：同济大学出版社，2015：175.

## （二）美洲国家

### 1.美国

作为联邦制国家，美国联邦与州之间的权力界分是由宪法确定的，其1789年宪法并未对教育问题做出明确规定，故而根据宪法第十条的修正案规定，在未明确授予联邦的权力部分归属各州行使。如同其他事务上联邦与州的权力分治，美国在基础教育问题上也充分体现了其自由、开放和多元的特点，并力求在教育质量和公平这两大最重要的问题上实现动态的平衡。在教育公平问题上，基于其种族问题的客观现实，美国历届政府在尊重各州自治的同时，亦通过立法、财政拨款等方式，不断增强介入教育的力度。纵观其历史发展，1964年的《民权法案》（*Civil Rights*）具有重要地位。该法案的出台与美国少数族裔积极争取自身权利有关，该法案提出：在美国的国土上，不同种族、不同肤色的美国公民，均享有平等受教育的权利和机会。《民权法案》是在法律上对于黑人在教育领域的"种族隔离"政策的废除。"隔离但平等"是美国较长时间内应对种族问题的基本立场，并因1896年普莱西诉弗格森案而强化了其正当性。该案认为，种族隔离的政策虽然强迫黑人与白人不得共享同一设施，但是并未造成白人与黑人间不平等的现象，未剥夺黑人依宪法第14条修正案所保障的平等权，因此"隔离但平等"的规定并不违反宪法。在后续长达50多年的时间里，这一原则始终未能被撼动，直至1954年的"布朗诉堪萨斯州府托皮卡教育委员会案"。"布朗案"其实是当时发生于各地的多个类似案件中的一个，其基本案情是这位黑人牧师的女儿就读小学距离家里有5英里（约8千米）之远，希望取得离她家较近的小学的入学许可，却基于种族的因素而被托皮卡教育局驳回。在向全国有色人种促进协会求助后，这位父亲接受了通过诉讼实现救济的方式，并最终将案子诉到了联邦最高法院。围绕着《民权法案》第14条修正案"同等保护权"的解释，结合现代社会中教育的本质及其功能，以及主审法官的智慧，该案最终判决拒绝黑人学生入学的种族隔离措施违宪，从而否定了"隔离但平等"的正当性。尽管本案判决的执行并不顺利，但对于美国种族歧视的改变起了积极的作用，尤其是美国各地的中小学中种族隔离的现象不再继续存在，也促进了美国的民权运动。可以说，《民权法案》既是对争取平等权的确认，也是进一步的推进。此后，在基础教育领域，1965年《中小学教育法》（the Elementary and Secondary Education Act，ESEA）、1975年《全美残疾儿童教育法》（the Education for All Handicapped Children Act）、2001年《不让一个孩子掉队法》（No Child Left Behind，NCLB）以及2009年的《力争上游》计划都是非常重要的教育立法和规划。如《不让一个孩子掉队法》强调美国公立学校普遍实施制度化标准化测试，而在联邦与地方的职责分工上，"该法的主要精神就是由各州制订学术标准，由学校承担确保学术教育质量的责任，联邦政府从增加教育资源和增强地方自主权两方面给予支持"。故就NCLB法案而言，它是联邦政府通过加强教育拨款力度首次致力于上下协调各州、各学区乃至每个学校，促使其各尽其责、促进教育公平。尽管这种规定涉及中央与地方分权问题，也被认为可能扭曲教育的本义，但其所传达的关注到每一个孩子教育质量的目的仍然为小布什赢得了广泛的赞誉，也意味着联邦政府在形成全国性教育政策方面的积极作为。而《力争上游》计划则是奥巴马在2009年推出的针对各州基础教育的改革计划，其核心的内容是通过实施严格的标准提升各州的教育质量，并以此来推进教育公平。此后，又通过2010年的《改革蓝图》巩固各州、地方学区加强对弱势学校的支持，鼓励那些缩短学生学业成绩差距的校长和教师，并最终于2010年6月推出《共同核心州立数学标准》和《共同核心州立英语语言文学标准》，并称为《共同核心州立标准》，其本质是加强基础教育国家标准建设，体现以统一标准提升教育质量的理念和目标。

而在入学问题上，基于宪法规定，美国的教育事务归属于地方事务。由于各州、学区间学制结构、课程内容框架与相关政策的不同，州、学区之间也存在很大差异。在管理机构上，地方学区董事会可以行使州政府授予的行政权力，前者同时为其管辖的学校出台相关政策，制定规则。在一些州，地方学区董事会就是本地区最高的教育行政机关。有关招生事务同样属于地方事务，"2000年美国教育计划"的一项目标即是"所有美国适龄儿童必须依法按时上学"。相关资料亦显示，美国的公立学校在近200年的历史中也一直采用学区制管理体制，基础教育阶段的学生按照自己所在的学区就近入学，从而在各方面方便学生接受教育。① 在正常情况下，公立学校依居住地区分配学生，以就近入学为主，并有校车负责接送，只有家距离学校在一英里以内的人才自行解决。②

在美国，相对于就近入学，跨学区的择校同样存在，20世纪70年代的磁石学校即为大城市中小学促进种族平等提供了一种新的解决途径。当然，择校的另一重要原因是基于教育质量的要求，80年代兴起的"在家上学"，其初始的原因亦是如此。③

当然，教育公平亦始终是美国突出的现实问题，相关资料显示，《不让一个孩子掉队法》在执行了7年后，也没有实现其政策的初衷。④ 近年来美国中小学教育的区域不公平也日益加剧。美国教育学家罗伯特·帕特南的《我们的孩子》一书即以实证的方式揭示了美国"公平表象下的教育不公"现象。

### 2.加拿大

作为曾经的英国和法国的殖民地，加拿大的独立不过百年历史，其文化

---

① 林茉梓.特朗普政府政策下美国学区制的发展趋势及启示[J].科教导刊，2019，13（5）（上）：11-13.

② 柴恂.欧美日中小学作息与交通：学生也早起　家长并不累[EB/OL].（2007-01-17）[2021-05-30]. http:// news.cctv.com/education/20070117/105189.shtml.

③ 赵章靖.美国基础教育[M].上海：同济大学出版社，2015：25.

④ 赵章靖.美国基础教育[M].上海：同济大学出版社，2015：225.

受多民族影响而呈现多样化特点，并受到国家宪法的保护，公共教育领域也不例外。纵观其基础教育历史，《1850年法案》是加拿大公共教育起步阶段安大略省的一个法律文本，其从法律上宣告了免费学校时代的开始，这不仅对安大略省，也对整个加拿大公共教育的确立产生了巨大影响。1931年，加拿大实现自治，作为英联邦成员国获得了与英国议会平等的立法权。1944年的《家庭津贴法》为16岁以下儿童的家庭按月发放津贴，在一定程度上保障了青少年在校学习。这也是加拿大全国"第一个普遍性福利计划"，很多儿童至今还受惠于这个法案。[1]而《1982年宪法法案》从宪法层面规定各省立法机构为唯一制定该省教育法规的部门，从而在法律意义上确立了各省相对独立的教育管理体系。

　　加拿大以"公平、机会、选择、多元"为其核心价值观，将教育公平视为社会公平的起点，与医疗公平一起成为社会公平的基础。联邦立法和政府部门通过立法对加拿大教育进行引导，为国民教育提供均等的机会，并通过财政转移支付予以落实。加拿大认为每一个人都有一个终身学习问题，基础教育是其中的基础环节，每个孩子应该有机会获得高品质的早期教育，从而减少潜在的社会不平等现象。就义务教育而言，一般为12年，其年龄段为6~16岁，但由于各省自治，并不完全一致。中小学阶段均免交学费，学校运营的费用都来自政府的拨款。中小学的资源配置都统一化，学校的整体布局和设施等基本都是同一类型。"如果家长居住在学生所就读学校的区域，又有加拿大公民或居民的身份，那么学生就可以免费上公立学校。超过90%的加拿大居民就读公立学校。"[2]从入学环节而言，"只要是在学区管辖范围内，不管你是买房还是租房，也不管你住了多久，只要出具文件（比如最近两个月寄给这个地址的有你名字的各种信件、银行对账单、电视或水电以及互联

---

① 赵章靖.美国基础教育[M].上海：同济大学出版社，2015：9.

② 胡军，刘万芬.加拿大基础教育[M].上海：同济大学出版社，2015：25.

网使用的账单、政府机构寄给你的信）或者租赁合同，证明你目前的居住地址，家中的适龄儿童就可以申请进入该校"①。在监督管理方面，学区学监的工作之一就是检查、监督政府经费是否用在学生身上，各种族学生是否获得公平教育。

值得关注的是，加拿大赋予家庭学校教育合法的地位。"在家上学"兴起于20世纪80年代的西方国家，其合法性在多国存在争议，尤其是在义务教育普及的过程中，家长未把学童送到学校就读需承担相应的法律责任。加拿大早期对此亦存在合法性争议，但伴随着对多元文化的承认逐渐合法化，如安大略省《教育法案》第21款第2条即明确指出，"如果儿童可以在家中或者其他地方接受良好的教育，就可以免于到校学校"。法案还允许家长在无教学资格证的情况下施教。一个相应的支撑是越来越多的公共大学愿意给在家上学的学生提供可选择的、适合他们的录取政策，诸如入学考试、面试等。②

### （三）亚洲国家

#### 1.日本

日本的基础教育以公平和质量而备受关注，而其教育改革始终紧跟不同经济发展阶段对人才的需求。从二战后经济的复苏和振兴，到20世纪60年代的经济高速增长期，再到70年代的稳定增长期，以及80年代后的经济转型期，日本都非常重视通过教育改革来满足国家对人才质量的要求，而基础教育领域的综合改革一直是其中的主旋律。同时，日本还通过"依法施教"，将公平、优质的基础教育惠及全体国民。

早在明治5年，日本政府就制定了实施学校教育的第一项法案——1872

---

① 胡军，刘万苓.加拿大基础教育[M].上海：同济大学出版社，2015：15.

② 胡军，刘万苓.加拿大基础教育[M].上海：同济大学出版社，2015：18.

年的《学制》。该法案具有强制性，要求家长送子女接受4年小学义务教育，从而确立了学校教育制度的基本框架和强制性义务教育的基本属性。而1886年的《小学校令》提出普及4年制义务教育，1900年颁布《改正小学校令》，提出实施4年免费义务教育。但由于免费的落实存在一定困难，其总体推进的过程比较缓慢，从而促使了1896年《市町村立小学年功俸禄国库补助法》、1899年《小学教育费国库补助法》《教育基金特别会计法》等相关法案的出台，建立起义务教育经费保障体系。1907年，提出普及6年制义务教育后，到1910年，学龄儿童就学率达到98%以上，标志着日本基本实现了普及6年制义务教育。[①]二战后，1946年《宪法》确认了免费的平等义务教育，其明确规定"所有国民依法享有根据其自身能力平等接受教育的权利，所有国民依法负有使其监护的子女接受普通教育的义务，义务教育无偿提供"[②]，从而为其他法律贯彻和保障义务教育的无偿、免费提供了宪法依据。1947年《教育基本法》将义务教育延长至九年制，2006年的全面修订中提出了保障教育机会均等的基本原则：一是向所有国民提供根据其自身能力平等接受教育的机会，在教育上不得因为人种、信仰、性别、经济地位或者门第等原因差别对待。二是国家及地方政府为保障残疾人根据其残障程度接受充分的教育，在教育上要给予必要的支援。三是国家及地方政府对于那些有学习能力但由于经济困难无法就学的人员要采取奖学措施。[③]此后，为了保证学习教育质量和教育公平，日本根据《学习教育法》的基本规定，制定出各级各类学校的"设置基准"，以此保障学校教育质量和教育公平。1998年，日本提出《21世纪教育新生计划》。这是为提高义务教育质量而提出的国家层面教育改革战略，此后通过对《教育基本法》《学校教育法》《地方教育行政组织管理

---

① 刘山.日本近代普及义务教育研究[M].北京：人民出版社，2016：218。

② 田辉.日本基础教育[M].上海：同济大学出版社，2015：39.

③ 田辉.日本基础教育[M].上海：同济大学出版社，2015：42.

法》《教育职员许可法》《教育公务员特例法》等的修改，进一步提出其21世纪的教育发展规划，以应对全球激烈的国际竞争所需的人才需要，实现"教育立国"目标。

应该说，以法律体系保障教育公平和质量是日本的一个特点，这也体现在其入学问题上。日本和中国一样，实施9年义务教育。日本的大部分公立初中和小学基本都实行"学区入学制"，即我们所说的划片就近入学。日本政府要求每隔5年对各校的校长和老师进行一次大换班，这样便较好地避免了形成事实上的重点学校，也从客观上减轻了部分家长对学校间差距的担心。在日本，根据《教育委员会法》等规范的规定，适龄学生的入学问题由教育委员会负责，其在政治上保持中立，但在行政上隶属于地方行政机构。根据1872年的《学制》，在全国建立8大学区，每个大学区建设一所大学；每个大学区划分为32个中学区，每个中学区建一所中学；每个中学区划分为201个小学区，每个小学区各建一所小学。而学区既是学校设置单位，也是地方教育行政组织。在学校布局方面，日本充分考虑到通学距离对学生身心成长的影响，各地方教育委员会根据本地区体形地貌和交通情况及实际情况确定通学标准距离。[①]此外，为了保证学生的就学机会、方便上学及学校在偏僻地区的教育文化中心的作用，日本目前仍保留一些小规模的教学点（分校）和复式教学，撤并校要充分考虑到撤并校后通学距离与通学时间对学生身心健康、人身安全及教育实施可能带来的影响。[②]

21世纪以来，受新自由主义思想的影响，日本的基础教育公共服务也朝着社会化、多元化方向发展，教育的弹性化、个性化得到重视，降低国家和地方政府在其中的份额、强化社会和民间在分担教育中的责任成为新的思路，但这一方向会否影响到教育公平、教育均衡还有待观察。而根据日本学

---

① 田辉.日本基础教育[M].上海：同济大学出版社，2015：247.

② 田辉.日本基础教育[M].上海：同济大学出版社，2015：245.

者的观察，在义务教育教育阶段，公立与私立学校之间、不同地区之间、不同家庭之间学生的学业水平存在较大的差距，这种新的教育不平等现象亦引发了日本各界的关注。[①]

### 2. 韩国

作为"亚洲四小龙"之一，韩国在20世纪60年代后的经济发展与其重视教育、提出"教育立国"发展战略、制定教育优先的政策有着密切的关系。60年代中期，当韩国的国民收入还处于人均200美元的水准时，就已经实现了初等教育的普及。[②]此前较长时间内韩国处于被日本占领状态、日本采取分而治之的初等教育政策导致的入学率低下，这一结果相当不易。而到2005年，韩国基础教育各阶段的学生入学率已达到或接近了100%。[③]

纵观其在初等教育上的重要规范和政策，1948年的《大韩民国宪法》规定了"全体国民有平等地接受教育的权利。至少初等教育应是义务的、免费的"，从而为义务教育提供了法律基础。1949年《教育法》要求国家和地方公共团体要设置、经营必要的学校来实施义务教育，学龄儿童的监护人有义务保障儿童接受教育，其年限是从6岁到12岁，企业经营者不能因雇佣儿童而妨碍义务教育。1952年《教育法实施令》标志着正规的义务教育开始实施，并实施地方教育自治制度。此后1958年的《教育税法》和《义务教育财政交付金法》、1967年的《岛屿、偏僻地区教育振兴法》、1971年的《地方教育财政交付金法》、1981年的《学校给食法》、1984年的《教育法》等均推进了基础教育的平等保障。而1999年的《英才教育振兴法》和2006年的《第二次国家人力资源开发基本计划》则表明其开始实施英才教育计划。

在教育公平问题上，除了《大韩民国宪法》中宣示的平等要求外，由于

---

① 橘本俊诏.日本的教育不平等[M].彭曦，译.南京：南京大学出版社，2015：68.

② 索丰，孙启林.韩国基础教育[M].上海：同济大学出版社，2015：1.

③ 索丰，孙启林.韩国基础教育[M].上海：同济大学出版社，2015：17.

二战后韩国地区之间基础教育发展并不平衡，中小学被分为三六九等，教育资源配置失衡，学生择校现象严重，教育公平亦成为韩国重要的努力方向，并通过"平准化教育"政策加以推进。所谓"平准化"，是指"平等"的标准，"平准化教育"是指中小学质量在达到标准、均衡的基础上实现统一和公平，其最终目的在于消除学校间、区域间教师水平及教育设施设备等资源配置上的差异，提高学习教育质量。对此，韩国在一些规定和具体措施中得以落实。如从1969年开始，为了实现中学的教育水平均衡化，政府关闭了所谓的一流中学，在教师、设施、财政等方面做了很大努力；[1] 对落后地区如岛屿和偏僻地区的教育扶持、对弱势群体如1977年《特殊教育振兴法》对有视听觉障碍和心理障碍者的特殊教育实施、20世纪80年代初开始为经济不发达地区的学生延长义务教育年限，以及教师轮换制度等都体现了教育均衡的努力和"有差别"的教育公平的实施。

而在入学公平上，韩国也有其特定的做法：小学一般就是按照居住区来分，然后由各学区内的计算机随机确定适龄儿童的就读学校。早在1968年，韩国就取消了初中入学考试制度，改为按区域抽签分配制度，不给学生选择学校的余地。与其他制度的配合下，经过几十年的实施，在一定程度上缩小了学校之间的差距，缓解了社会各阶层在择校问题上的矛盾。当然，随机就近入学也带来一定的消极影响，尤其是办学特色维持和学生选择权的限制，对于私立初中的发展也有一定影响。不过从数量来看，私立学校只占了很少一部分，大部分集中在大城市里，尤其是在韩国首都首尔集中了大量的私立学校。[2]

---

① 索丰，孙启林.韩国基础教育[M].上海：同济大学出版社，2015：9.

② 索丰，孙启林.韩国基础教育[M].上海：同济大学出版社，2015：31.

### （四）大洋洲国家

澳大利亚义务教育的发展具有明显的阶段性特点：殖民地时期主要致力于实现世俗、义务和免费教育，独立后重在促进机会均等和延长教育年限，二战后旨在建立民主化、多样化的现代教育体系，21世纪以来则以公平和质量为发展目标。纵观其基础发展史上的重要改革和规范，1851年教育法取消了对教会学校的资助，对于实现教育的世俗化、推进义务和免费教育具有重要作用。1871年维多利亚区颁布了《教育法》，该法最终确立了区一级世俗、义务和免费教育制度，规定"如果没有特殊理由，6~15岁儿童每半年必须入学60天以上；学生学习基础科目是免费的，学习高级科目要缴纳费用"[①]。1875年南澳大利亚《教育法》规定7~13岁儿童每半年必须接受70天的义务教育。此后，1873年塔斯马尼亚州议会修改《公共学校法》，将最低离校时间从12岁提高至14岁，家庭到学校的距离由原来的1英里增加到2英里。不过，从完整意义上，澳大利亚直到独立甚至到第二次世界大战结束后，才真正实现了世俗、义务和免费教育。1901年澳大利亚独立后，各州相继出台了教育法律规范，对义务教育年龄做出规定，但一直到20世纪60年代，全国才统一了最低离校年龄为15~16岁，从而保证了9~10年的义务教育。

澳大利亚的普通中小学也是实行就近入学，但是学区的划分并不是特别严格。有些孩子在择校的时候，就可根据居住地选择不只一所学校，而如果孩子有兄弟姐妹曾经入读过某所学校的话，学校也会酌情考虑。对于一些人数未满的学校，学校可以自行招收一些超出学区范围的学生。但是热门学校往往就没有这种空位了。澳大利亚有一些州，比如西南威尔士州有专门的公立精英中学，相当于中国的重点中学，学生是通过考试选拔进入的，这些精英中学的学生也无所谓学区，住得远同样也能考。但是家长为了孩子上学方

---

① 李新翠.澳大利亚基础教育[M].上海：同济大学出版社，2015：8.

便，往往还是会住在离精英中学较近的地方。①

## 三、国内外就近入学制度的趋势

世界各国由于社会制度的不同、社会发展水平的不一，在基础教育的发展水平和制度设计上有所差异。但同时由基础教育本身的特点所决定，在就近入学及其相关问题上亦具有相当的共通性。比较我国和G20中一些国家有关就近入学的立法和政策可以发现，以下趋势和问题具有一定的共通性。

### （一）就近入学仍然是各国首选的义务教育入学方式

这不仅是因为"就近"入学更能保障入学的便利、安全，减少家庭接送负担、有利于孩子身心健康，而且也能保障入学秩序的稳定，实现入学公平。也因此，即使在一些逐渐放开择校的国家也不敢完全取消该制度，以免由此带来的灾难性后果。

### （二）免费、平等构成就近入学制度的基本特点

从世界各国的规定看，义务教育的年限一般为9~12年，多从6岁开始。如韩国为9年，澳大利亚6~17岁为义务教育阶段，1—10年级为免费义务教育。日本以已有的九年制义务教育为基础，还实行学前3年入院补助及高中阶段（3年）公立学校免费就学和私立学校就学奖励金制度，基本实现了15年免费教育。日本的免费制度不仅包括免除学费、教科书费用，还包括对贫困学生参加学校组织的远足、修学旅行、学校配餐及学习用品购置等方面的补助。同样，免费、平等和全民构成了加拿大基础教育的特点。对于加拿大

---

① 帆帆.盘点各国公办学校的学区划分和就近入学制度[EB/OL].（2015-04-04）[2020-08-01].https://world.huanqiu.com/article/9CaKrnJJAIE.

人来说，公共教育意味着一种公共福利和制度，推动公民终身学习，也是推动人力发展的优化途径及实现社会经济高效运行的方式。因此，从各国情况看，入学平等均是各国教育平等的重要组成，不因家庭、种族、教育水平等的差异而享有平等的受教育机会，多在法治国家在立法上得以确认。

**（三）就近入学中的平等保障已经成为世界性问题，公众的应对亦具有共通性**

就近入学的基本规则是多按户籍地、居住地这些空间标准来决定入学的学区，而不同学校之间的资源优劣亦在各国普遍存在，并由此造成社会阶层的固化。基于此，各国民众在现实中的选择具有相当的一致性，一般不外乎这两种情形：

一是跨学区就读。这一做法类似于我国的"学区房"模式，即通过跨学区购房来满足"就近"要求，从而享有较好的教育资源。如法国家长为了让其孩子能就读市中心优质学校，"会让自己的孩子住在亲戚朋友家。更有甚者租下高档学区的小阁楼，然后拿水电煤气或电话单作为居住证明。据《费加罗报》报道，巴黎市中心一间12平方米的阁楼，成了5个中学生的名义'住处'，因为最先租下该阁楼的学生父母又向其他的家长提议，并获得四位家长的回应，共同分租这间阁楼。而这一切都是为了孩子的上学着想"[①]。

二是选择私立学校。私立学校与公立学校的并存是世界各国基础教育办学的基本模式，早期的私立学校背后有着因材施教的教育理念，而近现代国家的这一现象则更多地体现了多元主体参与教育及国家是否允许市场因素进入教育领域的问题。各国对于私立学校的政策，也是基于各国国情而有所差异。如日本90%以上的中小学校是地方公立（小学99%，中学92%）；义务教育阶段的私立学校比例很小（小学1%，中学7%），仅有少数的"贵族学

---

① 安延.法国就近入学制度遭质疑[J].基础教育参考，2007（8）：27-28.

校"。[1]日本的私立学校虽然很少，但同样承担着公共教育服务职责。而在义务教育公共服务的承担问题上，公立学校始终是最重要的主体。德国基础教育阶段共有私立学校5692所，占学校总数的13.3%，其就读于各类私立学校的学生占学生总数的8.6%。[2]澳大利亚公立中小学约占75%，私立学校约占25%。澳大利亚公民和享有澳大利亚永久居住权的人都可免费就读公立学校，而天主教和独立学校即私立学校通常要收取学费。澳大利亚鼓励私立学校发展，并按照在校生人数给予一定资助，资助经费占学校经费的50%以上。加拿大私立学校约一半附属于教会，其招生人数占招生人数的5%左右，私立学校可以得到省政府的资助，其教学安排上相对独立，但也必须达到各省规定的教学要求，学生才能获得文凭。

### （四）就近入学的强制性趋于放宽

如除了允许一定条件的择校外，一些国家还允许"在家上学"。如法国的"在家上学"有着明确的法律依据，1882年的《费里法案》即规定了父母的选择权，父母有权选择让子女在义务教育阶段仅在家中接受教育直到中等教育结束，也可以因为客观原因而中途将孩子从学校带回家中自己教育。但为了保障孩子的受教育权，需获得政府的批准和管控，包括条件的设置、教育的形式及相应的保障和惩罚机制。在条件的设置上包括四个方面：因个人原因家长自愿选择或因客观原因不能去学校接受教育、年龄在6~16岁、适用于居住在法国境内的孩子及在同一所住宅里只能针对一个家庭的孩子。因客观原因"在家上学"的孩子须在国家远程教育中心注册并接受正规的课程教育，在此基础上家长亦可安排一些其他活动；因家长自主选择的则可以自由教学，但需符合7项"基础知识"，并且不会获得任何学业文凭。在经费资

---

① 田辉.日本基础教育[M].上海：同济大学出版社，2015：21.

② 秦琳.德国基础教育[M].上海：同济大学出版社，2015：27-28.

助方面，前者无资助，后者在符合条件下可以获得资助。而如果违反法律规定，则家长将受到罚款甚至监禁的惩罚。

就近入学的上述世界性特点和趋势有着对义务教育的共同认知，也有着国内外对于权利保障和国家战略布局的共同需求，而其与教育公平的关系更是关乎一国的治理思路和治理方向，从理论和实践层面推进就近入学中的平等权保障显然是现代法治国家的重要使命，也是实现我国国家治理现代化的重要课题。

# 第二章

# 平等权维度下的就近入学

就近入学看似是义务教育的入学问题，然而透过这一环节，其所反映的其实是各国基础教育的全貌。由前述我国和其他国家相关制度梳理可知，就近入学的平等保障已然成为世界的共性问题。那么，就近入学何以成为关系着教育公平的重要因素？从宪法的视角，就近入学平等权的实质是什么？其平等的内涵包括哪些内容？本章从平等权的维度对就近入学进行理论上的探究，从法学的视角深化对其的认识。

## 一、作为公民基本权利的平等权

平等，是指社会主体在社会关系、社会生活中处于同等的地位，被同等对待、具有同样的机会。对平等的追求是人类自古以来的目标，中国古代"王侯将相宁有种乎""等贵贱，均贫富"的思想即是一种朴素的平等观，而将平等确认为一种法律权利则是近代资产阶级反封建专制革命的胜利。1776年，美国《独立宣言》中宣告"人人生而平等"。1789年法国国民议会公布《人权宣言》，在这一渗透着"自由、平等、博爱"精神，且被视为法国革命最辉煌成果的纲领性文件中，第一条即明确规定："在权利方面，人生来是而且始终是自由平等的。"其第六条规定:"法律对于所有的人,无论是施行保护或处罚都是一样的。在法律面前,所有的公民都是平等的。"在进入宪治年代后,平等权在各国的宪法中得以确立。据统计,在世界上142个国家的成文宪法中,有117部规定了"法律面前人人平等或人的平等权利",约占世界的82.4%。[①]平等权亦已成为世界人权保障文件的重要内容。联合国《世界人权宣言》第一条和第二条分别规定"人人生而自由,在尊严和权利上一律平等""人人有资格享受本宣言所载的一切权利和自由,不分种族、肤色、性别、语言、宗教、政治或其他见解、国籍或社会出身、财产、出生或其他身份等任何区别。并且不得因一人所属的国家或领土的政治的、行政的或者国际的地位之不同而有所区别,无论该领土是独立领土、托管领土、非自治领土或者处于其他任何主权受限制的情况之下"。《消除一切形式种族歧视国际公约》等法律文件明确提出,承认全体人类的天赋尊严和平等权利是世界自由、正义与和平的基础。在现代社会中,将平等权作为公民的最基本的权利并予以充分保障已成为衡量一个国家法治程度的重要标志。因此,从平等权的视角展开对就近入学问题的探讨具有法理上的必要性和充分性。

(一)平等权的宪法内涵

平等权是指公民在法律上平等地享有权利,并要求国家给予同等保护的权利和原则。将平等权纳入宪法权利体系并给予国家层面保障的原理在于:现实中的人具有先天性的差别,但任何人都具有人格尊严,为此在自由人格的形成和发展上享有平等的权利。作为公民的一项基本权利及一项宪法权利,平等权具有以下含义和特点。

---

① 转引自马岭.宪法中的平等权[C].中国宪法年刊,2006:57-71.

1.平等权是一种法律上的平等

即所有公民平等地享有宪法和法律规定的权利，也平等地履行宪法和法律规定的义务，任何组织或者个人都不得有超越宪法和法律的特权。

2.平等权是要求国家给予同等保护的平等

这是作为宪法权利的重要特点，即强调国家机关对于公民的保护或者惩罚都是平等的，不因人而异。

3.平等权既是一项基本权利，也是一项宪法原则

这是平等权区别于其他基本权利的地方，即其集平等原则（equality principle）和平等权（equal right）于一体。这就意味着，平等的要求广泛地体现在各个领域，而其也只有与具体权利相结合，才能体现其实际价值，如受教育权、人身权、政治权利、劳动权平等。

4.平等权是形式平等和实质平等的结合

在平等权的理解中，对形式平等和实质平等的区分具有重要意义。形式平等又称为"机会的平等"，这是近代宪法所确立的平等原理，是指每个人作为抽象意义上的人是平等的，为此无论如何，都应获得平等的机会。这一平等之所以要强调，是因为每个人在人格上都是平等的，因此国家在给予机会的过程中不能因家庭、种族、财产等而区别对待。但另一方面，每个人事实上从出生之日起就存在差异，如果在任何问题上都没有任何倾斜地同等对待，处于弱势的群体事实上将得不到同等的机会。因此宪法的平等权同时强调实质上的平等，这是现代宪法所确立的一个平等原理，是指根据不同主体的不同属性，分别采取不同的方式，对各个主体的人格发展所必须的前提条件进行实质意义的平等保护。目前，形式上的平等原理仍然适用于对于人身自由、精神自由、人格尊严乃至政治权利等宪法权利的保障。实质意义的平等则主要适用于两种情形：一是在权利主体上，男女平等、种族平等和民族

平等的实现；二是在权利内容上，主要适用于社会权经济权利的保障，目的在于使经济强者与弱者恢复主体间的对等关系。理解了形式平等和实质平等的含义，便可以理解国家何以需要通过特别措施扶助弱势群体和经济较弱的地区以推进全社会的平等，这在义务教育领域亦多有体现。如法国于1981年实施"教育优先区"政策，主要是对需要特殊支持的区域加强教学和教育行动，以改善因社会经济条件所造成的教育不平等现象，当其教育达到正常水平，即取消优先资格。因此，其实质上是通过"教育扶贫"促进实质平等。法国同时确立了"教育优先区"的指标，1982年的指标为："双亲皆为蓝领、失业劳工人数、高中辍学率、家庭成员之一为非洲移民，母语为非本国语言等。"此外，家长就业状况等学校外部环境、学校配置密度等都在考虑范围之内。这一政策加上后续的一些补充政策，形成了优先教育网络。我国对西部地区的教育扶贫计划、加强对农村教育薄弱地区的投入等政策也体现了促进实质平等的价值取向。

5.平等权包括法律适用平等与法律内容平等

关于平等权这一法律上的平等是法律适用上的平等还是法律内容上的平等，抑或应包括这两种情形，这在学术上曾有过争议。法律内容上的平等亦即立法平等，强调国家在立法过程及体现于法律文本的规定上遵循同等保护的原则，而法律适用上的平等则强调国家在针对不同公民的法律适用上公平对待。第二次世界大战前，德国和日本等国主张法律适用平等的观点占了主流地位，但战后，平等内涵的扩大并形成了一种世界趋势。在今日德国和日本等国家的宪法学界中，法律适用平等说早已走向颓势，平等权应包括法律内容平等的学说确立了主流的地位，其基本的逻辑是：立法平等是平等保障的基础，适法平等是立法平等的实际运用。

新中国成立以来，对于平等权的宪法规定有过不同的表述。1954年《宪法》第85条对此的规定是："中华人民共和国公民在法律上一律平等"，而现行《宪法》第33条则为"中华人民共和国公民在法律面前一律平等"。较长一段时期内，基于革命队伍中人民与敌人之分的思路，"法律适用平等说"曾为主流观点。其主要理由是：法律是人民意志的反映，具有阶级性，人民与敌对势力、敌对分子在立法上是不能讲平等的。这种观点尽管在思想背景上具有时代特点，但在具体的理论构成上存在逻辑问题，也忽略了在人民内部是否应该实现法律内容平等这一重要问题。此外，将法律内容平等排除出平等权的观点还有一种说法，即认为在难以做到立法平等的情况下就不做规定，这也是一种实事求是的精神体现。时至今日，伴随着理论界对法律平等本质讨论的深入发展、立法平等成为各国通说及违宪审查制度的重要理论基础，我国学界认同平等权应包括立法平等和适用法律平等的观点已被日益普及。坚持立法上的平等就是要否定以阶级出身和身份不同而在权利资格上差别对待，这是人类"从身份到契约"的一种历史进步。立法上的平等不仅显示出道德上的公平性，更重要的是能激发人们利用平等的机会去发挥潜能，进而促进社会进步。我国《宪法》对平等权做了较为全面的规定，第4条第1款、第5条第5款、第33条、第34条、第36条第2款、第48条都是有关平等权的规范内容，共同构成一个独立完整的平等权规范体系，从而从根本法的地位确立了平等保障的宪法立场，为部门法中平等保障的具体化奠定了宪法基础。

而从我国司法实践看，违反平等保障的规定要受到司法审查也已经在个案中得以明确。以"郑晓琴诉浙江省温岭市人民政府土地行政批准案"[①]为例，本案的基本案情是：郑晓琴与其父母郑福兴、张菊香同户，均系浙江省温岭市西城街道某村村民。1997年8月，郑福兴户在个人建设用地补办申请中将郑晓琴列为在册人口。2013年3月，郑福兴因拆迁复建提交个人建房用

---

① 最高人民法院. 郑晓琴诉浙江省温岭市人民政府土地行政批准案[EB/OL]. (2018-10-30) [2020-08-06]. https://www.chinacourt.org/article/detail/2018/10/id/3551934.shtml.

地申请时，在册人口中无郑晓琴。温岭市人民政府（以下简称温岭市政府）根据《温岭市个人建房用地管理办法》（以下简称《用地管理办法》）有关"申请个人建房用地的有效人口计算：（一）本户在册人口（不包括应迁出未迁出的人口）"，以及《温岭市工业城二期用地范围房屋迁建补偿安置办法》（以下简称《安置补偿办法》）有关"有下列情形不计入安置人口：（一）……已经出嫁的妇女及其子女（含粮户应迁未迁）只能在男方计算家庭人口"之规定，认为郑晓琴虽系郑福兴之女，其户口登记在郑福兴名下，但业已出嫁，属于应迁未迁人口，遂于2014年7月确认郑福兴户有效人口为2人，并审批同意郑福兴的个人建房用地申请。郑晓琴不服诉至法院，请求判令撤销温岭市政府的审批行为，重新做出行政行为，并要求附带审查上述两个规范性文件并确认违法。法院经审查认为，"温岭市政府制定的两个涉案规范性文件，将'应迁出未迁出的人口'及'已经出嫁的妇女及其子女'排除在申请个人建房用地和安置人口之外，显然与《中华人民共和国妇女权益保障法》等上位法规定精神不符"。人民法院通过裁判，一方面维护了社会广泛关注的"外嫁女"及其子女的合法权益，也促进了行政机关及时纠正错误。本案中对于"外嫁女"权益的保障即是通过对违反平等保障规范性文件的一并审查实现了内容上的平等，也从更大范围内对"外嫁女"等群体的合法权益予以了有力保护。因此，从法治的视角，从完整的平等权内容的要求出发，平等权应包含法律内容上的平等和法律适用上的平等。

## （二）平等权与合理差别

在关于平等权的理解中，有一种观点认为，平等即没有任何差别，故而但凡有差别的对待即为不平等，这是一种错误的理解。宪法上的平等不意味着绝对均等，而是承认合理差别。事实上，几乎所有的法律都含有归类（classification），并对不同类别的公民规定不同的权利或义务。但并非所有归类都违反平等原则，只有任意或不合理的归类才构成"歧视"（discrimination），如性别歧视、种族歧视、地域歧视等。以我国为例，宪法一方面确认公民享有平等权，同时具体的法律法规也承认公民的合理差别，包括根据年龄差异所采取的责任、权利等方面的合理差别对待、根据人的生理自然差异而采取的合理差别手段、根据民族的差异所采取的合理差别手段、根据特定职业需要对任职资格所采取的合理限制及根据实际负担能力情况进行的合理区别对待等。而承认合理差别，其目的在于促进实质平等的实现。此外，"能力、德行和业绩在很多国家也不被列为禁止性差别事由"①，这是为宪法所允许的，其所反映的是一种形式平等。

当然，"合理差别"也意味着，"不合理"的差异是有违平等保障的，并有可能构成歧视。因此，如何判断该差别是否合理是衡量平等与否的关键所在。对此，一些国家通过确立司法审查标准进行控制。以美国为例，其确立了三重审查标准：在涉及社会经济权利的差别待遇案件中遵循最低审查标准，即州政府的行为只要具有合理基础，而不是具有引人生厌的歧视性，就不违反宪法；在涉及性别、非婚生子女的"准嫌疑归类"的平等权案件，教育、担任公职的权利或大多数非言论的规制，遵循中等审查标准，政府需证明差别是为了"各种重要的政府目的，并且必须与这些政府目标的实现具有实质性联系"；因种族、民族、出生国及外国居民为标准而在宪法权利和自由中加以区别对待的，以及政府分类在为给付或者课与负担时与基本权利不一致的，采取严格的审查标准，即政府必须证明，分类是追求重大迫切利益之必要或严密契合的手段，必须不存在较少负担的选项，并且原则上不允许涵盖过广。②

---

① 林来梵.宪法学讲义（第三版）[M].北京：清华大学出版社，2018：386.

② 张青波.宪法平等原则对立法分类审查的体系性标准——以美国和德国的实践为参照[J].法商研究，2015（5）：166-174.

正确认识平等权与"合理差别"的关系，对于客观地看待和评判平等问题显然具有非常重要的意义，对于各领域的平等保障亦具有重要的指导价值。

### （三）平等权与反向歧视

在关于平等权的讨论中，伴随着平等保障理论和实践的发展，"反向歧视"这一现象逐渐走进人们的视野。反向歧视是一个学理概念，指的是为追求实质平等，对特定群体或个人给予的特定保护超过必要的限度而形成的对一般群体或个人的不合理差别对待或制度安排。从其概念可见，"反向歧视"是一种对弱势群体的过度保障，其内在地与真正的平等想去甚远，并可能损害其他群体的公平保障。"反向歧视"现象在现实生活中并不少见，如在招聘中过度降低特定群体的录取要求等。但从法律角度引发普遍关注并上升到司法层面的则较多地体现于美国，并与其平权法案密切相关。

尽管美国联邦宪法第十四修正案的法律平等保护条款确认了美国公民的平等权，但由于曾经的奴隶制和种族隔离的历史，美国社会长期存在结构性分层和社会性歧视，平等权的争取经历了漫长过程。1896年，普莱西诉弗格森案确立了"隔离但平等"原则，该原则内含的违宪性为1954年的"布朗诉托皮卡教育委员会案"所确认并推翻，极大地促进了美国的民权运动。1964年，《民权法案》通过。1965年，美国总统约翰逊发起平权运动，主张在大学录取学生、公司招收或晋升雇员、政府招标等情形下，应当照顾少数种族、女性、病患者等各种社会弱势群体。相关性质相同的条款及后续联邦最高法院所确立的判例构成平权法案。然而，这一本以弥补历史歧视问题的法案也因矫枉过正，形成了一种对黑人的特殊保护而带来对亚裔和白人的"逆向歧视"。举教育上的例子来说，平权法案会导致黑人的小孩在其他条件同等的条件下比其他族裔的小孩都更加容易入读公立学校。而对这一法案反应较为强烈的是高校录取领域。

在民权保障运动中，不少学校为了体现教育平等，对任何可能被指责为歧视的做法都非常敏感，纷纷出台各种措施保障少数族裔的受教育权益。其中最常见的就是为少数族裔、有色人种预留一定的录取名额，以示"不歧视"。然而一个新的问题是，在配额制下，基础教育条件相对较好的白人学生即便分数很高也可能无法被名校录取，黑人却因为自己的肤色轻而易举地被低分录取，从而对白人造成变相的"不平等"。这一"反向歧视"受到了现实的挑战。1987年白人学生巴基因曾经两次申请加州大学戴维斯分校医学院被拒而诉至法院，他认为自己没有被录取是因为学校规定在100个招生名额中必须有16个少数族裔名额，而自己是白人，此即加州大学董事会诉巴基案（Regents of the University of California v. Bakke case）。2003年，白人芭芭拉·格鲁特申请密歇根大学法学院的时候各项成绩均达到学校要求，仍然被拒绝，即格鲁特诉布林格案（Grutter v. Bollinger case）。①而2008年，费舍诉得州大学案（Fisher v. University of Texas case）中，阿比盖尔·费舍（一名德州白人女子）起诉得州大学奥斯汀分校拒接她的申请，反而招收成绩不如自己的拉美裔和非洲裔美国学生。法院最终判决"得州大学奥斯汀分校的录取行为符合宪法规定"。②

类似的案件及其法院判决引发美国人对何谓"平等"的各种争议。2006年11月，美国密歇根州的选民们以公投的形式通过了一项名为密歇根民权倡议（Michigan Civil Rights Initiative，MCRI）的提案。该提案禁止公立机构（如学校）以种族、肤色、性别或宗教为理由，对个人采取歧视或特别优惠政策。但是，平权法案的支持者也通过起诉反对者的提案来捍卫自己的阵地。直到2014年4月22日，美国最高法院做出了一项裁决，判定8年前密歇根州

---

① 胡锦山.从巴基案到密歇根大学案——美国高校录取中种族优惠政策的演变[J].厦门大学学报（哲学社会科学版），2012（5）：52-58.

② 平等保护与"反向歧视"，为什么亚裔成为了平权法案最大的受害者？[EB/OL].（2018-08-10）[2021-05-01].
https://www.sohu.com/a/246250373_464977.

的MCRI提案合法，但对"反向歧视"的理解仍然存在诸多分歧。如美国最高法院现任法官中唯一的黑人大法官托马斯大法官就反对平权法案，认为平权法案并不能解决美国的黑人相对于其他族裔在整体上处于一个比较劣势的地位这个问题，而只会让黑人群体依赖这个平权法案而失去了提升自己的动力，到头来只能一直仰仗白人的施舍。因此在他看来，黑人通过自立而不是政府的政策倾斜来争取自己的地位才能真正被平等对待。

时至今日，"反向歧视"问题仍然广受关注。[①] 如果说对平等的理解和举措同时有着政治目的和其他考量，如奥巴马政府要求大学将种族视为校园多元化的一个因素，而特朗普政府则反对一切以种族衡量教育多样性的措施的话，那么，从宪法的层面，有着对于某一群体的优惠政策必然会损害其他群体的利益，那么如何增进对处于弱势群体的特别保障从而实现实质平等？这仍然是理解"平等权"这一公民基本权利时所必须考虑的问题，也是完整的"平等权"内涵所应当包括的内容。

## 二、就近入学与教育公平

作为一项宪法权利和宪法原则，平等要求同样体现于教育领域，在对教育问题的各种讨论中，"平等"已变成一个关键词，教育公平程度也已成为衡量教育满意度的重要指标。而在就近入学问题上，其所反映的社会公平问题正面临越来越多的争议与挑战，如学区资源不均衡导致的公平性问题、农民工子女入学保障的虚化问题及民众是否有择校权问题等。而天价学区房、火爆的民办学校招生、疯狂的校外培训现象及"寒门难以再出贵子"的感叹背后，多少也有着对就近入学制度的拒绝和质疑。司法实践中，状告教育部门学区划分不公的行政案件也日渐增加，甚至还出现了入学安排是否"就

---

① 吕亚萍.反向歧视的平等意蕴——对巴基案的省思[J].北大法律评论，2012，13（2）：404-421.

近"的行政争议，南京"顾某诉教育局重新划分施教区案"即为一例。在这些现实和争议的背后，厘清就近入学与教育公平的关系、把握就近入学平等保障的发展趋势，可以从理论上为就近入学现实问题的解决提供指导。

**（一）学术史梳理：就近入学的研究现状**

在有关就近入学的制度形成和实践中，教育立法和教育政策发挥了主导作用，这与世界其他国家的进路一致，也体现了义务教育乃国家公共事务，需要国家层面积极推进的基本要求。那么，从学术研究的角度，其又在理论层面为这一制度的设计和完善提供了怎样的支持？在中国知网以"就近入学"为主题词搜索显示，自1986年《义务教育法》实施以来，就近入学即受到教育研究者的关注，但相当一段时间来并未成为学界研究的热点和重点。2006年《义务教育法》修改后，学界的关注度提升。近年来，伴随着对就近入学制度的反思，学术成果较为丰富，迄今热度不减。此外，在有关义务教育公平的专著等成果中亦多有对就近入学问题的讨论，但以就近入学及"就近入学平等保障"为主题的则并不多见。纵观我国学界对就近入学及其平等保障的研究，主要呈现出以下几个特点。

1.就近入学的平等保障始终是学界的关注重点

梳理学术研究资料可以发现，学界对于就近入学的研究重点具有阶段性特点：1986年《义务教育法》出台的前后10年主要围绕就近入学的内涵及如何保证实施问题；1997—2006年间，伴随着择校问题等各种教育不公现象的日益严重，就近入学的性质、"择校"的性质及其治理、对就近入学制度的反思等成为学者关注的重点。其间，2002年召开了党的十六大，"三个代表"重要思想反映在义务教育领域就是要保障人民群众接受良好教育的机会。当时的教育部基础教育司司长李连宁在2003年提出了"努力做好义务教育公共服务的提供与管理"的观点，有关义务教育公共服务的研究成果有所增加，对就近入学的研究也最终归结于教育公平及受教育权的完整保障问题。这个阶段的研究也推动了2006年《义务教育法》的修订；2006年至今的10多年间，为适应2006年党的十六届六中全会提出的"构建和谐社会"要求，对义务教育就近入学的研究更多地体现于具体的公平举措及根源性探究，前者如农民工随迁子女就近入学保障问题、学区划分中的平等权问题，后者则从教育资源均衡展开对就近入学问题的研究。2014年后伴随着教育部执行就近入学政策的进一步严格化，如何完善就近入学制度、促进入学机会公平，义务教育学校标准问题，如何严格执行就近入学、就近入学的实施困境等成为研究的重点。同时，这阶段对择校问题的研究也成为学界关注的热点，体现了对就近入学与受教育权完整保障的密切关注及研究视野的拓展。近三年来，针对学区划分、学校布局调整等较为细致的研究也逐渐增多。

而在对就近入学的研究中，一个突出的现象是：学者始终将之与教育公平密切关联。如早期研究中，劳文的《关于改进初中入学办法的若干思考》即指出"义务教育就其本质来说是一种平等的教育，是面向社会全体公民子女的平等权利"，"社会主义中国的义务教育……应该是办好每一所学校，教好每一个学生"；[①] 其在《就近入学与义务教育的发展》一文中写道，"'就近入学'主要不是一个入学的地域概念，而是入学平等权利思想的反映，也许用'无选择入学'来说明义务教育的入学方式更为合适"。[②] 而在就近入学性质的性质问题上，现在学界基本达成了一致观点，即就近入学对于学生来说是权利，而对政府则是职责。但在1986年《义务教育法》出台后的相当一段时间内，对于就近入学的性质是有不同观点的。根据第9条"地方各级人民政府适当设置小学、初级中等学校，使儿童、少年就近入学"的规定，有的学者认为这是教育规范之于政府的一项职责，对于学生来说则是一项权利，

---

① 劳文.关于改进初中入学办法的若干思考[J].中小学管理，1993（6）：14-18.

② 劳文.就近入学与义务教育的发展[J].中小学管理，1994（8）：6-9.

即学生有权在自己的户籍所在地和规范规定的服务半径内接受法定的义务教育。有的学者则认为这是学生的一项义务，是政府安排学区的一种权力，"适龄儿童及其父母或监护人不应该也无权自择接受义务教育的学校"，[①]这种观点亦成为实践中教育部门划分学区和禁止择校的法律依据。在现实的行政管理中，这种思维仍存在，但就学术研究而言，将其界定为"权利"并要求政府积极作为的观点显然已是主流的观点，政府应保障就近入学的平等权亦成为各界的共识。

又如在择校问题上，对"以钱择校""以权择校"的教育不公现象进行治理是学者们的基本立场，但对于"择校"本身是否应予以保障则存在不同观点。从受教育权旨在"充分发展人的个性并加强对人权和基本自由的尊重"[②]的权利目的出发，作为受教育权自由权属性的择校，显然有利于实现个性教育，体现因材施教，亦是教育的本意和理想，因此，不少学者认为，完整的受教育权应包括学生自由选择学校的权利，应承认择校自由并应予以制度保障。[③]而从实然的角度，由于"择校"背后关联教育市场化等多种因素，对其能否实现政策目的也始终存在世界性争议。[④]

伴随着对教育公平的愈发关注，反思就近入学政策及相关学区制度等的研究也越来越深入。学界在就近入学问题上研究内容的特点也反映了我国教育政策及教育公平观的演变。

2. 教育学学者是研究的主力军，法学等学科的研究亦逐渐跟进

在相当长的一段时间里，教育学学者是就近入学研究的主力军，如劳凯声、杨东平、熊丙奇，申素平、张传萍、张新平、范先佐等。教育学界的研

① 陈根芳.就近入学探究[J].杭州师范学院学报，2000（7）：116-120.

② 《世界人权宣言》第26条第2款。

③ 相关观点可参见：陈根芳.就近入学探究[J].杭州师范学院学报，2000（7）：116-120；申素平.受教育权的理论内涵和现实边界[J].中国高教研究，2008（4）：13-16.

④ 卢乃桂，董辉.审视择校现象：全球脉络与本土境遇下的思索[J].教育发展研究，2009（20）：1-6.

究不仅呈现了其对教育学理论的充分运用和对教育政策的熟稔程度，也体现出其对现实进行了深入而仔细的观察。如同其他国家一样，我国教育学界有关就近入学的研究也对相关政策的形成产生了一定的影响。伴随着教育法治的推进和教育现代化必然方向的要求，教育法的研究逐渐跟进，也涌现出北京大学教育法研究中心、北京教育法治研究基地等研究机构，但总体而言研究队伍仍然比较小众，需要进一步推进，从而为教育公平的实现贡献学术智慧。

3.研究方法呈现理论与实证研究并举的特点

教育问题关乎家家户户，具有浓厚的现实特点。在有关就近入学的内涵和性质、择校是否属于权利等问题上，理论研究的色彩较为浓厚，也为现实问题的判明提供了理论指导。而在就近入学的实施现状、教育法律规范制定与实施过程中遭遇的瓶颈或困惑问题、特定群体、特定区域情况的研究等则越来越呈现出实证研究与教育法学理论相结合的特点。学界对就近入学的研究也说明，我国教育法学科的理论建设和体系建构都在不断地深化和拓展。

（二）就近入学与教育公平的渊源

在对就近入学的各种研究中，不可否认的是，最聚焦的点即是公平问题。如前所述，无论是教育立法和政策还是学界研究，将就近入学与教育公平的高度关联已然是一种结果。然而，就近入学的原旨就是促进教育公平吗？其关联的渊源何在？在就近入学问题上的公平诉求背后反映了怎样的公平观变革？对这一问题的解决有利于更好地认识就近入学的价值取向，更客观地认识和推进我国的教育公平。

1.普及基础教育：1986年《义务教育法》之立法取向

1986年的《义务教育法》是从法律上确立就近入学的重要规范，其第9条规定："地方各级人民政府应当合理设置小学、初级中等学校，使儿童、少年就近入学。"而对于就近入学的目的、要求等，并无立法解释可供参考。

但根据相关历史资料可知，就近入学的起始目的在于普及基础教育，提升入学率，这从该法的立法目的和实施过程均可得到印证。

关于1986年《义务教育法》的立法目的，时任国务院副总理兼国家教育委员会主任李鹏在1986年4月2日的第六届全国人民代表大会第四次会议《关于〈中华人民共和国义务教育法（草案）〉的说明》中指出，"总的看来，我国的基础教育仍然比较薄弱，不能适应宏伟的社会主义现代化建设的需要。相当一部分农村地区至今尚未普及小学教育，许多适龄儿童特别是女儿童没有受完规定年限的小学教育，致使青壮年中的文盲、半文盲仍在继续产生"，"基础教育种种落后的状况……同全国人民建设富强、文明、民主的社会主义现代化国家的宏伟目标形成了尖锐的矛盾。因此，我们国家迫切需要制订义务教育法，以法律为依据，在全国有步骤地实行义务教育"。这一立法必要性在该法的第一条得到确认，即"为了发展基础教育，促进社会主义物质文明和精神文明建设"。这一立法目的也得到学者的认同，如罗宏述老师的《义务教育立法刍议》一文也对义务教育立法之与普及基础教育意义进行了论述。[1]立法目的反映了立法的价值取向，立法相关法律条文及制度安排一般均应围绕此而进行，因此，就近入学的规定也应有助于"普及基础教育"，并与其他举措共同促进该目标的实现。

事实上，解读《义务教育法》实施后的相关文件和报告可见，就近入学对于基础教育的发展的确起到了积极的作用，如1988年、1989年对《义务教育法》实施情况的总结显示，"从根本上解决中小学学生流失的问题""提高女童入学率"仍然是非常急迫的任务。[2]为此，多个文件强调"学校布局要

---

[1]　罗宏述.义务教育立法刍议[J].中国法学，1986（5）：34-38.

[2]　姜永久，张杰仲，吴树琴.1988、1989年贯彻《中华人民共和国义务教育法》的情况[M].北京：中国法律年鉴出版社，1990：124.

坚持就近入学的原则"①。到了1991年，这一情况有了较大改善，基础教育的认知和实施均有推进，"截至1991年，全国小学适龄儿童入学率达到97.8%，在校生的巩固率已达96.9%"②。

可见，就近入学起始的立法目的主要在于贯彻1982年宪法有关公民受教育权的规定，即通过"就近"保障学龄儿童和少年人人上学，并推进基础教育的普及。事实上，在其他国家的义务教育初期，这一策略也在同样意义上被采纳，如1852年美国马萨诸塞州颁布的《义务教育法》即为一例。③当然，相关资料也显示，我国就近入学的实施也在一定程度上促进了区域教育的均衡，特别是部分地区取消了重点初中和小学升初中考试后，中学间的生源得到一定均衡，从而激发了薄弱学校的办学积极性，进而通过教学质量的提升进一步促进了就近入学的落实。④

### 2.教育公平的联结：2006年《义务教育法》的立法体现

就近入学在促进基础教育普及、提升中小学入学率方面的作用是显然的。但与此同时，另一个客观的现实是，就近入学事实上并未被不折不扣地执行，放弃就近的学区而寻求更优教育资源的行为始终存在并在20世纪90年代成为普遍现象，此即我国语境下的"择校"。相较于以"充分发展人的个性并加强对人权和基本自由的尊重"⑤的择校目的，我国的"择校"主要源于就近入学背后的教育资源配置不均，并以"以权择校"和"以钱择校"为主要表现形式，这就使我国的"择校"行为从一开始即与个性教育无关，而与教育公平丝丝相连，并因"权、钱交易"的因素而引发社会不满，成为教

---

① 如《国务院办公厅转发国家教育委员会等部门关于实施义务教育法若干问题意见的通知》（国办发〔1986〕69号）。

② 吴福生.《义务教育法》实施情况[J].中国法律年鉴，1992（1）：110-112.

③ 张雷.协调与互补：美国择校制度及其启示[J].教育导刊，2013（1）：42-45.

④ 梁友君.就近入学：成败得失如何——来自哈尔滨、大连的报告[J].人民教育，1995（10）：25-28.

⑤ 《世界人权宣言》第26条第2款。

育领域治理的一大顽疾。相关资料显示，自1995年国家教委原主任朱开轩在"义务教育阶段高收费问题"谈话中首次以官方名义提出"择校"一词，并奠定了"禁止择校高收费"的政策价值取向[①]以来，坚持就近入学和"禁止择校"始终是基础教育领域的工作重点，亦成为民众评判教育满意度的重要指标。[②]而当这种不满和社会关注成为一种普遍现象时，就近入学原有的基础教育普及功能便相对弱化，对公平的追求成为新的价值要求，相关立法的修改亦成为必然。

2006年对《义务教育法》的修改正是在这样的背景下进行的。在《关于〈中华人民共和国义务教育法〉（修订草案）的说明》中，"义务教育资源分配不尽合理，城乡之间、地区之间、学校之间的差距依然存在，在一些地方和有些方面还是有扩大的趋势"成为此次修法的一个重要原因，而"义务教育是普惠性教育，每个适龄儿童、少年都应当享有平等的接受义务教育的权利"也得到明确宣示，并在第4条做出了原则性规定，即"凡具有中华人民共和国国籍的适龄儿童、少年，不分性别、民族、种族、家庭财产状况、宗教信仰等，依法享有平等接受义务教育的权利，并履行接受义务教育的义务"。1986年立法并无明确的教育平等条款，此次修法显然在平等保障方面迈进了一大步，表明教育法治在向前推进。而就就近入学规定而言，从1986年第9条"地方各级人民政府应当合理设置小学、初级中等学校，使儿童、少年就近入学"到2006年第12条中有关免试入学、政府保障职责及适龄儿童、少年在其父母或者其他法定监护人工作或者居住地入学等的规定，[③]均在一定

---

① 陈薇."零择校"的盐城试验[J].中国新闻周刊，2012（35）: 26.

② 如1995年《关于治理中小学乱收费工作的实施意见》《1996年在全国开展治理中小学乱收费工作实施意见的通知》《纠正行业不正之风办公室关于2001年纠风工作实施意见的通知》等。

③ 2006年《义务教育法》第12条："适龄儿童、少年免试入学。地方各级人民政府应当保障适龄儿童、少年在户籍所在地学校就近入学。父母或者其他法定监护人在非户籍所在地工作或者居住的适龄儿童、少年，在其父母或者其他法定监护人工作或者居住地接受义务教育的，当地人民政府应当为其提供平等接受义务教育的条件。具体办法由省、自治区、直辖市规定。县级人民政府教育行政部门对本行政区域内的军人子女接受义务教育予以保障。"

意义上体现了立法对于就近入学公平诉求的回应。这也表明，在义务教育实施了20年后，就近入学与教育公平的关联度越来越为社会各界所关注，最终在立法层面有所体现。而在2006年至今的10多年间，就近入学是否公平更是已经成为一个常见的、普遍的话题。伴随着社会的发展和权利意识的增强，其背后的教育平等理念日益凸显，人们对平等的追求更为强烈。

分析就近入学的立法轨迹可见，其与教育公平的关联并非从一开始就有所指向并显现出来，而是伴随着"人人有书可读"的基本满足、公众对公平享有优质教育资源的追求而日益凸显的，典型地反映了社会发展与权利保障之间的紧密关系。

### （三）就近入学平等权的实质和发展

在有关就近入学公平问题的现象中，无论是属于治理对象的"以权择校""以钱择校"行为还是备受关注的高价学区房、外来务工人员随迁子女入学等问题，其共同的目标均是对优质教育资源的追求。而在要求国家公平保障享有优质资源的诉求背后，也正反映了就近入学中社会权国家保障义务的提升及面临的挑战。

作为关乎个人发展和国家发展的一项权利，受教育权兼具"自由权"和"社会权"的双重属性，前者强调公民根据自身特点而拥有的教育选择权，包括受教育的方式、受教育的学校选择等，后者则清晰地表现出国家在公民权利实现过程中的重要作用，以实现其宪法"客观价值秩序"和"主观权利"的双重价值。从世界范围看，基于各国法律传统、政治体制等的差异，对受教育权双重属性的保障各有特点。如英国在不同时期、不同政党执政时期对于"自由权"的保障并不一样，其中撒切尔夫人时期的自由化程度更高一些，布莱尔执政时期则较为强调政府权力的介入，[1]而日本则比较强调义

---

[1] 李建民.英国基础教育[M].上海: 同济大学出版社，2015: 21.

务教育中的国家责任。[①]在对就近入学的理解上，同样体现了宪法视角下的价值判断。在我国，学界曾对就近入学是学生的权利抑或义务有过争议，但目前，将其界定为学生权利已成为主流观点。显然，从权利的角度，作为受教育权构成的就近入学同样具有"自由权"和"社会权"的双重属性，前者体现于对"就近"的选择权，即或选择"就近"，或放弃"就近"。而作为社会权的就近入学则强调国家对此的保障义务，即保障孩子均能就近入学。可见，从就近入学的权利本质属性出发，能够与公平发生联系的应包括两个层面：是否平等保障"就近"的选择权及国家是否平等保障"就近"的诉求。而审视我国就近入学中的公平问题可以发现，其既不是"就近"的选择权问题，亦不是"就近"的距离保障问题，而是背后的资源配置问题，这就使教育资源问题成为我国"就近"平等保障的重要内容，并意味着国家对该"社会权"保障职责的转换和提升。

立法解读和实践效果显示，1986年《义务教育法》中的就近入学规定并不与教育公平发生直接关联，其主要目的在于普及基础教育，其对公民受教育权保障的体现即是"就近"有书可读，至于就读的学校是否存在资源差异、"就近"标准是否一致则并不构成特定历史条件下制度关注的重点，这也与权利的特点相适应，即"权利决不能超出社会的经济结构以及由经济结构所制约的社会文化发展"[②]。而当社会经济得到发展、个人权利意识得以提升、"就近"背后的资源差异深远地影响到个人的受教育问题及其社会公平时，就近入学的权利内涵会发生变化，即从"人人有书可读"发展为"人人就近享有优质资源"，继而要求国家保障权利的实现。从表象看，就近入学与教育公平的联结因日渐凸显的"择校"行为而发，其实质则是对国家保障就

---

① 田辉.日本基础教育[M].上海：同济大学出版社，2015：55.

② 中共中央马克思恩格斯、列宁斯大林著作编译局.马克思恩格斯全集（第25卷）[M].北京：人民出版社，2001：19.

近入学权利的更高要求，是当前社会主要矛盾的变化在基础教育领域的反映。因此，新时代下就近入学的权利内容中，"就近"且"平等地享有优质资源"成为其社会权属性下的基本构成。尽管这一国家保障义务的履行并不容易，但保障该权利的实现已经成为新时代国家不可回避的宪法职责。

## 三、就近入学平等权的内容要素

在就近入学是适龄儿童和少年的受教育权内容并应得到平等保障的共识下，对平等权内容构成的进一步分析十分必要，唯此，方能正确和全面地认识就近入学，也才能为现实中解决就近入学问题提供正确的方向，为权利主体更理性地认识和行使权利提供指导。根据就近入学的立法和制度规范及现实诉求，笔者认为，其平等的要求主要体现于入学机会平等、教育资源平等及"就近"的平等。

### （一）入学机会平等

一般认为，受教育权平等包括入学机会平等、教育过程平等和教育结果平等。入学机会公平强调在忽视个人条件的基础上，国家给予平等的入学机会。入学机会的平等对于受教育权平等保障具有重要的促进作用，没有入学机会平等，教育过程和教育结果的平等就很难真正实现。教育过程平等包括教育内部平等和教育外部平等。前者主要通过学校和教师活动得以实现，如教育观念平等、教育目标平等、课程设置平等、教育评价平等等；后者则强调国家对于教育资源平等的保障，包括向学校投入同等的硬件的教育设施、软件的师资配备等。教育结果平等则是教育公平的最终目标和理想。在就近入学这个问题上，其所涉及的首先是入学机会公平问题，而这一公平也经历了"有书可读"的公平到同一区域内入学机会平等的发展过程。

就"有书可读"的机会公平而言，从1986年的《义务教育法》起，这一目标即始终存在，实现100%的入学率亦始终是我国义务教育的目标。根据《国务院关于深入推进义务教育均衡发展的意见》（国发〔2012〕48号），"2011年所有省（区、市）通过了国家'普九'验收，我国用25年全面普及了城乡免费义务教育，从根本上解决了适龄儿童少年'有学上'问题，为提高全体国民素质奠定了坚实基础"。而根据2021年3月1日教育部公布的《2020年全国教育事业统计主要结果》，我国九年义务教育巩固率已从2009年的90.8%上升为95.2%。[①]因此，尽管目前尚未实现100%的义务教育普及率，但在免费免试的制度下，"想读书"即"有学上"的入学机会平等保障已达到比较理想的结果。

当然，必须同时注意的是，义务教育就近入学机会平等不能仅仅从入学巩固率来简单地得出结论，还需结合同一区域内不同群体的入学机会平等保障情况，这与义务教育的管理体制相关联。事实上，从世界范围看，无论是单一制国家还是联邦制国家，教育问题上的地方主导性特点始终存在，只是在中央与地方的责任分担上有所差异。如日本实行地方自治，但各地财政状况存在很大差别，为保障办学条件和教育资源配置达到相同水平，实现教育公平，日本通过国家财政调节地方补贴、专项转移支付等手段，控制因地区间经济发展水平不同造成的教育差距的扩大。但自治同时意味着在教育问题上的分权，故而在2005年后国家负担制度动摇，地方财政自主权得到扩大，一个可能的现象是，公共教育经费的地区差距会不可避免地拉大，财源不足的地方可能将公立学校委托给市场，从而可能使教育受到较多的经济因素的影响而导致公平性问题。其中的一种观点即认为日本的做法导致"学校教育过多受到经济的影响，逐渐加大了同一地区学校之间的校际差距……导致教

---

① 发展规划司.2020年全国教育事业统计主要结果[EB/OL].（2021-03-01）[2021-04-15].http://www.moe.gov.cn/jyb_xwfb/gzdt_gzdt/s5987/202103/t20210301_516062.html.

育公平问题走了回头路"①。澳大利亚宪法对基础教育管理权限做出了明确规定，即由各州（区）实施对基础教育的管理。20世纪80年代以来，其不断加强教育管理体制改革，实行管理权限上移和下放"两条腿"走路：一是联邦政府的管理权限不断加强，二是州（区）政府教育权限日益下放至学校。美国的宪政体制对教育公平的推进既涉及中央与地方的分权问题，也面临自由传统和多元文化的挑战，因此要协调这些问题并不容易。如何使中央政府对教育的介入不至于过分破坏地方的自治，如何通过统一的国家标准提升质量和公平度，同时又不破坏其选择及多元利益的国家特点，这是在美国推进教育公平中面临的难题。而在各国基础教育的管理体制中，一个比较共同的特点是，中央对于教育的管控始终存在，这亦体现了基础教育对于国家的重要性及国家保障受教育权问题的宪法职责。同时，赋予地方一定的自治权或将权力下放地方如州、区县级等也是一个基本的做法。而从实际的效果来看，既能发挥地方自治的优势、适应地方特点自主安排，又有较为一致的国家政策，包括课程标准等，从而防止地方间差距太大。但因地方经济发展水平不平衡而导致教育投入水平不同，继而影响教育均衡、影响就近入学的实施也成为一个事实。

根据《义务教育法》第七条，我国义务教育实行县级人民政府为主管理的体制。根据"属地管理"的原则，各地的行政区域需要根据本地区的实际情况实施义务教育、承担其保障就近入学机会公平的法定职责。而根据区域内的教育资源，教育部门能否满足所有符合《义务教育法》的适龄孩子的入学要求就成为衡量机会公平的重要指标了。而在这个问题上，由于就近入学的"就近"安排既包括了户籍地所在地的政府职责，也包括"居住地"所在地的政府职责，因此能否充分保障后者所涉外来务工人员子女的就近入学则亦是入学机会平等的应有内容。这其中的原理仍然是受教育权保障问题，即

① 田辉.日本基础教育[M].上海：同济大学出版社，2015：71-75.

从基本权利保障的角度出发，政府有责任加大教育投入，扩大教育容量，以解决所有在其区域内孩子的平等入学问题。当然，目前一个基本的矛盾是，当区域内的教育资源尚无法满足所有孩子的入学要求时，入学机会平等保障就会存在困难，这也是一些大中城市面临的困境。尽管法律上的"平等"不是绝对的均等，而是承认"合理差别"基础上的同等对待，当因区域内教育资源紧张而导致不同群体的入学机会有所差异时，可以在"合理差别"的范围内判断是否保障了入学机会平等，但保障外来务工人员子女入学机会的形式公平和实质公平问题始终是应有的基本方向，是"入学机会平等"应有的内容。近些年来，国家在保障城务工人员随迁子女平等接受义务教育方面亦出台了不少规定，如要求"坚持以流入地为主、以公办学校为主的'两为主'政策；将常住人口纳入区域教育发展规划，推行按照进城务工人员随迁子女在校人数拨付教育经费，适度扩大公办学校资源，尽力满足进城务工人员随迁子女在公办学校平等接受义务教育；在公办学校不能满足需要的情况下，采取政府购买服务等方式保障进城务工人员随迁子女在依法举办的民办学校接受义务教育"[①]；将进城务工人员随迁子女义务教育纳入公共教育体系，根据进城务工人员随迁子女流入的数量、分布和变化趋势等情况，合理规划学校布局和发展，以及按照相对就近入学的原则统筹安排在公办学校就读等。这些措施都有利于保障随迁子女入学中的形式平等和实质平等。

### （二）教育资源平等

在有关就近入学平等权的讨论中，一个客观的现实是：无论是跨学区的"择校"行为抑或高价学区房，以及入学民办学校，其背后的根本原因均是对优质教育资源的追求，并成为衡量公平与否的一种重要标准。这不仅是我国的现实问题，亦已成为世界性难题。

---

① 《国务院关于深入推进义务教育均衡发展的意见》（国发〔2012〕48号）。

从教育公平的内涵来说，优质资源平等享有似乎不属于"入学机会平等"的内涵，而是教育过程的平等。然而，这恰恰反映了就近入学平等权理论的发展，即从"有学可上"的平等到"拥有同样的教育质量"的平等。分析影响教育质量的因素可以发现，教育资源的优劣不可避免地会影响到教育质量，而入读优质学校当然在享有高质量教育方面具有了某种可能，这在逻辑上完全成立。事实上，从国际性基础教育发展水平的评价体系即PISA（Programm for International Student Assessment，国际学生评估项目）的评定结果中也可以得到一定的印证。PISA是经济合作与发展组织（OECD）于2000年发起的对基础教育进行跨国家（地区）、跨文化的评价项目，目的是对15岁学生的阅读、数学、科学素养和运用知识解决现实问题能力进行评价，以反映学生参与未来生活的能力。PISA是目前世界上最全面、最可靠、规模最大的学生能力指标，是横向比较各国教育质量、公平和效率的首要标准。经过多年的发展，PISA已成为各国促进教育改革、调整教育政策的重要依据。PISA参与成员主要是OECD成员国家（地区），吸收非成员国家（地区）参加，每三年进行一次测评，根据测评年份命名。经过近20年的发展，PISA参与国家（地区）由2000年的43个扩大到2018年的79个（包括美国、加拿大，澳大利亚，绝大部分欧洲国家，日本、韩国、泰国等部分亚洲国家，巴西、阿根廷等部分南美洲国家等）。PISA已经成为世界上规模较大、具有广泛国际影响的基础教育第三方评价项目。①我国自2009年参与PISA的测试，连续两次位列全球第一，但在2015年时排名大幅倒退至第十。在2018年的评估中，共有79个国家（地区）的60万名15.3~16.2岁的学生参加了测试，我国四省市（北京、上海、江苏、浙江）作为一个整体取得全部3项科目（阅读、数学、科学）参测国家（地区）第一的好成绩。专家分析认为，这一成绩表明

---

① 教育部.PISA经验：国际视野与本土探索[EB/OL].（2019-12-04）[2020-08-09]. http://www.moe.gov.cn/jyb_xwfb/moe_2082/zl_2019n/2019_zl94/201912/t20191204_410709.html.

这四省市的基础教育质量在全球处于前列，但相关数据也表明，我国教育公平仍然存在一些突出问题尚待进一步突破。如"四省市学生阅读素养的校际差异占比为42%，在参测国家（地区）中居于17位"，"在硬件配置方面，我国四省市学校硬件短缺指数为-0.27，硬件短缺程度低于63个参测国家（地区）。其中，城乡学校硬件短缺指数分别为-0.35与-0.20。……在师资配置方面，城乡学校师资短缺指数分别为0.44与0.98，说明乡镇学校师资短缺问题非常严重"。[①]需要注意的是，这四个省市本身处于我国经济发展和教育改革前列，具有和发达国家比较的基础，但其中反映出来的问题仍然显示出我国区域之间的教育资源存在较大的差异，在同样有学可上的情况下，其所接受的教育质量的差距也是客观存在的。

联系我国义务教育中的种种现实问题，诸如择校、学区房、培训班等现象，其引发的根源主要就在于教育资源的不平等及由此带来的教育质量的差异，上述现象只不过是补强的手段而已。由于历史的原因，我国对重点学校的扶持而造成的强者越强、弱者越弱的结果，已经客观地将学校进行了分层，其在百姓中的排名和实际影响力非能在短期内所能改变。而义务教育的质量评价又直接影响到中考继而影响到高中学校的优劣，乃至高考成绩，这一食物链式的关联使得义务教育入学问题被无形放大，教育资源的差异呈现出可能影响人生的巨大力量，对就近入学背后教育资源优劣的关注并关联于教育公平也即成为自然的结果。以进城务工人员随迁子女的入学为例，让孩子"就近"在父母所在地上学，一方面有着利于孩子的身心健康，但另一方面也是因为城市的教育水平整体上高于农村，这也是众多务工人员千方百计、千辛万苦地要让孩子进城读书的原因之一。因此在他们朴素的观念中，希望孩子能够通过良好的教育改变家庭的处境，能够谋得更好的未来，这是

---

① 辛涛.教育质量与公平——对PISA2018结果的思考[EB/OL].（2019-12-04）[2020-08-09]. http://www.moe. gov.cn/jyb_xwfb/moe_2082/zl_2019n/2019_zl94/201912/t20191204_410711.html.

非常正常的人性所向，也是非常容易理解的选择。因此，对就近入学中的平等权的理解，绝不能忽略"教育资源平等"这一重要的要素，这是依宪而治的国家应从制度层面予以保障的重要权利内容，也是我国回应当下现实诉求，满足人民群众日益增长的对高质量教育的需要、解决教育不平衡不充分矛盾的应有立场。

当然，教育资源的平等仍然需要注意"合理的差别"问题。如果说学校的硬件可以通过标准化学校予以实现的话，生源、师资、教学方法等软件则不存在完全一致的模型，怎样的均衡属于义务教育资料的均衡，这是在国家教育均衡标准的基础上同样需要思考的问题，也是在义务教育就近入学的实践中需要进一步探索的。

### （三）"就近"的平等

什么是"就近"？孩子为什么不能在离家最近的学校上学？这些疑问已现实地呈现在行政机关和司法部门面前，也是就近入学平等保障中出现的新问题，其中南京"顾某诉建邺区教育局案"①较为典型，并因诉到法院而引发广泛关注。本案的基本案情是：顾某出生于2008年10月13日，户籍地为南京市建邺区吉庆家园小区，系应于2015年9月入学的适龄儿童。10多年来该小区的小学施教区一直都被派位到距离该小区1.29千米的南京市南湖第三小学。2013年，与小区仅一条马路之隔的地方开办了南京师范大学附属中学新城小学北校区。根据一审法院查明，该校距离小区仅0.33千米。但根据《2015年建邺区小学入学工作实施办法》，顾某户籍所在地仍属于南京市南湖第三小学施教区范围。顾某认为施教区的划分违反了就近入学要求，于2015年6月12日向法院提起诉讼，要求撤销建邺区教育局的施教区划分行为，并责令被告重新划分施教区。一审法院认为南京市建邺区教育局划分施教区的

① （2015）宁少行终字，第1号；（2016）苏01行终139号。

行为具有普遍约束力，属于抽象行政行为，不属于人民法院行政审判的受案范围，裁定不予受理。顾某不服，上诉至南京市中级人民法院。二审裁定认为"建邺教育局每年对辖区内施教区进行划分的行为属于具体行政行为"，裁定由南京市建邺区人民法院立案受理。一审法院在确认了本案属于行政诉讼受案范围的同时，认为施教区划分方式是以道路为界，兼顾社区的不规则多边形方式，能够兼顾学校布局、适龄儿童数量和分布、地理状况等条件，符合义务教育全员接纳、教育公平、就近入学原则。同时，被诉行政行为也不违反就近入学原则，其理由是建邺区学校资源与人口分布不均衡，客观上施教区的划分不可能保证所有适龄儿童均入学至离家庭住址最近的学校，只能从总体上满足所划分的区域符合就近入学原则。一审最后判决驳回顾某的诉讼请求。顾某不服，提起上诉，认为"一审判决没有查明被上诉人整个施教区的划分行为，尤其是上诉人周边小区和小学施教区的事实，相互比较才能判断是否'就近'以及合理"，同时"一审判决适用法律错误，被上诉人的行政行为实体上和程序上都不合法、不合理。被上诉人划分和调整施教区的标准模糊、逻辑混乱，没有法律依据，实际架空了就近入学原则，是滥用职权"。被上诉人则辩称，"就近入学原则是施教区划分的四个原则之一，应和其他原则相适应和相匹配，不应按照绝对距离来划分学区"。案件经二审审理认为，"被诉行政行为划分施教区的方式确实存在一定的不合理性，会造成部分适龄儿童未能被安排至离家最近的学校入学，但由于建邺区目前教育资源不均衡、适龄儿童及学校分布不均匀、街区形状不规则，因此就近入学本身并不意味着直线距离最近入学"。"建邺区教育局目前所确定的施教区划分方式能兼顾学校布局、适龄儿童数量和分布、地理状况等因素，是一种相对科学的划分方式，能保证适龄儿童整体上实现就近入学。教育行政部门所作施教区划分方案的行政目的应为实现公共利益。本案被诉行政行为虽未能完全满足上诉人的利益诉求，但其在尽可能满足个体利益的前提下，综合考量社会整体现状，兼顾了社会公共利益的实现与个体利益的维护，符合行政权行使的基本价值取向。"2016年3月22日，江苏省南京市中级人民法院做出终审宣判，驳回上诉，维持原判。本案影响广泛，入选人民法院报评选的"2016年度人民法院十大民事行政案件"、南京法院2016年度十大典型案件。本案中，就近入学并不意味着直线距离最近入学的观点引发广泛关注。2016年，《教育部办公厅关于做好2016年城市义务教育招生入学工作的通知》中就"合理确定片区范围"工作要求中也指出，"鉴于一些地方人口分布和学校布局具有不均匀性、街区形状具有不规则性，就近入学并不意味着直线距离最近入学"，这为后来行政机关和司法机关处理类似案件提供了政策依据和判例依据。然而，本案虽然认可了学区安排的合法性和合理性，认为既有的安排并未有"明显不当"，但对于1.29千米和0.33千米的较大距离差距，怎样的距离方能反映"就近"的要求仍然值得深思。尽管法院在驳回原告诉讼请求的同时也指出，"应注意到其合理性尚有提升空间，应尽可能在今后的施教区划分工作中进一步完善程序，提升行政行为的合理性和可接受度"，但从实体的角度，如何实现就近入学平等中的"就近"平等仍然需要进一步探究。

在有关本案的各种信息披露中，有一种说法是：顾某的父亲之所以提起诉讼，其真正的原因仍在于两所学校的教育资源不均衡，因此其所追求的仍然是教育质量的公平而非"就近"的公平。对此，笔者不予评论。但从法学的视角，作为典型的"就近"案件诉讼，本案尽管最后以败诉告终，却仍提供了样本意义。事实上，在日常的教育行政中，此类案件已逐渐增多。可以想象的是，在逐渐解决教育资源均衡问题后，"就近"的平等保障必然会被越来越多的家长所关注。事实上，美国布朗案件当事人的诉求即是"就近"，即希望能到社区附近的公立白人小学上学，而不是离家几个街区以外的黑人学校。只是由于历史的机缘，该案成了美国废止"隔离但平等"原则的转折性案件，并最终使"无隔离的一体平等"在教育领域成为现实。因此，重视

"就近"公平是未来就近入学的制度安排中必须考虑的重要内容。

而在判断是否符合"就近"公平的标准中，需要考虑两个问题：一是学区划分是否遵循就近入学的要求？二是个体之间的"就近"是否存在不合理的差别？前者是合法性问题，后者为合理性问题，而当合理性问题存在明显不当时同样会引发合法性问题。在规范和学术对此尚无统一的结论前，在实际的工作中，"充分考虑可能影响公平的各关键要素，确定相对科学的划片规则，确保适龄儿童、少年整体上相对就近入学。片区确定后，应在一段时期内保持相对稳定"的思路显然是必须确立的。

事实上，在多元的入学诉求背后，"就近"的要求是不可忽视的部分。在域外的入学平等理论发展中，美国的布朗案件当事人的诉求即是"就近"，即希望能到社区附近的公立白人小学上学，而不是离家几个街区以外的黑人学校。只是由于历史的机缘，该案成为美国废止"隔离但平等"原则的转折性案件，并最终使"无隔离的一体平等"在教育领域成为现实。因此，重视"就近"公平是未来就近入学的制度安排中必须考虑的重要内容。

而在判断是否符合"就近"公平的标准中，需要考虑两个问题：一是学区划分是否遵循就近入学的要求？二是个体之间的"就近"是否存在不合理的差别？前者是合法性问题，后者为合理性问题，而当后者明显不当时同样会引发合法性问题。在规范和学术对此尚无统一的结论前，在实际的工作中，"充分考虑可能影响公平的各关键要素，确定相对科学的划片规则，确保适龄儿童、少年整体上相对就近入学。片区确定后，应在一段时期内保持相对稳定"的思路显然是必须确立的。[1]

---

① 《教育部办公厅关于做好2016年城市义务教育招生入学工作的通知》（教基一厅〔2016〕1号）。

# 第三章

# 我国就近入学平等权保障的实施

就近入学实行30多年来，对保证义务教育的实施，提高全民族素质起了积极作用。同时，伴随着社会经济的发展、权利意识的提升，就近入学中的主要矛盾慢慢地从"有学可上"转化为日益增长的对"优质教育"的追求，公平而优质的教育成为美好生活的重要标志。就近入学工作的实践显示，20世纪90年代以来，中央针对就近入学中的新平等诉求推出了多项政策性举措，地方各级政府亦在此基础上进行了创新性探索。而这些有否促进就近入学的平等保障，有否提升民众的义务教育满意度，本章对此进行分析和探究。

## 一、就近入学平等权保障的政策性举措

由于历史原因，较长时期内我国义务教育的资源配置在城乡之间、区域之间及学校之间都存在较大差距，从而导致就近入学自开始就并未被严格执行。而当问题呈现源于政策和制度本身时，问题的解决也可通过政策和制度得以纠偏和调整。纵观我国解决就近入学平等保障问题的基本思路，下述政策性举措被作为重要的调整手段而在实践中得到运用。

## （一）择校治理

通过对择校的治理保障就近入学的平等是我国义务教育阶段的一大特点和重点，这是由我国语境下的"择校"特点及其对教育公平的影响所决定的。

### 1.我国语境下的"择校"及其社会问题

择校，是指受教育者根据自己的实际情况选择就读学校的行为。对于择校，一直存在理论与现实、世界视野与我国语境的差异。从理论和世界范围看，将择校权作为受教育权的当然组成的观点较为普遍，其目的是"充分发展人的个性并加强对人权和基本自由的尊重"[①]，这一立场也为一些国家和国际性文件所确认。以美国为例，其择校权的实现方式非常多样，包括"强制性的学校选择、学区内的学校选择、跨学区的学校选择、中学后期教育选择、教育券式的学校选择、在家自行教育。其中，学区内的学校选择又分为控制式选择、磁性学校、特许学校、选择性学校等四种"[②]。这种择校"打破了公立学校和地区对教育的垄断，把选择权交给了教育需求者"[③]。"澳大利亚、新西兰等也尝试推进择校政策，就连限制最坚决的以色列，随着人们对学区划分规定的执行越来越松弛，中央政府也放松对学生的入学控制。"[④]同时，由孩子特定年龄阶段特点所决定，这种基础教育中的择校权往往由家长来行使，如英国于1988年颁布的《教育改革法》规定："家长具有完全自由选择学校的权利，政府则提供全国考试成绩的各学校排行榜供家长参考。"美国自1980年以来在基础教育中实施择校改革，[⑤]其《不让一个孩子掉队法》"鼓励不同种族、不同阶层的家长为孩子选择学校，并认为这是他们规划自

---

① 《世界人权宣言》第26条第2款。

② 张东娇.义务教育阶段择校行为分析——社会资本结构的视角[J].教育发展研究，2010（2）: 12-17.

③ 周智.义务教育非均衡状态下择校行为分析——从消费者行为视角[D].武汉: 华中师范大学，2012.

④ 李换.义务教育择校现状及合理性探究——基于教育公平视角[D].新乡: 河南师范大学，2011.

⑤ 王晓辉.择校现象的国际观察与我国的政策选择[J].比较教育研究，2009（8）: 47-51.

己的生活的权利"①，即使孩子学业退步也不用担心不能自由择校。此外，一些国际文件如《世界人权宣言》第26条规定了父母对孩子应受教育种类的优先选择权。②《欧洲人权公约》第一号议定书第二条亦规定："不能剥夺任何人受教育的权利，而且家长有权利依其宗教或信仰来选择其子女所接受的教育。"可见，从上述国家制度定位和国际性文件来看，择校是实现个性教育的一种权利，其关注的主要是能否实现孩子的个性化教育，而并不必然与教育公平发生关联。

而从现实的择校权实现而言，基于义务教育的公益性、强制性特点，多数国家在义务教育阶段的择校权多体现于对私立学校的选择，而在公办学校的入学上多采用学区制下的统一入学方式。我国实定法并未明确规定择校权，但从受教育权的权利目的及其入宪中仍可推导出这一权利，加之中国政府已于1998年10月5日签署了《世界人权宣言》，因而从理论上承认择校权当无障碍。然而任何一种权利除了具有法理上的应然性外，其实现尚需现实客观条件的生成。基于国情特点，我国自1986年实施《义务教育法》以来也一直按照就近入学的方式确定学区，该入学原则主要保障学龄儿童就近"人人有学可上"的权利，而对于学区的选择权则未在其中，事实上也不可能在当时的现实下具备自由择校的基本条件。自20世纪80年代起，出于对优质资源的追求，在一些地方特别是大中城市，出现了以争夺优质教育资源为目的、以权力交易和缴纳择校费为手段的跨学区择校行为，并在90年代逐渐成为基础教育阶段的普遍现象。于是，我国语境下的"择校"演变成为一些家长以权力和钱财优先享有优质教育资源的行为。为了成功择校，各地亦演化出各种招生方式："占坑班"、推优、共建、特长生等，择校竞争甚至已经蔓延至"幼升小"。择校问题的社会化和群体性趋势亦引发了各种社会问题。

---

① 乔远正.基础教育阶段中美两国择校行为比较研究[D].长沙：湖南师范大学，2010.

② 《世界人权宣言》第26条第3款：父母对其子女所应受的教育的种类，有优先选择的权利。

其一，加剧教育不公。在各类择校生中，最不公平的就是"条子生"和"共建生"，此类入学方式赤裸裸地侵犯了教育公平，严重扰乱了义务教育的正常秩序。"条子生"是递条子招录的学生，特指通过某种特权关系绕过正常招生渠道入学的学生，其大部分因为各种各样的社会关系。有些热门学校的因"条子生"太多，还暗中采取单独出题考试的办法。由于"条子生"背后均大有来头，也给所在学校的校长造成极大的困扰。一个有趣的现象是：在招生开始的那几天，校长们"不择手段"玩"失踪"，以躲避漫天飞舞的"条子"。"共建生"是指中学特招共建单位的生源。所谓共建单位，是对学校有资助或支持关系的单位，有关中学每年给予其员工子女一定的入学指标。如有的"共建"择校即为国家机关、大型企事业单位与名校通过"合作共建"满足本部门职工子女享受"优质教育资源"的需求。

其二，滋生教育腐败。基于各种利益考虑，在择校热的背景下，占有优质教育资源的一些学校不仅引发了走后门、拉关系、贿赂等现象，还明目张胆地让择校家长们缴纳以"赞助费"等为名头的择校费，不仅使择校费节节攀高，也给教育蒙上一层阴影。如广州某知名小学赞助费高达19万元，而某教育部门晒出的捐资助学费单显示，的确存在着按照学校等级和有无户口来收取该费用的现象。[1]2011年浙江省教育厅接到教育收费的102件投诉，其中40%涉及择校乱收费。[2]

其三，加重孩子学业负担。为了能够进入名校学习，为了"不输在起跑线上"，不少孩子从小奔波于各种培训班，以高强度的学习压力求得日后的择校机会。以奥数为例，奥数培训本身是为了拓宽学生的视野，提升学生的逻辑思维能力，提高数学解题的方法与技巧。但奥数教育之所以异化，其重

① 邓仲谋.治理中小学择校眼下公开最重要[N].广州日报，2014-04-16（C1）。
② 屠雁飞，周洪波."择校费"将退出历史舞台[EB/OL].（2012-02-07）[2020-05-10].http://hznews.hangzhou.com.cn/chengshi/content/2012-02/07/content_4058907.htm.

要的原因是奥数竞赛获奖证书成为小孩升学择校的重要资本。失去了正当目的的学习不仅让孩子背上了沉重的负担，也使奥数学习的功能被曲解，甚至被称为教育不公之源，这肯定是20世纪50年代著名数学家华罗庚、苏步青等倡议中国引入奥数竞赛的时候所没有想到的。沉重的学业压力也对孩子身心健康带来影响，睡眠不足、眼睛近视、心理问题的日益增多引发对于义务教育往何处走的诘问和对于教育现状的忧虑。

其四，引发教育焦虑。由于名校拥有先天的"营养"，在校园环境、硬件设施、师资力量等资源配置上拥有明显的优势，望子成龙的家长不仅早早加入了早教的行列中，等到孩子到了入学的年龄也不由自主地被裹挟到择校的洪流中。从择幼儿园到择小学到择初中，从择学校到择班级到择老师，家庭不仅要支付高额的择校费，耗尽财力和精力，甚至出现现代版"孟母三迁"、父母和孩子双城生活的现象，引发全民的教育焦虑。

而在上述问题中，择校带来的教育不公现象即是有钱有权的家庭更易获得优先的选择权，贫困的代际传递使普通家庭的孩子接受优质教育的机会越来越少，呈现出义务教育资源享有问题上的马太效应。

2."禁止择校"的治理模式

毫无疑问，以权择校和以钱择校引发了诸多社会问题，对社会公平亦是一个极大的冲击，故自1995年国家教委原主任朱开轩在"义务教育阶段高收费问题"谈话中首次以官方名义提出"择校"一词以来，"择校"即在我国有了特定的含义，成为以权力和高额择校费侵占优质教育资源的代名词，并奠定了政府以"禁止择校"为基本取向的治理模式。如1995年《关于治理中小学乱收费工作的实施意见》中就明确提出："九年义务教育阶段初中和小学必须坚持就近入学的原则，不准招收'择校生'。"1996年，国务院办公厅转发国家教委等部门关于《1996年在全国开展治理中小学乱收费工作实施意见的通知》中也明确规定"不准义务教育阶段的公办小学和初中招收'择校生'"，并要求"其他省（自治区、直辖市）要采取一步到位或尽快分步到位的办法限期解决'择校生'问题，实现就近入学的目标"（国办发〔1996〕18号）。而有关纠风工作的文本中也多强调对就近入学的坚持，以规范学校乱收费行为。如国务院办公厅转发国务院《纠正行业不正之风办公室关于2001年纠风工作实施意见的通知》中指出："严格规范大中城市中小学和普通高等学校招生、收费行为。义务教育阶段的公办学校应坚持就近入学的原则，不准招收择校生。"（国办发〔2001〕23号）据统计，从1995年到2010年的16年间，"禁止择校"历经了16次国家政策的强调，而《国家中长期教育改革和发展规划纲要（2010—2020年）》中"切实缩小校际差距，着力解决择校问题"的表述也同样表明了官方的否定态度，"破解择校难题"成为历届政府推进教育公平的工作内容。

客观地说，通过"禁止择校"实现对就近入学的平等保障取得了一定的成效，如择校生的比例大幅度下降、部分地方实现百分百的"零择校"等，但截至2013年，全国范围内择校费不断上涨、共建生等特权生仍然存在的现象表明，就近入学中的平等保障需要政府采取更为有力的手段。基于此，2013年起，教育部门进一步加大了择校治理的力度，2013年1月26日，教育部印发《关于2013年深化教育领域综合改革的意见》（教改〔2013〕1号），将"着力解决大城市的中小学择校问题"纳入管理体制改革内容。2013年11月，党的十八届三中全会《关于全面深化改革若干重大问题的决定》颁布，对改善政府治理、深化教育领域综合改革提出新的要求，再次明确提出"大力促进教育公平"。2014年被称为教育行业的"改革元年"，1月14日，教育部出台《关于进一步做好小升初免试就近入学工作的实施意见》（下文简称《意见》）（教基一〔2014〕1号），对就近免试入学工作进行了具体部署，要求各地落实义务教育免试就近入学要求，合理划定招生范围，有序确定入学对象，规范办理入学手续，全面实行阳光招生，逐步减少特长招生，做好随迁子女就学，试行学区化办学，在加快均衡发展义务教育的同时，健全科学、明晰、便利的小学升入初中制度，规范招生入学行为，提高治理水平，促进教育公平。1月28日，教育部办公厅又发出《关于进一步做好重点大城市义务教育免试就近入学工作的通知》（教基一厅〔2014〕1号），督促北京、天津、上海等19个大城市尽快落实免试就近入学工作。①《通知》明确要求，2014年各重点大城市要在义务教育招生入学方面采取切实举措，标本兼治，破解择校难题。到2015年，19个大城市所有县（市、区）实行划片就近入学政策，100%的小学划片就近入学；90%以上的初中实现划片入学；每所划片入学的初中90%以上生源由就近入学方式确定。《通知》还提出了包括"试行学区制"在内的10项举措及更为严格的政策推进时间表。2014年4月16日，教育部等五部门发布《关于2014年规范教育收费治理教育乱收费工作的实施意见》，明确提出"要以中小学生学籍信息管理系统为手段，逐县（区）、逐校开展择校乱收费问题排查，力争2014年秋季就近入学比例达到90%以上……切实解决'以钱择校'问题……坚决杜绝'以分择生'的行为……逐步减少特长生招生学校和招生比例……坚决拒绝说情请托、权学交易等'以权入学'不良行为。择校生不得享受优质高中到校指标"（教办〔2014〕6号）。择校治理的具体措施和时间推进表意味着，地方政府应加快推进义务教育公平保障进展，而被点名的19个城市则首先要在这个问题上寻找突破点。

以2014年为界，就近入学得到进一步严格执行，体现了以国家强制力解决择校问题的决心。这一立场在2019年再次得到强化，其标志是中共中央、国务院于2019年6月23日印发了《关于深化教育教学改革全面提高义务教育质量的意见》，在"完善招生考试制度"方面，"推进义务教育学校免试

---

① 这19个城市为：4个直辖市——北京、上海、天津、重庆；10个副省级省会城市——哈尔滨、长春、沈阳、济南、南京、杭州、广州、武汉、成都、西安；5个计划单列市——大连、青岛、宁波、厦门、深圳。

就近入学全覆盖。健全联控联保机制，精准做好控辍保学工作。严禁以各类考试、竞赛、培训成绩或证书证明等作为招生依据，不得以面试、评测等名义选拔学生"，此外更是规定"民办义务教育学校招生纳入审批地统一管理，与公办学校同步招生；对报名人数超过招生计划的，实行电脑随机录取"，从而改变了以往"公办不择校、择校到民办"的政策，民办学校跨区域招生被禁止，"公民同招"概念由此而来。

3. "禁止择校"治理模式的评析

对于以禁止择校治理择校乱象的治理方式，社会各界一直存在争议。肯定者认为教育部门以否定择校为逻辑起点，旨在通过对择校的禁止保证教育资源的公平分配，从而实现教育公平，故而是推动教育公平的"破冰之举""创新之路"[①]；而否定者则认为择校是受教育权应有的内涵，现实的择校行为是教育资源分布不均下追求公平之举动，"零择校"并未改变教育不公的现状并限制了教育选择权。如何客观评价以禁止择校的方式治理我国特有的择校乱象？笔者在《义务教育"零择校"与教育公平》一文中曾从制度定位现实功能角度分析了其合法性问题，并以比例原则为框架分析了其合理性，基本思路和观点如下。

（1）区域内入学机会平等："零择校"的制度定位

如前所述，我国现实语境下的"择校"内涵具有其特定的复杂性和矛盾性：一方面，择校权反映了受教育权这一基本权利的内在目的，国家有义务保障其实现以体现个性教育；另一方面，囿于现实教育资源的限制，我国择校权的实现目前只能体现于对民办学校的选择，而公办学校的跨学区择校则因其非法性而具有了一定的"恶"的色彩，成为影响教育满意度的一大顽疾，"零择校"针对的正是这一点。

---

① 如浙江海宁的"零择校"被誉为"破冰之举"，杭州市则获"第三届地方教育制度创新奖"。

当我国语境下的"择校"是以"钱权交易"的代名词而出现时，其与教育公平的关系就不能从权利的应然性而应从权利的现实性角度进行讨论。审视择校行为可以发现，尽管择校的根源在于教育资源配置不均，其追求优质教育资源的诉求固然可以理解，但以权钱交易为特点的行为显然在客观上破坏了义务教育的入学机会公平，应纳入政府治理的范畴，以体现国家保障之职责，而以治理择校乱象举措之一的"零择校"即是以此为其制度定位的，即通过对择校的禁止、以统一的免试就近入学实现入学机会公平。

固然，"零择校"无法从根本上改变教育资源分配不均的教育不公，但可以通过禁止择校解决入学机会的不公。当然，其不仅无法替代其他促进公平之道，亦只是实现教育公平的其中一个举措。对此地方政府亦有清醒的认识，如杭州市教育部门官员就认为，"政府强制就近入学，是权宜之计"①。故而在地方择校治理的方案中，"零择校"亦始终与均衡教育资源等其他教育公平举措并行并举。如果认识不到"零择校"的制度定位，而将所有教育公平之重任寄托于"零择校"，不仅将夸大其价值，亦将使其承受无法承受之重，并忽视其积极的一面。

在"零择校"保障入学机会公平的现实功能上还需看到，由区域内资源的有限性和义务教育管理体制所决定，"零择校"所能保障的公平只能是有限的区域公平。诚然，义务教育的性质决定了政府应为每一位适龄的儿童、少年提供同等的入学机会，满足其入学的愿望。然而受制于区域内的教育资源，教育部门只能在本区域内的实有资源总额内满足入学诉求，并力求资源配置的公平性。以杭州市为例，近几年市区生源每年递增3000多人，远超杭州市承受能力，某些热点区域平均每班学生已达45人上限，无法通过扩班解

---

① 张天雪，马宁.义务教育阶段择校的治理经验——以杭州市为例[EB/OL].（2014-08-29）[2021-05-10].http://learning.sohu.com/20140829/n403898208.shtml.

决本学区内的入学问题。[①]显然，当有限资源遭遇公平诉求时，教育部门只能在此限度内有所作为，即通过公平的入学方案解决不同类别群体的入学问题，实现区域内公平。当然，从理论上说，政府有责任加大教育投入，扩大教育容量，以解决所有在其区域内孩子的平等入学问题，但区域内教育的投入不仅需要实力，亦需要时间。当教育资源尚无法满足所有孩子的入学要求时，以就近入学为原则的"零择校"对于公平的保障亦只能是区域性的。

同时，这一区域公平的现实限制也是与"以县为主"的管理体制相衔接的。根据《义务教育法》第七条的规定，义务教育实行县级人民政府为主管理的体制。从公共经济学的角度，以县为主的管理体制可以使政府最大限度地发挥主观能动性，有利于区域教育事业的发展。但从政府职责角度而言，也是其在基础教育责任上的强化，需要对其区域内义务教育的资源配置和教育公平等做出合乎教育法治的安排。以杭州市为例，义务教育招生一方面由市级教育部门统筹，确立基本的招生规则；另一方面则根据"属地管理"的原则，由下属的各行政区根据本区的实际情况具体实施，并由此承担保障入学机会公平的法定职责。这意味着，"零择校"实施的迫切性和难度主要取决于本区域内的资源配置情况，这也可以解释我国各地"零择校"进度不一，以及教育部要求19个城市率先实现这一目标的原因。

（2）"零择校"的合理性分析：以比例原则为框架

"零择校"通过对钱权交易择校行为的禁止来促进入学机会公平，其制度定位的合法性当无问题。但作为一项行政举措，其毕竟限制了教育选择权，造成了入学公平权与个体选择权之间的利益冲突。因此，从教育法治的要求出发，"零择校"在其合法性之外，还需接受合理性的拷问，即其目的和手段是否合理、该目的和手段之间是否具有一定的关联？从法学的视角，

---

① 姜晓蓉，章韵.杭州多所热点公办小学一表生遭遇近年来最严重爆棚[N].都市快报，2014-06-22（2）.

笔者认为，即是否符合比例原则。

比例原则是行政法上的一项重要原则，该原则强调行政权的行使必须符合目的性，并采取对人民权利最小侵害之方法，德国行政法学鼻祖奥托·麦耶将其誉为行政法的"皇冠原则"，[①]中国台湾学者陈新民教授则称其为"行政法中之'帝王条款'"。[②]我国行政实定法中虽未明确规定比例原则，但理论上已获广泛认可，是实践中判断具体行政行为和行政决策合理与否的重要标准。根据德国学者毛雷尔的解释，比例原则的内容应包括："目的和手段之间的关系必须具有客观的对称性；禁止任何国家机关采取过度的措施；在实现法定目的的前提下，国家活动对公民的侵害应当减少到最低限度"[③]，此即为比例原则的三阶理论，即妥当性原则、最小侵害原则和狭义比例原则。基于此，对"零择校"的合理性分析将循此框架而展开。

第一，"零择校"是否符合"妥当性原则"？

妥当性原则是指行政机关所采取的限制手段必须能够实现行政目的或至少有助于行政目的的达成，这是从手段与目的一致与否角度来判断行政权力的行使是否合乎比例要求。"零择校"以严格执行免试就近入学要求为主要手段，并主要以"住、户一致"的空间标准来解决入学问题。因此，对"零择校"是否符合"妥当性原则"的判断应当分析就近入学及其依托的标准是否有助于保障入学公平。

从义务教育的阶段性特点出发，"就近"的重要性及其科学性不必赘述，也为社会多数所接受。因此，检验政府职责履行的标准即是其学区安排是否符合"就近"要求。既然是就近，那么即是一个相对固化的空间标准。问题是这一标准应如何确定？根据1986年《中小学校建筑设计规范》及1987年

---

① 陈新民.德国行政法的先驱者——谈德国19世纪行政法学的发展[J].行政法学研究，1998（1）：31-40.

② 陈新民.行政法学总论（修订六版）[M].台北：三民书局，1997：62.

③ 毛雷尔.行政法学总论[M].高家伟，译.北京：法律出版社，2000：66，106.

《关于制定义务教育办学条件标准、义务教育实施步骤和规划统计指标问题的几点意见》的规定，"就近"要求县级教育行政部门应在服务半径3千米内合理配置学校。但在实践中，3千米并非一个绝对标准，具体的操作中则往往以户籍或社区、路段、门牌号、村组等空间标准并结合"住、户一致"的原则确定较近的学校。这一标准的完善性虽有待进一步研究，但亦成为习惯性做法，成为各地确定入学秩序的基本标准。

从"就近"的统一要求出发，教育部门如果在就近入学问题上做到公平对待，那么其在保障入学机会公平问题上当无失职，而择校行为的存在显然是对这一规则的破坏，不仅导致机会不公，也是对政府职责履行的否定。因此，对择校行为进行治理是政府的必然选择。根据21世纪教育研究院对2013年公众教育满意度的网络调查显示，公众对政府解决"择校热"问题的否定性评价高达54.37%，并对保障入学机会公平寄予了较大期望。[1]在此背景下的"零择校"则恰恰是通过统一规则，在入学机会问题上排除权钱因素，严格按照空间标准进行录取，赋之于制度和技术配合，从而实现入学机会的公平。如北京市作为择校现象严重的一个城市，在2014年实行了小学免试就近入学，小升初实行单校划片或多校划片入学政策，并启用小学和初中两个入学服务系统和电子学籍管理系统后，择校现象得以彻底改变，大大提升了民众的教育满意度。21世纪教育研究院就北京义务教育入学满意度对家长进行的调查显示，家长们的感知较好，参与调查的学者用"打了一个翻身仗"评价新的入学措施整体实施情况。[2]杭州市2012年就宣布实行"零择校"，配合阳光招生制度、实地家访等方式确保区域内招生透明，从实体和程序上减少甚至杜绝了择校现象。如在"零择校"政策实施之前，杭州热门的公办初中

① 杨东平，主编.中国教育发展报告（2014）[M].北京：社会科学文献出版社，2014：239.

② 董洪亮.北京择校热大幅降温"就近入学"正成新常态[EB/OL].（2014-12-04）[2021-04-18].http://edu.people.com.cn/n/2014/1204/c1053-26144706.html.

小学择校生比例达到15%，而高中的"挂读生"名额每校约有20人，而2012年后则完全实现了"零择校"。[①] 可见，无论从"零择校"的手段及其现实效应来看，均有助于入学机会公平目的的达成，符合妥当性原则。

第二，"零择校"是否符合"最小侵害原则"？

最小侵害原则是指在能达成法律目的诸多方式中，应选择对人民权利侵害最小的方式。这一原则在"零择校"中的适用即指除却就近入学的方式，是否还存在其他对入学公平权侵害更小的方式或者是其他可替代的措施？

事实上，在"零择校"规定出台的过程中，不乏其他民间方案，如以分入学和电脑摇号。但显然，以分入学不符合义务教育免试入学的宗旨，其对孩子素质教育的弊端显而易见；电脑派位完全随机，看似更加公平，但该方式不仅无法体现"就近"对于孩子的重要性，亦将改变多年来的入学规则，影响更多数人入学期待权的实现，其对现有义务教育秩序和家庭计划的冲击可想而知。而"零择校"虽短期内无法解决资源的均衡问题，但在保障入学机会公平问题上，其所限制的只是少数人以权择校、以钱择校的行为，该行为本身不具合法性，亦不属应予保障的择校权内容。

退一步讲，即使少数民众仍然认为不公平并要追求心目中的优质资源，"零择校"亦未堵死其所有选择机会，选择民办学校或购房择校仍是"零择校"下可行的行为。当然，教育公平的本意应在于对公办资源的公平享有，但没有一种方案是完美的，相较而言，"零择校"既能保证更多数人的入学公平权，也为少数人预留了选择的权利，因而符合最小侵害原则。

第三，"零择校"是否符合狭义比例原则？

狭义比例原则又称为法益相称性原则，是指行政目的所实现的利益应与

---

① 科技日报.杭州：十二年基础教育实现公办"零择校"[EB/OL].（2014-01-09）[2021-05-14]. http://edu.people.com.cn/n/2014/0109/c1053-24073593.html.

其所限制的利益间合乎比例或相称，避免出现公民权利损害或社会公益损失之间出现一面失衡的现象。由于该原则涉及利益衡量法，因而具有价值判断的性质。由前述分析可知，"零择校"的主要贡献在于对入学机会公平这一公益的维护，而以权择校和以钱择校本不属于应予保障的权利。同时，"零择校"亦开放了"择校到民办"及购房择校的可能，为择校意愿强烈的主体提供了实现选择权的机会。从总体的社会效益而言，"零择校"在公益和私益的均衡上具有一定的法益相称性，故而符合狭义比例原则。

由比例原则三阶理论分析可见，"零择校"决策符合行政法上的比例原则，具备教育行政的合理性要求，是促进教育公平的合理举措。

综上，无论从"零择校"的制度定位还是现实功能都可以发现，其对于我国义务教育入学机会公平的推进具有特定的意义。作为一种有限的公平举措，其保障的程度亦与县级地方政府职责履行的情况密切相关。当然，要进一步推进教育公平，地方政府除了要确保"零择校"执行的公平性外，更需通过教育资源的均衡，从根本上解决教育不公的根源问题，满足新时代人民群众对优质教育资源的强烈诉求，真正体现教育公平。

### （二）积分入学

积分入学是指我国为进一步推动公共服务均等化，以积分排名方式安排外来务工人员随迁子女入读公办学校的制度，其在外来人口较多的城市备受关注，并往往跟积分落户制度绑定在一起。

#### 1.户籍制度改革与积分落户制度

积分落户政策的推出是与我国户籍制度改革的推进密切关联的。新中国成立以来，我国户籍制度经历了几个阶段。

（1）1951—1985年：确立城乡二元户籍制度并实施严管政策

1951年7月16日，公安部公布《城市户口管理暂行条例》[1]，规定了对人口出生、死亡、迁入、迁出及"结婚、离婚、分居、并居、失踪、寻回、收养、认领、雇工、解雇、开张、歇业或户主之职业等有变动时，均须分别报告"的管制办法，以此"维护社会治安，保障人民之安全及居住、迁徙自由"。这是新中国成立后第一部户口管理条例，基本统一了全国城市的户口登记制度。1958年1月全国人大常委会通过《中华人民共和国户口登记条例》[2]，其第四条规定："城市、水上和设有公安派出所的镇，应当每户发给一本户口簿。农村以合作社为单位发给户口簿；合作社以外的户口不发给户口簿"；其第十条规定"公民由农村迁往城市，必须持有城市劳动部门的录用证明，学校的录取证明，或者城市户口登记机关的准予迁入的证明"。一般认为，该条例第一次明确将城乡居民区分为"农业户口"和"非农业户口"两种不同户籍，从而奠定了我国现行户籍管理制度的基本格局。此后很长一段时间，对于从农村迁往城市、集镇、从集镇迁往城市的户籍变动始终是严加管制。

（2）20世纪80年代至2014年：二元户籍制度的逐步松动

新中国成立初期的户籍登记制度本以加强人口管理、利于维护社会秩序为目的，然而由于这一制度的背后同时与医疗、卫生、就业等社会福利发生广泛勾连，导致城乡待遇的区别对待，从而引发城乡二元结构背后的各种社会矛盾，也阻碍了经济的可持续发展和城市化进程。基于此，从20世纪80年代开始，户籍严控制度开始松动，其标志是1984年10月，《国务院关于农民进入集镇落户问题的通知》（国发〔1984〕141号，目前已失效）的颁布。

---

[1] 1951年7月16日公安部公布，已废止。

[2] 1958年1月9日全国人民代表大会常务委员会第91次会议通过，1958年1月9日中华人民共和国主席令公布，自公布之日起施行。

其中对农民进入集镇（不含县城关镇）落户问题进行了规定："凡申请到集镇务工、经商、办服务业的农民和家属，在集镇有固定住所，有经营能力，或在乡镇企事业单位长期务工的，公安部门应准予落常住户口，及时办理入户手续，发给《自理口粮户口簿》，统计为非农业人口。农民可以自理口粮进集镇落户，并同集镇居民一样享有同等权利，履行同等义务。"当然，"粮食部门要做好加价粮油的供应工作，可发给《加价粮油供应证》"的规定背后同样体现了城乡福利层面的差异性。1985年7月，《公安部关于城镇暂住人口管理的暂行规定》（公发〔85〕47号）的出台标志着城市暂住人口的管理制度走向健全，身份证、暂住证、务工证的三证成为外来务工人员得以在城市立足的机会和基础。

如果说此前的户籍管理尽管有松动，但仍然带有明显的管制色彩的话，那么伴随着20世纪80年代后期以来社会主义市场经济的进一步发展，"户籍管理制度已经不能完全适应形势发展的需要。根据党的十四届三中全会确定的关于逐步改革小城镇户籍管理制度，允许农民进入小城镇务工经商、发展农村第三产业，促进农村剩余劳动力转移的精神，应当适时进行户籍管理制度改革，允许已经在小城镇就业、居住并符合一定条件的农村人口在小城镇办理城镇常住户口，以促进农村剩余劳动力就近、有序地向小城镇转移，促进小城镇和农村的全面发展，维护社会稳定"，成为1997年6月《国务院批转公安部小城镇户籍管理制度改革试点方案和关于完善农村户籍管理制度意见的通知》（国发〔1997〕20号）的出台背景，符合一定政策的人员"在小城镇已有合法稳定的非农职业或者已有稳定的生活来源，而且在有了合法固定的住所后居住已满两年的，可以办理城镇常住户口"。当然，以北京、天津、上海为代表的特大城市人口的机械增长仍受到严管。1998年7月，《国务院批转公安部关于解决当前户口管理工作中几个突出问题意见的通知》（国发〔1998〕24号）让户籍制度进一步松动。根据此通知，新生婴儿随父落户、夫妻分居、老人投靠子女及在城市投资、兴办实业、购买商品房的公民及随其共同居住的直系亲属，凡在城市有合法固定的住房、合法稳定的职业或者生活来源，已居住一定年限并符合当地政府有关规定的，可准予落户。而"北京、上海等全国特大城市、大城市人民政府对于到当地落户的，应当在制定具体政策时加以严格控制"也同样得到进一步强调。标志着小城镇户籍制度改革全面推进的是2001年3月颁布的《国务院批转公安部关于推进小城镇户籍管理制度改革意见的通知》（国发〔2001〕6号）。基于"引导农村人口向小城镇有序转移，促进小城镇健康发展，加快我国城镇化进程。同时，为户籍管理制度的总体改革奠定基础"的目标，该通知规定"对办理小城镇常住户口的人员，不再实行计划指标管理"，同时规定"经批准在小城镇落户的人员，在入学、参军、就业等方面与当地原有城镇居民享有同等权利，履行同等义务，不得对其实行歧视性政策"。这对城乡基本公共服务平等保障的推进是一个突破。此后，部分地方根据自己的本地情况逐步推进户籍制度改革，并开始实行积分落户。如上海市于2004年开始对非本市生源高校毕业生进沪就业办理上海户籍实行积分政策。当然，申请者的积分值必须高于上海公布的"标准分"才能落户，否则只能办理上海市居住证，2005年的标准分为64分，2006年为68分。而从落户对象看，显然是面向精英。"若非硕士、博士，又没有三好学生、优秀毕业生等荣誉，应届生在上海落户几乎是一件不可能的事。"[1] 而对普通劳动者实行居住证积分入户制度则要到2013年7月，即持证者的个人能力与对沪贡献被转换成一定分值；而累计积分达到"标准分"120分者，被允许享受相应的福利待遇。最突出的一点福利是，其子女可以在上海参加中高考。

在面向普通人士落户方面，相关资料显示，广东省中山市是最早实施

① 上海：积分落户制度的先行者[EB/OL].（2015-12-10）[2021-01-31].https://news.qq.com/cross/20151210/20RO72pV.html.

"积分落户政策"的城市之一。"2009年12月，中山市对外公布一项外来人口积分入户政策：凡是符合一定条件的外来务工人员，经过相关部门的认证和鉴定之后，通过计算积分方式均有资格获得中山市户口。2010年1月12日，中山市正式启动实施《流动人口积分制管理办法》，全面接受全市150万外来务工人员'积分'入户、入学申请。当年，中山市提供3000个入户指标和6000个子女免费义务教育指标。"①积分制的目的是改变长期以来把户口作为社会福利分配根据的做法，是城乡二元制下推进基本公共服务均等化的一个创新，也对中山市引进人才并使之积极、主动融入城市建设，发挥了重要作用。积分制实施两年后，有关部门做了一项统计，在入户中山的4625人中，具有大专以上学历的有2516人，占总人数的54.4%，拥有技术职称和职业技术资格的1659人，占总人数的35.9%。②基于中山市的有益探索，2010年广东省出台了《广东省人民政府办公厅关于开展农民工积分制入户城镇工作的指导意见》，提出要在全省范围内率先实施积分制入户政策。2011年12月6日，经省政府同意，多部门联合出台了《关于进一步做好农民工积分制入户和融入城镇的意见》，于2012年1月1日，广东开始实施积分制入户新政策，通过积分形式来破解户籍改革难点，引导农民工有序落户、融入城镇。

2011年2月，为解决城镇化推进和户籍管理制度改革中的突出问题，国务院办公厅发布《关于积极稳妥推进户籍管理制度改革的通知》（国办发〔2011〕9号），指出要引导非农产业和农村人口有序向中小城市和建制镇转移，逐步满足符合条件的农村人口落户城镇的需求，逐步实现城乡基本公共服务均等化，同时分类明确户口迁移政策。"对农村人口已落户城镇的，要保证其享有与当地城镇居民同等的权益；对暂不具备落户条件的农民工，要

---

① 南方日报.中山"积分入户"退出历史舞台[EB/OL].（2018-01-22）[2020-11-17].https://gd.qq.com/a/20180122/017192.htm.

② 南方日报.中山"积分入户"退出历史舞台[EB/OL].（2018-01-22）[2020-11-17].https://gd.qq.com/a/20180122/017192.htm

有针对性地完善相关制度，下大力气解决他们当前在劳动报酬、子女上学、技能培训、公共卫生、住房租购、社会保障、职业安全卫生等方面的突出问题"；"采取有效措施，为其他暂住人口在当地学习、工作、生活提供方便"……体现了公共服务均等化的向前推进。

（3）2014年以来，继续推进户籍制度，积分落户制度得到推进

2014年7月30日，"为深入贯彻落实党的十八大、十八届三中全会和中央城镇化工作会议关于进一步推进户籍制度改革的要求，促进有能力在城镇稳定就业和生活的常住人口有序实现市民化，稳步推进城镇基本公共服务常住人口全覆盖"，国务院出台《关于进一步推进户籍制度改革的意见》（国发〔2014〕25号，简称《意见》），进一步调整户口迁移政策，包括：放开建制镇和小城市落户限制、有序放开中等城市落户限制、合理确定大城市落户条件、严格控制特大城市人口规模。相应地，进一步建立和完善积分落户制度，同时取消了农业户口与非农业户口性质区分和由此衍生的蓝印户口等户口类型，统一登记为居民户口，体现出户籍制度的人口登记管理功能。坚持统筹配套、提供基本保障。不断扩大教育、就业、医疗、养老、住房保障等城镇基本公共服务覆盖面，积极推进城镇基本公共服务由主要对本地户籍人口提供向对常住人口提供转变，加快实现基本公共服务均等化。户籍制度改革决心之大、力度之大、范围之广、措施之实前所未有，积分落户制度由此进一步得到规范和向前推进。2015年2月15日，国家《关于全面深化公安改革若干重大问题的框架意见》及相关改革方案经党中央审议通过，并在之后印发实施。该方案规定将扎实推进户籍制度改革，取消暂住证制度，全面实施居住证制度，建立健全与居住年限等条件相挂钩的基本公共服务提供机制。至此，在中国实施了将近30年的暂住证制度彻底结束正式退出历史舞台。此后，2016年1月1日开始施行的《居住证暂行条例》（中华人民共和国国务院令第663号），在参考各地已实施的居住证制度的基础上，要求为居住

证持有人提供基本公共服务和便利，并鼓励各地不断创造条件为居住证持有者提供更好的服务。该条例第十六条明确指出，在不同人口规模的城镇建立不同的积分落户制度，对落户指标给予了统领性指导及相关禁止性规定，为各省份积分落户制度的设立在行政法规的层级上提供了规范保障。2016年《推动1亿非户籍人口在城市落户方案》（国办发〔2016〕72号）等政策规范进一步拓宽了落户通道。不少地方开始出台地方性立法和相应的政策，细化积分落户制度并开始试行，如《北京市积分落户管理办法》（征求意见稿，正式公布的规章为京政办发〔2020〕9号）于2015年底开始向公众征求意见。杭州市于2018年1月1日开始试行《杭州市居住证积分管理办法（试行）》（杭政办函〔2017〕129号）等。积分落户制度走入更多人的视野。

2.积分落户

积分落户制度是指通过设置一套指标体系，对外来务工人员落户本地的条件进行量化赋分，从而有序落户的制度。在大中城市，制度运行初期能够符合落户条件的多为"精英"，而伴随着居住证制度的逐步推行，面向普通群体的积分落户政策纷纷落地。

值得关注的是，在其他城市纷纷效仿采取积分落户政策时，作为该制度的首创者中山市却逐渐取消了这一做法，"2018年1月19日，中山市流动人口政务网公布了《中山市流动人员申请积分制管理须知（2018年度）》（以下简称《须知》）。跟往年不一样的是，这次积分制受理不再包括入户——这也意味着，从2009年12月16日起在全国率先推行流动人员积分制管理8年之后，积分入户在这个城市退出了历史舞台"[①]。当然，中山市积分入户制度的取消并不意味着制度初衷的放弃抑或恢复改革前的态样，而是在中山市完成了阶段性使命后，为适应我国户籍制度改革，做出更为开放的引才政策的考

---

① 南方日报.中山"积分入户"退出历史舞台[EB/OL].（2018-01-22）[2020-11-17].https://gd.qq.com/a/20180122/017192.htm.

量和选择。

事实上,"积分落户"要解决的核心问题是在城市有限的资源下,如何实现在城市生活和居住的户籍人员和外来务工人员的资源公平分配,从而实现共建共享,这显然是宪法平等权保障的现实推进,也明显具有我国社会特点,反映了我国消除城乡壁垒、推进城乡平等对待的努力,是我国法治的进步。当然,基于历史问题造成的城乡二元结构,尤其是福利享有等方面的平等保障不能仅依赖于这一个别的制度。事实上,不仅该制度的执行需要多个制度、资源的支持,其制度设计本身是否合乎宪法层面的平等权保障亦并非没有漏洞。

应该说,相较于我国先前实施的"城乡二元结构"的户籍制度,积分落户制度给予了农村居民入户的希望,其可以通过积分落户的方式享受和城市居民一样的社会地位,从而直接杜绝了基于户籍差异而产生的差别待遇。但同时,在积分落户门槛、积分分值设置等方面也存在一些平等保障的争议。如在落户指标上,往往与年龄、工作、社保、违法情况相连接。而在年龄问题上,积分指标显示,更偏向于青壮年群体进行落户。如杭州规定"56~60周岁,积5分;年龄每减少1岁,积分增加2分"[1],而北京规定适用对象"不超过法定退休年龄",同时"申请人年龄不超过45周岁的,加20分;年龄在45周岁以上的,每增加一岁(含不满一岁)少加4分";[2]上海市规定"持证人年龄在56~60周岁,积5分;年龄每减少1岁,积分增加2分";[3]广州市则限定适用对象"年龄在45周岁以下"。[4]在是否有刑事犯罪前科方面,不少城市基本上采取"一票否决权"。这一区别对待是否属于合理的差别,也需要在

---

① 《杭州市居住证积分管理办法(试行)》(杭政办函〔2017〕129号)。

② 《北京市积分落户管理办法》(京政办发〔2020〕9号)。

③ 《上海市居住证积分管理办法》(沪府发〔2017〕98号)。

④ 《广州市积分制入户管理办法》(穗府办规〔2020〕11号)。

宪法的视角下进行论证。在社保方面，杭州市只规定"依法在本市市区参加社会保险，0.25分/月，未参加养老保险不计分，补缴不计分"；上海针对"参加本市职工社会保险满6个月的境内来沪人员"，意味着需要先行缴纳职工社保6个月；而广州要求缴纳社保满4年，北京更是要求"在京连续缴纳社会保险7年及以上"。其他落户指标的分值设置上，诸如投资纳税、创新等要素及其赋分也明显偏向于"高知"人群，从而体现了一种明显的选择性。诚然，城市想要发展，必然要通过挑选对城市建设有益的群体进行落户来促进城市的进步，同时也降低生活在城市最底层的农民工入户的机会。当然，在城市资源有限及城市自身需求的考虑出发，"积分落户"政策在实现平等权问题上亦必定存在一个"合理差别"问题，这种基于资源的有限性与权利保障充分性之间的矛盾也是任何一个社会都会面临的难题。

3.积分入学与义务教育公平

与通过积分落户制度推进公共服务均等化目的相对应的是，积分入学备受关注。积分入学是指以父母居住证积分排名来安排城市外来务工人员子女入读父母亲工作地公办学校的制度。一般认为，该制度的适用对象多为流动人口随迁子女，是为了解决这一群体的受教育权、根据本地教育资源情况而做出的制度安排。但粗略梳理各地制度可以发现，其呈现不同的地区特点。

（1）积分入学的适用对象

研读各地规定可以发现，积分入学的适用对象包括以下类型：

第一，仅适用于无户籍的外来务工人员随迁子女。这一情况在外来务工人员较多的城市得到普遍采用。如上海市根据《上海市居住证积分管理办法》和当年本市义务教育阶段学校招生入学工作实施意见，对符合就读条件的非本市户籍适龄儿童，统筹安排进入义务教育阶段学校就读，优先安排持有满积分的《上海市居住证》人员的子女。《杭州市区流动人口随迁子女积分入学实施办法》的对象是符合在杭州市区就读条件的流动人口随迁子女。

中山市相关法规涉及的对象为户籍不在中山市、目前在中山市有稳定工作、积分累计达到30分以上，同时满足其他条件的流动人员。到2014年底，苏州市全市流动人口实有登记数为698.9万人，超过本地户籍人口总数。庞大的外来户籍人口群体的涌入，给教育招生入学工作带来了巨大挑战。至2014年底，全市义务教育阶段学生总数为80.69万人，其中流动人口随迁子女达39.69万人，占比49.19%。[①]基于此，苏州市在2016年开始实施《义务教育阶段流动人口随迁子女积分入学实施细则（试行）》，规定在苏州市区范围内，参加社会保险、已办理居住证且连续合法居住1年以上（含1年）的流动人口，经本人申请，纳入本市流动人口积分管理，可以为其子女申请积分入学。申请仅限1所学校，且只能申请公办小学、初中的起始年级，即小学一年级和初中一年级。

第二，持有居住证的外来务工人员随迁子女及本市户籍跨行政区域居住务工人员随迁子女。如成都市，其《成都市教育局关于做好2019年居住证持有人及本市户籍跨行政区域居住务工人员随迁子女接受义务教育工作的通知》里即明确指出，"本通知所称流动人员，是指在本市居住务工的居住证持有人以及本市户籍跨行政区域居住务工人员〔成都高新区、成都天府新区、锦江区、青羊区、金牛区、武侯区、成华区视为一个区域，其他区（市）县各为一个区域〕"（成教函〔2018〕117号）。

第三，面向所有户籍生及非户籍生。如《深圳市龙华区义务教育阶段学校积分入学办法（修订稿）》（征求意见稿）规定小学积分入学对象除了"符合教育法律规定'年满六周岁'（计算至当年8月31日），有学习能力，并在龙华区居住"这一条件外，同时包括以下条件之一："（一）深圳市户籍儿童。（二）父母一方具有深圳户籍或持有具有使用功能《深圳经济特区居住

---

① 沈大雷，张英.苏州流动人口随迁子女积分入学[EB/OL].（2016-03-02）[2021-02-02].http://www.moe.gov.cn/jyb_xwfb/s5147/201603/t20160302_231387.html.

证》的非深户籍适龄儿童"；初中积分入学对象除了要满足"目前就读小学六年级，并在龙华区居住"这两个条件外，一类为深圳户籍适龄儿童少年，另一类为父母（或法定监护人）一方具有深圳户籍或持有具有使用功能《深圳经济特区居住证》的非深户籍适龄儿童少年，可以说较为全面地实行了积分入学制度。[①]

第四，适用于积分落户家庭，但在落户后，子女的入学和升学就将全部按照户籍生对待。如北京市自2019年起实施这一制度。当然，其前提是能够先行落户。

（2）积分入学的基本做法

尽管不同城市在积分入学适用的对象上并不完全一致，但在具体做法上则有很多共通性：

第一，关于积分管理指标体系。一般而言，积分指标参照居住证积分管理指标体系，积分由基础分、附加分和扣减分三部分组成。以杭州市为例，基础分分年龄、学历或技能、社保、就业、居住情况五方面；附加分指标包括专利创新、奖励荣誉、慈善公益、投资纳税四项内容；扣减分指标主要考察父母是否遵纪守法、诚实守信。[②]当然，每个地方也在根据自己的情况不断地进行调整，如深圳市龙华区在2020年的办法中对于计划生育积分项目有大幅调整，只留下独生子女一种加分情况，市卫健部门对申请入学适龄儿童、少年的家庭计划生育信息核验结果为独生子女的，加2分；其他情况不加分，大学区的计生积分也是如此。计生审核以家庭为单位，这也是适应了我国"二孩"政策的实际情况。而在2021年8月20日的第十三届全国人民代

---

① 深圳市龙华区义务教育阶段学校积分入学办法（修订稿）[EB/OL].（2020-03-09）[2021-05-14].http://m.bendibao.com/show830940.html.

② 杭州积分入学要积多少分，需要超过125分吗？[EB/OL].（2019-12-26）[2021-05-14].https://baijiahao.baidu.com/s?id=1653966461178303570&wfr=spider&for=pc.

表大会常务委员会第三十次会议通过了对《中华人民共和国人口与计划生育法》的修改，明确"一对夫妻可以生育三个子女"后，其会否对积分入学政策产生影响，值得关注。

第二，在入学的录取程序方面，一般由区县教育行政部门根据就近入学的原则，按照积分由高到低进行排序，积分相同者，再根据其他条件依次确定先后位次。在此基础上进行统筹分配，安排录取学校，并进行一定时间的公示。2020年公办民办小学实行同步招生，家长只能选报公办小学或民办小学中的一类，其中选择民办小学的只能填报一所学校。家长需根据自身情况，选择适合自己小孩的学校。

（3）积分入学中的教育公平

积分入学作为居住证制度下保障基本公共服务、推进公共教育服务均等化的制度创新，对其是否能推进教育公平，从一开始就存在不同声音。肯定者认为，这是为外来务工人员子女受教育权的平等保障开启了一个窗口。在某种意义上，这是外来务工人员更为重要的追求目标，尤其是在以孩子为中心、重视孩子教育的我国家长看来，能够通过自己的努力让孩子享受更为优质的教育资源，从而隔断贫穷的代际传递，或者至少能够过上比自己更好的生活亦是父辈的责任。同时，有规则比没规则好，明规则比潜规则好，"积分入学"符合我国的国情，也有很强的现实意义和可操作性，是在城市资源有限时较为合理的制度设计，也便于家长及时做出选择。从实际效果看，其为外来务工人员子女提供了更多入学的可能，应肯定其积极的作用，也应当允许地方政府有一个扩大办学资源，从而更好地保障这一群体权利的过程。

当然，相关的质疑也广泛存在，并主要体现在以下方面：

第一，接受义务教育机会取决于父母亲的能力，这是一种不当连接，也是地方政府职责的失责。这种观点认为，从受教育权保障的角度，在父母居住地就近入学本身也是《义务教育法》所规定的政府职责。因资源有限造成的学位紧张问题应由政府来解决，而不应把压力加到家长身上。

第二，积分入学的分类本身就不公平。中国教育科学研究院研究员储朝晖认为，不管采用何种标准积分，在义务教育阶段对受教育对象进行分门别类的划分，"看似公平，实则是负向政策"①，是对受教育者受教育权利的侵犯。比如，几乎每个地方都对人才子女的入学采用了例外的规定，如东莞市2013年提供的公办学位，有三成半是供给优惠政策人才和企业人才子女的，也就是说他们不需要积分，直接入学。

第三，计分方法不公平。如在户籍生的积分计算上，有无自住房成为一个重要因素，无房户即认为不公平，并认为政策有嫌贫爱富之意。在关联落户的条件上，学历等因素也体现了每个城市对于居民的选择标准，而并非是真正开放式的包容态度。

那么，应如何看待积分入学对于教育公平的影响？笔者认为，积分入学政策是在教育资源稀缺的情况下，努力将学位申请规则化，从而通过开放、公开的制度设计，力促义务教育向公平公正方向推进的一种尝试。事实上，基于资源的有限性及诉求的多元性，不管采取怎样的分配规则都难免引起激烈争议。因此，只要这些因素始终存在，争议也必将存在，而要想使公正最大化，则需要通过规则的民主性、科学性和实施的严格性予以保障。因此，注重规则制定中的民主参与、加强信息公开和及时回应各种质疑是提升积分入学公平性的重要途径。从实践看，有关积分入学的司法案例已经出现。如李某诉昆山市教育局（〔2017〕苏0582行初165号）中，原告法定代理人即认为，"李某年满六周岁。其父母为其申请昆山市公办小学周市镇中心小学读书。因其昆山新市民积分为90.33分，未达到昆山市政府规定的积分106分而未能入读公办小学周市镇中心小学。原告为此起诉教育局未履行

---

① 深圳积分入学是否公平[EB/OL].（2013-03-29）[2021-05-14].http://roll.sohu.com/20130329/n370943077.shtml.

法定义务，致原告义务教育问题无着落。请求法院判决被告安排原告接受义务教育"。被告则认为，"原告按照该规定参加网上积分入学申请，但因积分未达到公办学校录取线，故未取得施教范围内公办学校的录取资格，在此情况下，原告可以选择户籍所在地学校或者昆山的民办学校解决其入学问题，被告无权违规解决原告的义务教育问题"。法院认定，"昆山市教育局已经履行了统筹解决流动人口入学的法定职责，由于原告未达到积分办法规定的积分而未能入读公办学校，并非昆山市教育局不履行法定职责"。笔者在此暂不对法院的判决做出评析，但一个客观的现象是此类案件的日渐增多，如何保障积分入学下的义务教育公平显然是各级地方政府需要重视的问题。

## （三）租售同权

### 1.租售同权概述

所谓租售同权，一般是指住房租赁人与住房产权人具有同样的权利。当然，该权利并非指向以住房为基础的所有权利，而主要指向以房屋为基础的公共服务权利，包括公共教育、基本医疗服务等。租售同权概念的提出源于2015年中央经济工作会议，会议提出要落实户籍制度改革方案，允许农业转移人口等非户籍人口在就业地落户，使他们形成在就业地买房或长期租房的预期和需求。会议首次提出了要发展住房租赁市场，建立"购租并举"的住房制度，要求明确深化住房制度改革方向，以满足新市民住房需求为主要出发点，以建立购租并举的住房制度为主要方向，把公租房扩大到非户籍人口。此后，"发展住房租赁市场""加快住房租赁市场立法""发展住房租赁市场特别是长期租赁"成为中央经济工作会议的重要内容。2016年，国务院办公厅发布《关于加快培育和发展住房租赁市场的若干意见》（国办发〔2016〕39号），要求"到2020年，基本形成供应主体多元、经营服务规范、租赁关系稳定的住房租赁市场体系，基本形成保基本、促公平、可持续的公共租赁住房保障体系，基本形成市场规则明晰、政府监管有力、权益保障充分的住房租赁法规制度体系，推动实现城镇居民住有所居的目标"。2017年，党的十九大报告提出"房子是用来住的，不是用来炒的"的定位，加快了建立多主体供给、多渠道保障、租购并举住房制度的进程。

租售同权实际上是中国近年来房地产政策从"居者有其屋"到"住有所居"，从"以售为主"向"租售并举"过渡和转变的一个副产品。2017年5月，"为了建立购租并举的住房制度，规范住房租赁和销售行为，保护当事人合法权益，保障交易安全"，住房城乡建设部起草了《住房租赁和销售管理条例（征求意见稿）》，其第十三条规定："经备案的住房租赁合同可以作为承租人有合法稳定住所的凭证。承租人可持备案的住房租赁合同依法申领居住证，并享受规定的基本公共服务"，这被视为租售同权制度的开启。为进一步贯彻落实《国务院办公厅关于加快培育和发展住房租赁市场的若干意见》，加快推进租赁住房建设，培育和发展住房租赁市场，2017年7月，住建部等九部门联合印发《关于在人口净流入的大中城市加快发展住房租赁市场的通知》（建房〔2017〕153号），进一步强调"承租人可按照国家有关规定凭登记备案的住房租赁合同等有关证明材料申领居住证，享受相关公共服务"。广州、深圳、南京、杭州、厦门、武汉、成都、沈阳、合肥、郑州、佛山、肇庆等12个城市作为首批开展住房租赁试点的单位。从中央的层面，2020年中央经济工作会议再次强调租售同权，会议中明确了逐步使租购住房在享受公共服务上具有同等权利，会加快租赁市场赋权的细则落地，有利于租赁市场制度的完善，真正将租赁作为一种长期居住选择。

就地方试点看，相关资料显示，舟山市人民政府早在2010年的《关于印发舟山市公共租赁住房管理暂行办法的通知》（舟政发〔2010〕30号）第二十一条就规定："公共租赁住房承租人家庭成员可以落户，其子女可凭有效承租合同就近入学，或由教育行政管理部门统筹安排。"从学位较为紧张的大城市来看，广州是最早提出"购租同权"的城市。2017年7月，广州市政府办公厅印发《广州市加快发展住房租赁市场工作方案》（穗府办〔2017〕29号），明确"赋予符合条件的承租人子女享有就近入学等公共服务权益，保障租购同权"。2017年8月，杭州市发布《杭州市加快培育和发展住房租赁市场试点工作方案》（杭政办〔2017〕4号），与"租购同权"不同的是，杭州市提出"租购同分"，即符合条件的承租人子女可享有就近入学等公共服务权益。承租人依法办理《浙江省居住证》后，其子女入学按照《杭州市人民政府办公厅关于印发流动人口随迁子女在杭州市区接受学前教育和义务教育管理办法（试行）的通知》（杭政办函〔2017〕77号）有关规定执行。在杭州市居住证积分管理中，对租赁住房达到一定年限的，实行"租购同分"。2018年初，成都市人民政府发布《成都市人民政府办公厅关于加快发展和规范管理成都市住房租赁市场的意见》，明确提出，本市户籍承租人子女，按照成都市义务教育阶段招生入学政策接受教育，非本市户籍来蓉人员在本市无自有产权住房的，以租赁住房所在地作为唯一居住地且住房租赁合同登记备案的，其随迁子女按有关规定在居住证所在地接受义务教育。2021年2月1日，深圳市住房和建设局发布关于公开征求《关于进一步促进我市住房租赁市场平稳健康发展的若干措施》（征求意见稿）意见的通告，最引发民众关注的仍然是有关大力推进公共服务均等化的内容，即"逐步推进租赁住房在积分入户政策中与购买住房享受同等待遇。在加大学前教育和义务教育学位供给的同时，优化租赁住房积分入学政策"。

应该说，租售同权制度对于调节商品房市场价格、遏制学区房暴涨、规范住房租赁市场、保障租赁人的合法权益具有积极意义，其制度目的值得肯定，但能否实现制度设计的目标则尚需观察，这不仅体现在对房地产市场的调控效果，也包括对公共服务供给目标的达成问题。从理想的层面，租售同权在现有户籍制度与社会福利及社会保障挂钩，且不同城市的社会福利及保障差异较大的现实显然有利于促进基本公共服务均等化的推进。但租售同权的实施无疑也面临一系列现实问题，其中最直接的就是公共服务的实现问题。在义务教育领域，则主要是教育资源能否共享、个体权利能否得到保障等问题。

2. 租售同权与就近入学平等保障

承载着遏制房价、消化存量商业用房、规范住房租赁、保障租赁人的合法权益等多个制度目标的租售同权到底能否真正做到"同权"呢？从"同权"的清单来看，其包含了义务教育、基本医疗、基本养老、基本公共就业服务、基本公共卫生服务和计划生育服务、公共文化体育服务、健康促进、社区事务、法律服务、社会保障、住房保障和公积金提取等方面享有的基本公共服务，显然是对已有资源安排的突破性变革。而在义务教育领域，最令人向往的即是解决孩子入学问题及给火爆的"学区房"降温，从而实现受教育权保障，体现教育公平。分析其对于教育公平的影响，一方面具有积极意义，尤其是有望改变以住房+户籍的就近入学基本要素，从而实现租房入学。但另一方面仍然存在着诸多现实的软肋，能在多大程度上实现成效仍需靠数字说话。笔者以为，其对于义务教育公平的作用仍然是非常有限的。

第一，"同权"的实现仍然受制于教育公共资源的配套情况。事实上，在大多数试点城市，本身多存在外来人口较多、教育资源紧张问题，在这一实质性根源未能解决的前提下，要实现"同权"显然存在障碍。

第二，租售同权无法改变因学区房而造成的教育公平问题。自2014年国家进一步严格就近入学以来，优质教育资源的学区房价格一路飙升，引发经济基础决定优质资源的争议。租售同价虽然蕴含了不用购买学区房也可以入读的可能性，但也可能引发学区房租金涨价，同样无法解决因学区房而引发的教育公平问题。

第三，租售同权容易与已有的积分入学制度相割裂。在社会治理体系中，制度之间的有机衔接和有效衔接至为重要，可防止社会秩序的混乱。从义务教育的入学招生实践看，租售同权所涉的权利保障多已在积分入学中多体现，如深圳市小学的学位即根据户籍和房产情况分为6~7类，其中租房情况涉及多种类型，并被赋予60~75分。

基于此，真正意义上的"租售同权"实现事实上尚有诸多掣肘因素，如何真正实现"同权"，显然尚需一个较长的过程，也需要更具实质性的行政推动。

### （四）公民同招

如果说择校治理、积分入学、租售同权的教育政策都是针对公办学校入学的话，那么"公民同招"则是教育部门意欲通过对民办学校的招生治理而实现教育公平。公办学校与民办学校的并存是世界各国基础教育办学的基本模式。作为我国教育事业的组成部分，民办义务教育学校在弥补学位不足、提供优质教育、推动教育创新等方面起了积极的作用，但其高学费、掐尖招生、学业负担过重等问题也对义务教育属性及教育公平产生了较大冲击。基于此，2016年前后，国家出台了《民办学校分类登记实施细则》《国务院关于鼓励社会力量兴办教育促进民办教育健康发展的若干意见》等一系列民办教育"新政"，并在2018年《民办教育促进法》（以下简称《民促法》）的修改中将实施义务教育的民办学校整体定位为非营利组织，加强对民办学校的管理成为国家和地方治理的基本方向。

此后，为进一步强化民办义务教育学校的"公益性"要求，国家又相继出台相关文件，对民办学校招生权限进行做出进一步限定，此即"公民同招"的背景由来。

1. "公民同招"简介

为进一步深化义务教育改革，回应民众追求优质教育的诉求，2019年6

月 23 日，中共中央、国务院发布《关于深化教育教学改革全面提高义务教育质量的意见》，提出了 26 条具体意见，其中涉及义务教育招生问题明确指出"推进义务教育学校免试就近入学全覆盖""严禁以各类考试、竞赛、培训成绩或证书证明等作为招生依据，不得以面试、评测等名义选拔学生。民办义务教育学校招生纳入审批地统一管理，与公办学校同步招生；对报名人数超过招生计划的，实行电脑随机录取"。这被称为"公民同招"政策。相较于原有的民办学校提前招生、掐尖招生及考试招生，"公民同招"的特点是公办和民办学校实行同步报名、同步录取、同步注册学籍。

伴随着"公民同招"政策的出台，在 2020 年中小学招生入学中，全国 31 个省区市全部出台了全面推行公办和民办学校同步招生的具体实施细则，对报名人数超过招生计划的，多实行电脑随机录取。如浙江省《关于做好 2020 年义务教育阶段学校招生入学工作的通知》（浙教办基〔2020〕6 号）明确规定："严格执行义务教育适龄儿童少年就近入学的法律规定。公办学校严格按就近入学要求在学区范围内招生，未经批准不得随意变更招生区域；公办初中学校可按单独划分学区的方式招生，也可按小学学校学区划分，实行小学与初中'校校对口'的方式招生。民办学校在审批地范围内招生；设区市教育行政部门批设的民办学校招生范围由各地根据实际情况确定，但不得跨市域招生。民办学校在审批地招不足的，可由设区市教育行政部门统筹，在本市域内的其他县（市、区）补招。民办学校招生的报名对象由各地教育行政部门明确。"广东省规定，民办义务教育学校原则上面向学校所在区域内招生，无寄宿条件的民办学校不得跨区域招生，有寄宿条件且需跨区域招生的，需要教育行政部门根据学校申请核准等。

"公民同招"对于义务教育的影响是多方面的：

第一，对于民办学校的影响。毫无疑问，民办学校是受该制度冲击最大的。民办学校在不能提前招生、掐尖招生的情形下能否继续拥有优质生源、能否继续交出骄人的学业考试成绩单，一时受到各种质疑。而生源的优劣也在某种程度上影响其生存和发展，故而"公民同招"政策无异于民办教育领域的一次地震。正因如此，一部分关注民办教育事业的人士认为这是对民办学校的打压，是对《民办教育促进法》中民办学校办学自主权的违反。而更多的学者则认为，对民办学校的分类管理符合民办教育规律，利于其健康发展。就义务教育阶段而言，"非营利性"和"公益性"应该成为基本特点，从招生环节即能体现，这也符合《教育法》第八条规定的"教育活动必须符合国家和社会公共利益"的规定和《义务教育法》第二条所规定的"义务教育是国家统一实施的所有适龄儿童、少年必须接受的教育，是国家必须予以保障的公益性事业"的基本定位。而从民办学校区别于公办学校的特点出发，如何促进义务教育民办的健康发展和规范发展，实现其在实现公共服务职能上的功能是"公民同招"下同样需要考虑的问题，有待深入研究。包括：如何合理界定民办学校在义务教育供给中的主体地位？如何理解义务教育"公益性"与"非营利性"之间的关系？如何实现义务教育的"公益性"与"平等性"？如何在"非营利"的定位下为民办学校的发展提供匹配的制度支持？如何实现对民办学校的有效监管？这些都要求学界跟进研究，以适应我国义务教育改革需要，推进教育法治进程。

第二，对于受教育者的影响。"公民同招"对于受教育者同样有着巨大的影响。在"公民同招"前，知名民办学校因其教学质量而招生火爆，漏夜排队报名民办学校的现象很常见，甚至为了谋得一个学位，曾经出现早上7点半才开始报名，有家长4点多就到学校排队的现象。[①]"公民同招"意味着在民办和公办学校只能择一，优先选择民办抑或公办成为不少家庭的重要抉择。笔者曾经带学生就"公民同招"后家长的择校意愿进行了问卷调查，调

---

① 浙江在线.杭州育才中学小升初报名 家长4点就来排队[EB/OL].（2012-07-23）[2021-05-14]. http://hz.aoshu.com/e/20120507/4fa7296e661a6.shtml.

查结果显示，56.1%的杭州公众认为"公民同招"政策会影响自己对于孩子学校的选择；32.1%的公众认为该政策不会影响自己的选择，11.8%的公众则表示不好说。可见，"公民同招"政策在较大程度上影响着家长的决定，超过半数的家长会因此考虑两种学校的适合度，这也有利于家长更谨慎地做出抉择。

第三，对公办学校的影响。在公办民办同台竞争的过程中，"生源决定成绩和升学"的观点不乏少数，也在某种程度上成为一些普通公办学校解释其教学质量的重要理由。因此，对于公办学校来说，除却"公民同招"后可能的生源数量影响，其生源质量可望实现一定的均衡，因而对制度的实施多持支持的立场。当然，在生源发生改变的情况下如何努力提升教学质量，从而提升家长对于公办学校的信心仍是最为重要的。

2."公民同招"与义务教育公平

教育政策的变化对于社会的影响是多方面的，对于家庭来说，问卷调查显示："学校离家近，交通便利"始终在义务教育的学校选择中具有重要地位。而伴随着"公民同招"，家长对于公办学校生源的优化亦充满了期待，选择公办学校的意愿得到提升。相应地，该制度在促进义务教育公平方面也有积极的作用，主要体现于以下方面：

第一，体现了统一就近入学下的教育平等。当前，国家义务教育阶段的目标是公平而有质量的教育，而公平摆在优先地位。在这个大背景下，"公民同招"统一就近招生及免试招生的严格执行，体现了同等对待的平等取向。

第二，通过择校降温而体现教育公平。择校对教育公平的影响由来已久，在"零择校"的教育政策下，公办不择校、择校到民办的空间仍然存在，并促成了民办学校招生的火爆一年胜过一年，而其背后的教育公平问题也是引发制度变革的原因之一。在"公民同招"后，问卷调查结果显示，近半数家长认为这对遏制择校热具有一定的作用，在一定程度上能够实现教育资源的合理配置，从而促进教育公平。

第三，通过公办和民办学校竞争格局的改变而实现公平。相当长一段时间来，部分地区民办强而公办弱的教育生态引发了民众对公办学校教学质量的质疑，并由此引发教育公平问题。"公民同招"下，通过规范招生行为，生源相对均衡，有助于打造更加公平、更有质量的义务教育生态。

第四，通过义务教育回归本位来实现公平。义务教育的基本特征是基础性、公益性及强制性。从世界各国基础教育的制度安排和实际运行看，公办学校在履行基本公共教育服务方面承担着重要职责，既要坚守社会基本公共服务的"保底"职能，又要体现教育公平。从我国义务教育供给主体看，公办学校仍然在公共服务提供上占有压倒性优势，民办中小学在区域基础教育担当更多的是"补充"角色。因此，只有在公办学校建设和教育质量上满足人民群众日益增长的需求，才能实质性地推进教育公平，促进社会稳定。"公民同招"通过国家强制力为公办学校奠定了较好的生源基础，但是在生源基础相对均衡的情况下，学校办学的好与不好，更多取决于"办学的水平"，这就要求公办学校激发活力、努力提升教育质量，实现"优质而公平"的义务教育。

当然，"公民同招"政策也带来对义务教育阶段民办学校出路的思考。从国外私立学校来看，民办学校多以特色教育为方向。如美国的"特许学校"等具有与常规公立学校不同的教育品质、特色和风气，其对于教育的价值主要不是公共服务，而是通过体制的多样化和竞争机制，实现办学模式的多样化，从而满足不同的教育需求。因此，在我国民办学校实行分类管理的趋势下，承担义务教育的民办学校如何获得长久的生命力是需要从法理、制度等方面进行顶层设计的问题。当学生无论是就读民办学校还是就读公办学校都有平等的发展机会时，教育公平才具有真正的意义。

### （五）教育均衡

无论是择校治理、积分入学、租售同权还是公民同招，这些教育政策的一个特点是都聚焦于就近入学，即或通过严格执行就近入学，或落实就近入学来保障受教育权，实现教育公平。而透过义务教育公平问题，一个共同的原因或者说根源性因素即是教育资源的不均衡。因此，义务教育公平的根本出路仍在于加大、加快公办学校的建设和发展，尽快消除地市之间、城乡之间、校际之间的办学差异，只有办学水平均等时，才能真正实现平等，才能提升人民对于义务教育的满意度。回顾我国义务教育的发展历程，从1986年《义务教育法》公布实施到2011年所有省（区、市）通过了国家"普九"验收，我国用25年全面普及了城乡免费义务教育，从根本上解决了适龄儿童少年"有学上"问题，为提高全体国民素质奠定了坚实基础。但区域之间、城乡之间、学校之间办学水平和教育质量的差距客观存在，不能满足人民群众不断增长的高质量教育需求。2012年，为贯彻落实《国家中长期教育改革和发展规划纲（2010—2020年）》，国务院发布《关于深入推进义务教育均衡发展的意见》（国发〔2012〕48号），就推动优质教育资源共享、均衡配置办学资源、合理配置教师资源、保障特殊群体平等接受义务教育等提出具体要求，力争实现"每一所学校符合国家办学标准，办学经费得到保障。教育资源满足学校教育教学需要，开齐国家规定课程。教师配置更加合理，提高教师整体素质。学校班额符合国家规定标准，消除'大班额'现象。率先在县域内实现义务教育基本均衡发展，县域内学校之间差距明显缩小。到2015年，全国义务教育巩固率达到93%，实现基本均衡的县（市、区）比例达到65%；到2020年，全国义务教育巩固率达到95%，实现基本均衡的县（市、区）比例达到95%"的基本目标。为了实现这一目标，国务院教育督导委员会办公室按照《教育督导条例》《国务院关于深入推进义务教育均衡发展的意见》和教育部《县域义务教育均衡发展督导评估暂行办法》的要求，对

2013—2019年全国实现义务教育基本均衡发展的2764个县（市、区）（以下简称县）开展了年度监测复查。"监测结果显示，已通过国家评估认定的县义务教育均衡发展成果总体上得到进一步巩固提高。2764个县的2019年小学、初中综合差异系数分别为0.431、0.322，处于较好状况。义务教育学校校舍及运动场馆配置继续改善，小学教学及辅助用房面积、体育运动场馆面积分别比上年增长3.7%、1.8%。教学装备条件明显改善，2764个县的2019年小学、初中教学仪器设备总值分别比上年增长9.6%、9.1%，小学和初中计算机台数、图书册数和教学仪器设备值三项指标差异系数在0.232~0.447，保持在较好状况，教学装备均衡程度达到国家标准的县占86%以上。教师队伍结构不断优化，2764个县的2019年小学专任教师数量比上年增长2.9%。小学和初中专任教师的学历和专业技术职务水平均有不同程度提升。"[1] 尽管监测结果显示仍存在一些问题，但教育均衡的成效也清晰可见。梳理这一过程中我国教育均衡的举措，推进义务教育学校标准化建设为基本均衡的实现提供了硬件基础，而教育信息化则成为促进优质均衡的未来方向。

1. 推进义务教育学校标准化建设

长期以来，义务教育学校办学条件的差异是造成教育资源分布不均、择校等各种现象频发的重要原因，因此，缩小差距，统一学校的经费、场地、设备、师资等办学条件、推进标准化学校建设是促进义务教育均衡发展的重要举措。而在这一过程中，显然需要经历两个基本的阶段：第一，以基本办学条件为标准，改善贫困地区义务教育薄弱学校的办学条件，促进教育基本均衡。第二，以优质学校办学条件为标准，促进教育资源优质均衡。而目前，显然需要先实现第一个目标。

---

① 教育部：国务院教育督导委员会办公室对2764个义务教育发展基本均衡县（市、区）开展监测复查[EB/OL].（2020-09-07）[2021-03-21].http://www.moe.gov.cn/jyb_xwfb/gzdt_gzdt/s5987/202009/t20200907_486020.html.

　　有关义务教育学校标准化建设的推进，基于各地情况的差异，实施过程进展不一。广东省早在2004年省委省政府发布的《广东省教育现代化建设纲要（2004—2020）》中即提出了"促进教育的区域协调发展，大力推进义务教育阶段的标准化学校建设"的规划，并"重点扶持经济欠发达地区发展教育，促进地区之间基础教育协调发展。完善经济发达地区对经济欠发达地区教育对口帮扶机制"（粤发〔2004〕13号）。黑龙江省从2008年开始启动义务教育标准化建设，计划到2020年全面完成。其中阶段性安排中，到2010年完成各地市城区内和部分条件较好的县城内义务教育学校标准化建设；到2012年完成所有县城内和部分条件较好的农村义务教育学校标准化建设；到2020年完成全省义务教育学校标准化建设。[①]天津市从2008年起至2012年，进一步改善义务教育学校的办学条件、促进城乡义务教育高水平、高质量均衡发展。[②]河南省从2011年开始实施义务教育学校办学条件标准化建设工程，计划到2020年全面完成。[③]此后，北京市于2012年、湖北省于2013年都对义务教育学校办学基本条件的达标工作加以推进。2013年开始，基于中央层面对义务教育薄弱学校基本办学条件的进一步重视和推进，改善义务教育学校办学基本条件工作得到迅速推进。

　　2013年底，教育部、国家发展和改革委员会、财政部《关于全面改善贫困地区义务教育薄弱学校基本办学条件的意见》（教基一〔2013〕10号）提出，"全面改善贫困地区薄弱学校基本办学条件，推进义务教育学校标准化建设，不让贫困家庭孩子输在成长'起点'，既是守住'保基本'民生底线、推进教育公平和社会公正的有力措施，也是增强贫困地区发展后劲、缩

---

① 详见：黑龙江省人民政府关于实施义务教育学校标准化建设工程的意见（黑政发〔2008〕53号）。

② 贾林娜.天津出义务教育学校建设标准　校舍成最坚固建筑[EB/OL].（2008-12-16）[2021-05-18].http://www.chinanews.com/edu/zcdt/news/2008/12-16/1489636.shtml.

③ 河南省人民政府办公厅关于转发河南省义务教育学校办学条件标准化建设规划（2011—2015年）的通知（豫政办〔2011〕133号）。

小城乡和区域差距、推动义务教育均衡发展的有效途径，关乎国家长远发展"，并把保障基本教学条件、改善学校生活设施、办好必要的教学点、妥善解决县镇学校大班额问题、推进农村学校教育信息化、提高教师队伍素质六个方面作为重点任务。2014年4月15日，国务院教育督导委员会办公室发布《关于开展农村义务教育学校基本办学条件专项督导的通知》；4月23日，教育部办公厅、国家发展和改革委员会办公厅、财政部办公厅出台《关于制定全面改善贫困地区义务教育薄弱学校基本办学条件实施方案的通知》（教基一厅函〔2014〕26号），7月，教育部办公厅国家发展改革委办公厅财政部办公厅联合出台《关于印发全面改善贫困地区义务教育薄弱学校基本办学条件底线要求的通知》（教基一厅〔2014〕5号），要求以《中小学校设计规范》（GB 50099—2011）、《农村普通中小学校建设标准》（建标109—2008）、《农村寄宿制学校生活卫生设施建设与管理规范》、《国家学校体育卫生条件试行基本标准》等国家标准、教育行业标准及相关政策文件为基本依据，进一步加强对各地全面改善贫困地区义务教育薄弱学校基本办学条件工作指导，面向贫困地区，聚焦薄弱学校，确保实现"保基本、补短板"工作目标，底线要求共计20项。2015年5月，教育部发布《关于进一步做好全面改善贫困地区义务教育薄弱学校基本办学条件有关工作的通知》（教督函〔2015〕1号）；同年12月，国务院教育督导委员会办公室印发《全面改善贫困地区义务教育薄弱学校基本办学条件工作专项督导办法》的通知（国教督办〔2015〕6号）。2017年6月，教育部、财政部发布《关于进一步加强全面改善贫困地区义务教育薄弱学校基本办学条件中期有关工作的通知》（教督〔2017〕9号）。这一系列的政策都表明了中央加快义务教育均衡的要求，并通过倾斜性政策和教育扶贫等举措予以推进。资料显示，我国31个省级行政区划单位都按照要求，因地制宜、实事求是地制定、完善了符合本地实际的义务教育学校基本标准（包括寄宿制学校基本标准、教学点基本标准），推动了教育均衡工作。

2020年9月23日，在国新办就决战决胜教育脱贫攻坚实现义务教育有保障的新闻发布会上，教育部副部长郑富芝也表示，教育部对义务教育学校办学条件有一个底线的要求，这些条件的配备现在基本上已经实现了。[①]

尽管各地在推进义务教育学校标准化建设方面的进度不一，但成效仍是明显的。如江苏在全国率先全面、成体系地制定了义务教育学校办学标准，标准涵盖学校设置、校园建设、教育装备、教师队伍、教育教学、学校管理、质量评价、经费保障等8个方面。[②]浙江省在2011年发布了《浙江省义务教育标准化学校基准标准》后，2014年上半年全省共有361所学校达到《浙江省义务教育标准化学校基准标准》要求，被认定为浙江省义务教育标准化学校。而截至2020年，部分地方如桐乡市的省义务教育标准化学校比例达到100%，率先实现浙江省义务教育标准化学校全覆盖，[③]温州市义务教育标准化学校比例已达98.6%。[④]其他地区如西藏自治区截至2017年10月已有36个县通过义务教育均衡发展国家评估认定。[⑤]截至2019年7月，新疆维吾尔自治区农村义务教育学校办学条件得到切实改善，缩小了城乡、区域间义务教育发展差距，已有69个县（市、区）通过了国家义务教育发展基本均衡县评估认定。[⑥]而根据2019年全国义务教育均衡发展督导评估结果，"全国还有136

① 武思宇，张侨.教育部：义务教育学校基本实现了办学条件配备要求[EB/OL].（2020-09-23）[2021-05-18]. https://baijiahao.baidu.com/s?id=1678618626781899942&wfr=spider&for=pc.

② 督导办义务教育学校标准化建设交流信息[EB/OL].（2016-01-15）[2021-05-14].http://www.moe.gov.cn/jyb_xwfb/xw_zt/moe_357/s7865/s8513/s8517/201601/t20160115_228067.html.

③ 桐乡市教育局.桐乡市实现浙江省义务教育标准化学校全覆盖[EB/OL].（2020-01-19）[2021-05-14]. https://baijiahao.baidu.com/s?id=1689284320508480899&wfr=spider&for=pc.

④ 潘舒畅.温州教育大数据公布[EB/OL].（2021-05-21）[2021-05-22].http://www.wenzhou.gov.cn/art/2021/5/21/art_1217833_59051599.html.

⑤ 规划司.西藏自治区教育脱贫工作情况[EB/OL].（2017-10-01）[2021-05-18]. http://www.moe.gov.cn/jyb_xwfb/xw_zt/moe_357/jyzt_2017nztzl/2017_zt12/17zt12_gssjy/201710/t20171016_316387.html.

⑥ 赵西娅.新疆上半年落实义务教育改善办学条件建设资金14.3亿元[EB/OL].（2019-07-20）[2021-05-18]. http://www.gov.cn/xinwen/2019-07-20/content_5412121.htm.

个县未通过国家认定，分布在内蒙古、河南、湖南、广西、四川、西藏、甘肃、青海、新疆9省（区）"[1]。可见，在义务教育学校标准化建设基础上，促进教育基本均衡发展还有很长的路要走。而只有越来越多的学校符合优质学校办学条件，真正的教育均衡才越来越近。

2.教育信息化

关于教育信息化，目前尚无统一的定义，一般是指在教育中充分运用计算机多媒体和网络通信等现代信息技术，开发教育资源，优化教育过程，从而促进教育改革与发展的过程。早期的"电化教育"，当下的在线教育、翻转课堂、移动学习及虚拟/增强学习等都是信息化在教学领域的运用体现。教育信息化以其开放、共享、交互、协作的特点改变了传统的教育理念、教育模式和学习方式，给教育领域带来重大变革。教育信息化对于义务教育公平的积极影响正是其"开放、分享"的作用结果，其跨越物理空间"共享信息"的优点使不同个体之间获取知识的"机会均等"成为可能，从而保障了公平的实现。如美国自1996年至2016年连续五次发布《国家教育技术计划》（*National Educational Technology Plan*，NETP），确保"美国99%以上的学生不论其家庭收入、宗族、性别等差异均能受惠于最新的信息技术"；[2]德国通过"信息与通信技术教育计划"使所有的中小学在2001年均接入互联网；[3]澳大利亚实施《数字教育革命》来促进教育均衡发展[4]等。我国改革开放40多年来，教育信息化的功能也从早期的应用信息技术、开发教育资源、优化教育过程、提高教育质量和效益演进为"实现信息与知识共享"，"信息技术

① 教育部新闻办公室.95.32%的县（市、区）通过国家义务教育基本均衡发展督导评估认定 | 教育发布[EB/OL].（2020-05-19）[2021-05-19].https://baijiahao.baidu.com/s?id=1667122133125829815&wfr=spider&for=pc.

② 赵章靖.美国基础教育[M].上海：同济大学出版社，2015：303.

③ 刘昕彤.德国教育信息化发展报告（2013—2014年）[EB/OL].（2016-06-26）[2020-08-14].http://www.ict.edu.cn/world/w3/n20150408_23640.shtml.

④ 新翠.澳大利亚基础教育[M].上海：同济大学出版社，2015：30.

已不再被视为单一的补充、辅助工具，而是作为组织战略资源纳入教育信息化政策之中"[1]，成为促进教育公平和提升教育质量的重要手段。相关统计显示，党的十八大以来，我国以"三通两平台"[2]为核心的教育信息化建设推进迅速，全国中小学互联网接入率已从25%上升到98.4%；多媒体教室比例从不到40%增加到92%。在农村地区，行政村的光纤和4G的覆盖率都已超过了98%，[3]从而为在线共享优质教育资源提供了重要的硬件基础，推动了城乡教育一体化发展。以浙江省为例，其在全省所有县（区、市）参与结对帮扶和乡村小规模学校结对帮扶实现"两个全覆盖"的基础上，进一步提质扩面，推进"互联网＋义务教育"实验区、示范区建设"，其中作为教育资源平台龙头的"之江汇教育广场"日均访问量突破250万人次，入选全国网络扶贫典型案例。[4]

　　但教育信息化在显示其助推教育公平的正向功能时，一些可能引发逆向作用的显性或隐性问题亦同时显现，需要加以重视。如不同区域、不同家庭的信息化条件带来的受教育权实现的差异性问题，这在2020年疫情期间的线上教学中尤为突出；又如，信息技术使用能力对于学生学业的影响问题，有研究显示，"家庭经济社会文化地位对学生的互联网使用偏好具有显著的影响，且是导致学生学业成就差距扩大的最主要因素"[5]；又如，国家在推进信息化过程中关注"物理接入"而非"技能接入"和"使用接入"，从而造成

---

① 陈纯槿，顾小清.互联网是否扩大了教育结果不平等——基于PISA上海数据的实证研究[J].北京大学教育评论，2017（1）：140-153.

② "三通"指的是"宽带网络校校通""优质资源班班通"和"网络学习空间人人通"，"两平台"指的是"教育资源供给服务平台"和"教育管理公共服务平台"。——作者注

③ 黄蔚.疫情期间，我国面向两亿多大中小学生开展大规模在线教学——奏响在线教育变革序曲[EB/OL].（2020-08-15）[2020-08-28].http://www.moe.gov.cn/jyb_xwfb/s5147/202008/t20200817_478459.html.

④ 浙江省教育厅.浙江省大力推进基础教育信息化建设[EB/OL].（2020-08-27）[2020-09-19].http://www.moe.gov.cn/jyb_xwfb/s6192/s222/moe_1742/202008/t20200827_480460.html.

⑤ 陈纯槿，顾小清.互联网是否扩大了教育结果不平等——基于PISA上海数据的实证研究[J].北京大学教育评论，2017（1）：140-153.

"新数字鸿沟"，[①] 以及在重视信息化助推教育公平的同时忽略了其他不公因素及其保障举措等，这些都可能导致教育公平推进方向的偏离、对公平理想的可能损害甚至抹杀，必须予以警惕和前瞻性预防。

事实上，基于"技术是一把双刃剑"的原因，教育信息化对于教育公平的双向影响在多年前即为学者所关注，并提出了不少提升教育公平的对策建议。公平是一般意义上的指称，公平意味着公正和平等，因为"平等对待"，而让人产生公正的感受。由于公正是一种主观感受，因此，一般意义上的"公平"较难客观地解释社会现象，也难以客观地回应不同个体的公平需求，这可能也是教育公平问题始终是民生焦点的原因之一。然而，尽管公正与否是主观的，但平等却是可以用客观标准来衡量的，公正的感受来源于客观的平等对待。因此，从法学的视角，教育公平实质上是一个平等权的问题，即受教育权的平等实现问题。因此，客观认识教育信息化对于义务教育公平的影响是这一过程中非常重要的问题，需要从理论和实践层面予以特别关注。

## 二、就近入学平等权保障的地方实践

新中国成立以来，我国对义务教育就近入学的平等权保障一方面体现了自上而下的中央决策推进，另一方面根据《义务教育法》的规定，其实施主体为各级地方政府，故而深入地方的实践环节可以更清晰地了解我国就近入学的整体情况及平等权保障中的现实问题。本部分主要就就近入学实施中最核心的内容进行分析。

### （一）学区划分与就近入学平等保障

在有关就近入学的所有话题中，"学区"是个绕不过去的概念，无论是

---

① 王美，徐光涛，任友群.信息教育促进教育公平：一剂良药抑或一把双刃剑[J].全球教育展望，2014（2）：39-49.

教育资源的优劣还是"就近"与否，都与学区密切相关，围绕就近入学的争议，也多与学区划分是否科学合理及是否应纳入某个学区有关。因此，从学区切入，可以为就近入学问题提供更清晰的视角。

1. 学区与学区划分

关于何谓学区，目前并无统一的概念。规范层面，《浙江省教育厅关于进一步规范义务教育阶段公办学校学区划分调整和招生入学工作的意见》（浙教基〔2018〕19号）将其界定为"学区是指为适龄儿童少年就近入学而划定的区域范围"。实践中，也有其他称呼，如有的地方教育部门称之为"施教区"，如浙江省温州市《平阳县教育局关于印发平阳县2021年义务教育阶段学校招生工作实施方案的通知》（平教〔2021〕165号），也有的称之为"教育服务区"，如《2020年杭州市中小学教育服务区（学区）公布》里即为这一表达。在学区对应的学校方面，比较常见的是一个学区对应一所公立学校，即"单校划片"。相应地，一个学区对应多所公立学校的为"多校划片"，其实质和操作方式是统筹两所及两所以上的学位资源（其中包括优质资源），根据个人需求和志愿进行统一公平分配。"单校划片"和"多校划片"均需贯彻就近入学原则，但其优劣也非常明显。"单校划片"最大的问题就是不同学校之间的资源差异，义务教育领域的公平性问题、就近入学中的各种社会问题都与此相关。此外，"单校划片"也无法实现受教育权中的选择自由，服从行政管理部门的安排成为一种基本的形态。而理想的"多校划片"则至少包含几个前提：一是保障片区内总学位的数量，确保每个孩子都享有就近入学的权利，也即片区内每个适龄孩子都能够入学；二是确保每个孩子入读片区内优质资源的机会均等，确保每个孩子公平地就近入学，也即机会公平。因此，成熟的"多校划片"学区制显然更能保障受教育权。当然，两者最终的结果都是指向孩子就读的学校。

从法律性质的角度，我国学区的属性主要是指接受教育的区域，其并不具有独立的法律意义，这跟法国和美国有所不同。法国的学区与行政区划上的"大区"基本重合但略有差异。①也就是说，其学区是在普通行政规划之外另行划区，直接隶属于中央政府而进行垂直管理，这也体现了法国在教育问题上坚持集权的特点。学区的功能属于中央与地方之间的教育管理机构。在具体的范围上，学区往往跨省，也因自然特点等而有所不同，其类型组织多样、规模各异。②美国的学区是执行所在州课程相关法律和政策的主体，有独立的财政和行政管理权。学区在教育行政管理上的权力不轻易受到干涉，是教育管理的最直接执行者，同时也有着很大的课程设置自主权。③美国学区内学校教育资源共享，义务教育也是按照自己所在的学区就近入学。美国的学区不仅是上学的区域单位，也是地方的教育行政单位。当然，在美国也同样存在不同学区间的教育资源均衡问题，其学区房现象同样存在。

在我国，由于学区划分关系到孩子入读哪所学校，从而成为备受老百姓关注的民生问题，学区划分是否科学合理、不同学区间资源是否均衡成为越来越重要的问题。所谓学区划分，是指县级教育行政部门，根据适龄学生人数、学校分布、学校规模、交通状况等因素，按照就近入学原则为适龄儿童少年确定对口学校的行为。关于学区划分行为的性质，不少学者认为属于可诉的行政行为，如程雁雷等学者认为，"从构成要件看，学区划分具备行政权能的存在、行政权的实际运用、法律效果的存在和表示行为的存在等具体行政行为的构成要件，因此属于具体行政行为"④，周慧蕾认为"学区划分和资格审定皆因对象的确定性、效力的直接性，具有具体行政行为的特点"⑤。

在确定学区的实践中，除了《义务教育法》所规定的"户籍所在

① 王晓宁，张梦琦.法国基础教育[M].上海：同济大学出版社，2015：3.
② 王晓宁，张梦琦.法国基础教育[M].上海：同济大学出版社，2015：40.
③ 赵章靖.美国基础教育[M].上海：同济大学出版社，2015：120.
④ 程雁雷，隋世锋.论学区划分的法律属性及其法律规制[J].行政法学研究，2019（5）：95-105.
⑤ 周慧蕾.我国学区划分的司法审查实践评析[J].法学，2020（8）：143-159.

地""居住地"因素外，地方教育行政部门往往需要结合地方特点，细化招生安排方案，从而实现点到点的就近入学。以浙江省杭州市为例，不同的区域的具体做法就有所不同，包括：

第一，将学区对应于社区，如2021年杭州上城区公办小学学区划分即采取了这种方式。[①]这一方式比较明了，也更容易发挥社区参与义务教育方面的作用。

第二，以一定的路段作为学区划分的依据，如2020年杭州市拱墅区公办小学学区划分即采取了这种方式。如建新小学主要安排长板巷、夹城巷以南，沈塘桥路和叶青兜路以北，莫干山路以东拱墅区内户籍适龄儿童；新华实验小学则招收包括沈塘桥路和叶青兜路以南的拱墅区内户籍适龄儿童及卖鱼桥小学文一路以南区域的户籍适龄儿童等。[②]

第三，以街道、小区等多种因素结合考虑学区划分，如2021年杭州下城区公办小学学区划分。

第四，针对某几个住宅区，如杭州学军小学紫金港校区即专门针对耀江文鼎苑、圣苑、冠苑住宅区。

学区也会因规划布局、生源数量变化、学校招生能力、新建学校、招生容量等因素进行扩大或缩小的调整。片区划分一般多考虑历史因素，以保持学区的相对稳定。按照规定，的确需调整时要由县级教育行政部门邀请相关单位和家长代表参与，进行审慎论证。这几年伴随着民众权利意识的增强，对学区划分不服的事件增多，学区划分工作中存在的划分标准不明、划分程序不明和公众参与方式不明等情况也备受关注，尤其是仅一街之隔、在同一社区的孩子却分属两个学区的现象屡见不鲜，凸显出学区划分中的问题，也

---

① 钱江晚报.重磅！2021年杭州市中小学教育服务区（学区）公布！[EB/OL].（2021-05-19）[2021-05-19].
https://baijiahao.baidu.com/s?id=1700187229856142580&wfr=spider&for=pc.

② 钱江晚报.2020年杭州市中小学教育服务区（学区）公布！[EB/OL].（2020-05-20）[2021-05-18].https://baijiahao.baidu.com/s?id=1666297170132055383&wfr=spider&for=pc.

往往容易引发群体性事件。

2.学区划分中的受教育平等权

伴随着义务教育阶段"有学可上"问题的解决，有关学区划分的争议日益增多，以诉讼方式解决的也不在少数。其中南京顾某案影响甚为广泛。该案入选《人民法院报》评选的"2016年度人民法院十大民事行政案件"、南京法院2016年度十大典型案件，可见其社会影响力。本案中，原告的父亲顾某认为其所在的吉庆家园应归属更近的新城小学北分校，而教育部门却将其划到要经过8条马路、8个红绿灯的南湖三小，违反了就近入学原则，故而对建邺区教育局的施教区划分行为提起行政诉讼。该案经历了一审法院认定施教区划分行为乃抽象行政行为，拒绝受理，而后南京市中级人民法院认定其为具体行政行为，要求建邺区法院受理，以及后续二审终审的过程。本案中，建邺区法院认为，建邺区教育局的学区划分总体上符合"就近入学"原则，就近入学本身也不意味着直线距离最近入学，于是驳回了顾某的诉讼请求。南京市中级人民法院驳回上诉，维持原判。就近入学本身也并不意味着直线距离最近入学。但法院同时也认为被诉行政行为"合理性仍存在提升空间，行政机关应尽可能在今后的施教区划分工作中进一步完善程序，提升行政行为的合理性和可接受度"，凸显了学区划分问题上如何更好地保障教育公平的思考。

透过顾某案，其诉求的本意是真正的"就近"，还是追求更优质的教育资源？笔者在此不做无端猜测。但一个可能的趋势是：借助就近入学制度而积极主张权益保障的现象将越来越多。在通过教育资源均衡达到教育公平这个目标之前，围绕学区划分中的教育公平需要特别关注以下问题。

（1）学区划分的科学性与合理性问题

学区划分是教育资源在空间上的分配。根据《义务教育法》规定，学区划分应遵循就近入学的原则、有利于促进义务教育学校均衡发展的原则及相对稳定的原则，以实现义务教育阶段就近入学和社会秩序稳定。学区划分中，新学校的规划需要全面考虑相关因素，包括选址和服务范围问题。前者包括选址依据及影响因素如规划用地、适龄人口密度等，后者则需要通过一定方法避免教育资源的配置失衡。老学校的学区调整除了部分区域变动因素外，更多的是教育资源的原因，如配套学校尚未到位等。由于学区划分关乎个人权益，因此其科学性和合理性始终是义务教育领域的热点问题。近些年来，伴随着GIS技术在城市规划中的广泛运用，其强大的空间数据处理能力被逐渐认可，并被运用于中小学布局规划，通过定量和定性分析方式，为其提供可视化分析结果，利于提高学区划分的科学性。

（2）学区划分中的公众参与问题

目前，学区划分的方案基本都已经做到网上公开或以其他方式公开，但学区划分过程基本都是教育行政部门按照一套内部的工作流程来操作，公众参与度明显不足，从而引发"是否暗箱操作"的质疑。因此，如何在广泛听取社会各方意见的基础上完善学区划分实施方案是提升就近入学中教育公平的重要环节。诚然，正如姜明安老师在点评顾某案时所说："'广泛听取意见'的'广泛'，不一定及于每个相对人，行政有一定的裁量空间。"学区划分具有一定的专业性，并需根据学校布局及适龄儿童、少年的数量和分布状况综合考虑，但划片过程和结果的公开，可以更好地体现这一工作的民主性和科学性，也是教育法治的应有之义。当然，最完善的学区方案也无法避免个别的特殊情况，对此，应健全权利救济途径，体现权利的无漏洞保障。

（3）学区学龄人口的预测问题

人口预测就是根据现有的人口状况并考虑影响人口发展的各种因素，按照科学的方法，测算在未来某个时间的人口规模、水平和趋势。人口预测为社会经济发展规划提供重要信息，预测的结果可以指明经济发展中可能发生的问题，以帮助制订正确的政策。在义务教育领域，以学龄人口的预测为基础，对教育资源需求情况进行测算，分析其匹配度及是否存在缺口等在学区划分和教育资源的分配中至为重要。如校舍等教育设施需求预测、学位和班额需求预测、师资需求预测、教育经费需求预测等。在影响人口预测的因素中，有关人口情况的政策如计划生育政策、城镇化、外来人口等均是重要的影响因素。如在外来务工人员较多的城市，其义务教育压力显然更大。此外，基于名校效应的生源数量变化也不容小视，需提前做好人口预测，及时采取疏导对策，近年来各地义务教育的招生预警即为一例。如针对部分地区出现学区内户籍生入学爆表的现象，浙江省教育厅于2018年发布《关于建立义务教育阶段公办学校户籍生入学信息发布和预警机制的指导意见》（浙教基〔2018〕100号），要求"各地教育部门要对户籍生入学信息进行历史趋势分析和动态情况分析，及时进行研判，设定两道警戒线。一般情况下，招生当年对采集的学区适龄户籍生人数达到招生规模人数90%及以上比例的学校，界定为突破第一道警戒线，应发布户籍生入学黄色预警；达到招生规模人数100%及以上比例的学校，界定为突破第二道警戒线，应发布户籍生入学红色预警。未来1至3年，对采集的学区适龄户籍生人数达到招生规模人数90%及以上比例的学校，界定为突破第一道警戒线，可提前发布户籍生入学黄色预警；达到招生规模人数100%及以上比例的学校，界定为突破第二道警戒线，可提前发布户籍生入学红色预警"，这对于引导家长理性购房和迁户、促进招生工作平稳有序开展非常必要。

当然，预警机制也只能解决招生秩序问题，从根源的角度，仍然需要重视资源的均衡问题。2013年，党的十八届三中全会发布《中共中央关于全面深化改革若干重大问题的决定》，明确提出"试行学区制"。作为我国义务教育阶段体制和机制创新的重大举措之一，学区制在全国多个省区市陆续进入"试水"阶段。所谓学区制，简单地说就是通过"捆绑"机制，强校和弱校共同发展，从而实现义务教育均衡化。而显然，学区划分中的平等保障仍然有赖于教育均衡，只有等到家门口的每一所学校都是好学校，教育公平才能真正实现。

**（二）生源类型与就近入学平等保障**

在有关就近入学平等保障的话题中，除却资源不均衡的原因和现象外，基于不同生源的类型差异，其入学安排亦有区别，从而也带来平等权保障问题，这在生源较多的部分城市尤为突出。根据各地招生文件和实地调研，义务教育生源类型及入学安排一般包括以下几种。

1.户籍生

在户口所在地上学的，称为本地户籍生。根据《义务教育法》的规定，适龄儿童、少年在户籍所在地或法定监护人工作或者居住地就近入学，因此，户籍作为法定的入学安排依据，在实践中始终得到执行。基于生源与教育资源之间紧张度的差异，有的地方对于落户时间没有规定，而有的地方则要求至少一年，一些资源特别紧张的大城市要求更高。当然，在资源紧张的地方，即使是户籍生，其入学也会受户房是否一致的影响。

（1）户房一致下的入学安排。即户口、住址和父母的《房屋所有权证》或《不动产权证书》（规划用途须为住宅）相一致，也称"人户一致"。户房一致一般优先安排入学，即第一顺位。但实践中也会出现各种复杂情形，如孩子的户口在祖父母或外祖父母名下并一起居住、户房一致但实际并不居住、房屋产权与他人共有导致一个房子名下有多位适龄儿童和少年、房子处于抵押状态、房子正处于被拆迁阶段、房子性质为营业房或商业房等。对此，除了需要提交产权证明外，有的地方也根据实际情况进行限定，如非住宅用房的产权证不能作为入学报名依据；限定同一套房子的生源名额，如三年一个名额；或者明确共有房屋的份额应不少于50%等；房屋正被拆迁的，可用安置协议书报名等。杭州市市区以"三一致"为原则，即户籍学龄儿童户口，与父母户口、家庭住房（父母有房产的，以父母房产证为依据认定）三者一致者，由教育服务区学校优先安排入学。

（2）户房不一致下的入学安排。如父母无房产且三代同住、有户无房或户口与房子不在同一个区域等。如北京市2019年的政策里就规定：对于本市户籍无房家庭，长期在非户籍所在区工作、居住，符合在同一区连续单独承租并实际居住3年以上且在住房租赁监管平台登记备案、夫妻一方在该区合法稳定就业3年以上等条件的，其适龄子女可在该区接受义务教育。具体办法由各区人民政府结合实际情况制定。

总体而言，在户籍生的入学安排中，户房是否一致决定了学龄儿童能否优先安排入学，实践中"一表生二表生三表生"的概念便由此而来。如以杭州为例，其中户口与父母户口、家庭住房（父母有房产的，以父母房产证为依据认定）三者一致，都在本小学教育服务区，这就是通常所说的"一表生"。在"一表生"生源爆表的情况下要根据落户年限来排序。而如果学龄儿童自出生日起在本市的祖父母（外祖父母）家，且祖父母（外祖父母）住房在本小学教育服务区，这就是通常所说的"二表生"。第三类情况是，学龄儿童有杭州市主城区户籍，但不属于上述两类，这就是通常所说的"三表生"。二表生、三表生碰到教育资源不足时，也会面临调剂问题。另外，在"公民同招"以后，一表生报民办学校而未被录取的，按照"同类靠后"的原则，安排在一表生后、二表生前。

2.非户籍生

即户籍不在所在生活区域的学生。由于各地对于落户条件有着不同的规定，非户籍生的范围亦有所不同，但最主要的是外来务工人员随迁子女。相关资料显示，随迁子女在城市长期居住已经趋于常态，经济发达地区如北京、上海、广州等地的比例更高，对当地教育资源的承受能力是个极大的挑战。相当长一段时间来，公办学校过高的门槛和相对有限的容量使大部分随迁子女被挡在公办教育之外，民办打工子弟学校成为其主要的入读学校，在一定程度上缓解了其受教育问题，但部分学校也存在办学规范问题。伴随着居住证制度的实施，积分入学为随迁子女的入学提供了更多可能。2016年，国务院办公厅发布《推动1亿非户籍人口在城市落户方案》（国办发〔2016〕72号），"要求保障进城落户农民子女平等享有受教育权利，确保与城镇居民同城同待遇，并要求加快完善全国中小学生学籍信息管理系统，为进城落户居民子女转学升学提供便利"。但基于不同的资源压力，目前农民工随迁子女的就近入学问题仍有待进一步解决。以浙江省杭州市萧山区为例，自2018年实行居住证入学政策以来，2019年已经逐步过渡到基本上按照居住证就读公办学校，但由于资源问题，还存在部分镇街未能全部落实的情形。也有些街道大部分的外来务工人员子女都不能安排进入公办学校，只能落实到民办随迁子女学校就读。此外，"公民同招"政策的实施会否影响其入学也需关注。

3.政策性照顾学生

该类学生没有户籍，但属于被政策照顾的群体。笔者较为粗线地梳理了各地的政策，发现政策性照顾学生主要有以下几种：

（1）优抚类群体子女，如烈士、现役军人等的适龄子女。如《中共浙江省委、浙江省人民政府、浙江省军区关于进一步加强双拥工作的意见》规定："夫妻双方均为海边防部队现役军人的子女和革命烈士子女，需到监护人所在施教区学校借读的，教育部门要安排就近入学并免收借读费。"《2020年广州市义务教育阶段政策性照顾学生清单》中，优抚类群体包括烈士、因公牺牲军人、病故军人及现役军人的适龄子女；合法领养或家庭寄养的孤儿及父母均长期患重病或失去监护子女能力的残疾人委托本市监护人照顾的适龄子女。①杭州市2020年义务教育阶段学校招生入学工作通知中的优抚对象包括：驻杭部队军人子女；直系亲属或者其他法定监护人户籍在本市的下列儿童少年：烈士子女和因公牺牲军人子女、一至四级残疾军人子女、平时荣获二等功或者战时荣获三等功以上奖励的军人子女；驻国家确定的艰苦边远地区和西藏自治区，解放军总部划定的三类以上岛屿，以及在飞行、潜艇、航天、涉核等高风险、高危险岗位工作的军人子女。

根据2012年《国务院办公厅转发民政部等部门关于加强见义勇为人员权益保护意见的通知》（国办发〔2012〕39号），见义勇为人员子女的义务教育也应该纳入这一类别，文件明确要求"将见义勇为死亡或致残人员适龄子女按照就近入学的原则安排在公办学校就读"。

（2）特殊行业群体子女。如广州市的包括：父母均为从事地质勘探等长期野外工作，委托本市监护人照顾的适龄子女；殡葬工人的适龄子女；从事承担政府环卫作业工作服务连续两年及以上的环卫临时工适龄子女；进藏干部职工子女等。杭州市对此的规定是"父母在我国驻外机构工作或因公派往并长期在国外工作，或父母双方均在野外地质勘查部门工作，户籍所在地确实无人照顾，需由本市亲属照管或寄养在本市的儿童少年"。对于进藏干部职工子女入学问题，教育部、国家发展和改革委员会、财政部于2011年出台《关于进藏干部职工子女内地就学享受当地生源同等待遇的意见》（教民〔2011〕8号）认定"进藏干部职工子女范围为：西藏和平解放以来进藏工作的非西藏籍贯干部职工子女，包括进藏在职、离退休国家机关、社会团体、事业单位、国有企业（含国有股份制企业）、驻藏部队（武警部队）、在藏投资注册并实际经营三年以上非公股份制企业进藏工作干部职工（含西藏驻内地办事机构、学校、国有企业）子女。在政策待遇上，进藏干部职工子

---

① 小升初网.升学方式：非户籍生怎么读公办？除了积分入学，你还可以走这条路[EB/OL].（2020-04-02）[2021-05-14].https://baijiahao.baidu.com/s?id=1662856498223236213&wfr=spider&for=pc.

女在父母原籍所在地或父母房产所在地接受学前、小学、初中、高中阶段教育的，所在地教育行政部门要按规定将其安排到当地公办学校学习，并享受当地生源同等待遇"，体现了对这一群体的特别关照。伴随着扶贫工作的进一步拓展，援助干部子女的范围也在地方实践中拓宽。如温州市龙湾区即将"区委、区政府委派的援藏援疆援川及援外的干部子女"列入其中，这有助于这些干部安心做好援助工作。

（3）人才群体子女。关于高层次人才，人力资源和社会保障部、教育部、科学技术部早在2007年就印发了《关于建立海外高层次留学人才回国工作绿色通道的意见》（国人部发〔2007〕26号），至今有效。根据文件，"随迁子女入托及义务教育阶段入学，由其居住地教育行政部门按照就近入学的原则优先办理入、转学手续，不收取国家规定以外费用"。国家发展和改革委员会、科学技术部、工业和信息化部等《关于支持老工业城市和资源型城市产业转型升级的实施意见》（发改振兴规〔2016〕1966号）要求保障产业转型升级示范园区创新创业人员随迁子女平等就近入学，为人才提供宜居宜业的创新创业环境。从地方政策看，则往往根据地方需求确定人才范围并保障其子女的受教育权。如杭州市政策性安排的人才子女为：符合《关于杭州市高层次人才、创新创业人才及团队引进培养工作的若干意见》（市委〔2015〕2号）规定引进的高层次人才、创新创业人才子女和省委人才办认定的在杭省部属单位引进的高层次人才子女；持有《杭州市特聘专家证书》、属地为本市的《浙江省海外高层次人才居住证》或属地为本市的《浙江省引进人才居住证》的引进人才子女；工作地为本市的回归和引进浙商子女；广州市的规定为：按规定引进的博士、博士后、外国专家的适龄子女；来穗工作的留学人员的适龄子女；属引进人才并持《广东省居住证》有效期三年及以上人士的子女；高层次人才子女（含海外）；"优粤卡"持有人未成年子女；广州市人才绿卡持有人随迁子女；优秀异地务工人员子女。

（4）境外群体子女，包括海外华侨华人、台胞子女等。浙江省教育厅、浙江省人民政府侨务办公室《关于进一步做好华侨华人子女回国就读中小学和幼儿园工作的若干意见》（浙教基〔2010〕150号）即规定"回国读书的华侨子女享受与本地户籍适龄儿童入学的同等待遇，在监护人户籍所在地学校就近入学"。广州市则包括海外华侨华人子女、持《外国人永久居留身份证》的外籍人员随迁子女（含未成年的持证人本人）、台胞子女、有突出贡献的港澳人士的适龄子女、驻穗领事馆等外交人员的适龄子女。杭州市则为"在本市居住的港澳台、外国籍儿童少年"。对于境外群体类，各地的政策也有所不同，如广州市明确表示其属于照顾性生源，这意味着可以在入学问题上得到保障，杭州市规定"可以在本市申请就读"，而如上海浦东区对于来自香港、澳门、台湾地区的适龄儿童、少年及外籍适龄儿童、少年，一般不予特别照顾，视学校招生情况统筹安排入学。

（5）特定群体类。如残疾儿童、少年，流浪未成年人等。民政部、中央综治办、教育部等关于在全国开展"流浪孩子回校园"专项行动的通知里就要求开展合力保学，"对暂时查找不到监护人和户籍地的，应当帮助其在流入地就近入学"。而对于残疾儿童、少年，早在1994年，《国家教育委员会关于开展残疾儿童少年随班就读工作的试行办法》就提出"残疾儿童少年随班就读，应当就近入学。在城市和交通便利的地区，也可以相对集中在指定学校就读"。从地方政策看，《杭州市政府关于对残疾人实行优惠扶助若干规定的通知》明确"优先照顾残疾人子女及残疾儿童、少年就近入学入托"（杭政发〔2001〕147号），上海浦东区的做法则是"有特殊教育需求的残疾儿童可直接到浦东新区特殊教育学校、浦东新区辅读学校、浦东新区致立学校或浦东新区观澜小学、浦东新区高行小学、浦东新区新场实验小学、浦东新区书院小学、上海市宣桥学校开设的特教班申请入学"。

此外，部分地方在某一阶段基于特殊考虑也对部分特殊生源予以考虑，如浙江省嘉兴市规定"对县（市、区）运动员的学生，可按就近入学、方便训练的原则安排就读"①，温州市龙湾区将省绿叶奖获得者、区级及以上劳动模范子女、对龙湾区教育事业有较大贡献者子女也作为照顾对象（温龙教基〔2019〕24号）。也有的地方基于当地投资需求而将之与就近入学关联，这类阶段性政策由于存在公平性争议而日渐减少，不予特别照顾成为常见的做法，如《浙江省教育厅关于实施支持浙商创业创新促进浙江发展教育方面配套政策的通知》（浙教基〔2011〕166号）中即规定："按照'欢迎就读、一视同仁、根据特点、适当照顾'的原则，海外回归浙商子女可在监护人户籍所在地或实际居住地学校就近入学，也可到监护人户籍所在地或实际居住地集中接受华侨华人子女的学校入学。"

从各地的做法来看，政策性照顾学生在优先入学时一般均需提供佐证材料，如香港、澳门、台湾地区的学生需持本人香港或澳门永久性居民身份证、中华人民共和国港澳居民居住证、中华人民共和国台湾居民居住证或港澳居民来往内地通行证、台湾居民来往大陆通行证和本市境外人员住宿登记表，外籍学生持本人有效签证外国护照（须有中华人民共和国外国人居留许可页，且有有效往来签证）和《本市境外人员住宿登记表》。政策性照顾学生范围多体现于当年的招生方案，像广州市公开列出清单的尚不普遍。以公开清单为基础，广州市区级教育部门亦敢于公示录取学生名单，②这在全国更为少见，这显然是增强招生工作透明度和可接受性、推进教育公平的做法，值得各地借鉴推广。

### 4.其他群体

一般指的是既没有当地户籍也没有当地学籍，同时父母又不在当地居住

① 嘉兴市人民政府办公室关于进一步推进我市"体教结合"工作的通知（嘉政办发〔2012〕47号）。

② 广州市海珠区教育局.2020年海珠区义务教育阶段政策性照顾学生名单公示（小学）[EB/OL].（2020-06-05）[2021-05-19]. http://www.haizhu.gov.cn/gzhzjy/gkmlpt/content/5/5888/mpost_5888947.html.#1883.

和工作的外地人士子女。相对而言，该群体学生的入学安排在位次上更靠后一些，在教育资源不紧张的地方则会相对顺利。

**（三）地方实施就近入学平等保障中的难点和创新**

1.地方实施就近入学平等保障中的难点问题

回顾新中国成立以来我国义务教育就近入学的实施情况，取得的成绩有目共睹，教育部发布的2019年全国教育事业发展统计公报显示：截至2019年底，我国"义务教育阶段学校共有21.26万所，招生3507.89万人，在校生1.54亿人，专任教师1001.65万人，九年义务教育巩固率为94.8%"[1]。在义务教育均衡发展方面，督导评估显示，"全国共有23个省份整体通过了国家认定，占71.9%，累计2767个县（市、区）通过国家认定，占95.3%"。对2013—2018年通过认定的2708个县进行的年度监测复查结果表明，"绝大多数县义务教育基本均衡发展态势向好，99.2%的县小学和初中校际综合差异系数保持在标准值之内"[2]。义务教育基本均衡大幅度提高，体现了从中央到地方推进义务教育就近入学及其公平的努力和成效。但同时，基于现实情况的复杂性，地方政府及其教育部门在实施就近入学工作中也存在客观的难点。根据笔者的了解和调研，工作难点主要体现在以下几个方面。

（1）有限资源与教育公平的矛盾问题。这是普遍性难点，也是根源性难题，具体体现在两个层面：一是在外来务工人员随迁子女较为集中的区域，如何保障其"就近"入读公办学校问题，这是关乎其受教育权保障的重大问题，也是其基本公共服务有无保障的问题。这一问题在一些大中城市或特定区域尤为突出。尽管目前也在居住证制度下采取了积分入学等方式，但人口

---

[1] 教育部等十部门关于进一步加强控辍保学工作健全义务教育有保障长效机制的若干意见（教基〔2020〕5号）。九年义务教育巩固率是指初中毕业班学生数占该年级入小学一年级时学生数的百分比。

[2] 教育部介绍2019年全国义务教育均衡发展督导评估有关情况[EB/OL].（2020-05-20）[2021-05-19]. http://www.gov.cn/xinwen/2020-05/20/content_5513328.htm.

的流动性造成积分入学的方式不稳定，当地教育部门的入学压力相对较大；二是如何协调优质资源有限与民众追求优质而公平的教育之间的矛盾。在优质资源的均衡需要相当时日的现实下，这一难题的解决显然也在很大程度上考验着各级政府的智慧和能力。

（2）区域规划和政策变动下的平等保障问题。与常态下的教育资源不足带来的就近入学问题不同的是，这一类情况对于就近入学平等保障的冲击属于变化型，即区域规划和政策变动往往带来生源的变化，前者如城中村改造、大企业搬迁、行政区划变动等，后者如计划生育政策、人才政策等，往往涉及较多的适龄人口变动，从而在人口与教育资源间造成紧张关系，带来就近入学平等保障问题。如杭州市萧山区的资源不足主要集中在北干区域和蜀山区块，原因是上述区域内城市化进程加快，新建了大量楼盘，加上人才落户政策进一步放宽，导致户籍人口大量新迁入。另外比较紧张的几个阶段则是因为楼盘开发交付数量较大，部分产业升级，人口集聚加速，户籍人口、常住人口增加量极大，而教育资源的增加跟不上人口增加的速度，从而造成就学紧张。从解决的方案看，多先是采用扩班的方式，但这并不能从根本上解决问题。从政府的角度只能加快建设、增加供给、扩容增量、盘活存量及调整布局等。由于涉及生源数量较大的变化，一旦处理不当，非常容易造成舆情事件，这也是地方政府工作中的难点。

（3）因学校布局原因而产生的平等保障问题。伴随着经济发展，我国义务教育学校的布局呈现两个基本的特点：一是在人口流动加快及适龄儿童增加的大背景下，城市学校的大班额及调剂入学下的"就近"平等问题；二是农村一些地方乡村学校建设规划与城镇化进程脱节，没有预见到人口流动和计划生育对生源的影响，以及乡村学校教学质量问题等所导致的"空心化"现象，从而导致教师流失等所带来的入学平等问题。

上述义务教育实施中的难点问题，有的需要在中央及地方职责分工的基础上予以解决，而有的则需要借助地方的实践创新、稳步解决。

2.地方实施就近入学平等保障中的实践创新

作为实施义务教育的责任主体，地方政府在解决就近入学平等保障难题、落实就近入学平等保障工作中具有重要职责。走访地方教育部门发现，其在就近入学平等保障的工作思路上，多秉承符合政策、尊重传统、尽量减少问题的基本方向。而从具体做法来看，主要有以下创新。

（1）"零择校"。如前所述，就近入学是义务教育的基本原则，是地方政府应当履行的保障职责。而从入学安排秩序的角度，在所安排的学区内就近上学亦已成为基本的规则而被遵守。但在相当长一段时间内，禁止跨学区择校的政策要求与"以钱择校""以权择校"的实际情况并存，无法从根本上解决这一不公平现象。安徽省铜陵市以加强"薄弱校"基础设施建设、校长教师轮岗交流、优先强化"薄弱校"信息设备等措施为基础，率先在全国实现了"零择校"，为2014年教育部在19个城市试点"零择校"提供了良好的基础。尽管很多城市的"零择校"未必是资源均衡上的家长主动放弃择校，反而变成一种简单的强制性手段，但"零择校"直观的表述及对就近入学公平的推进仍然有其积极意义。

（2）改革中考制度，将重点高中名额按比例下放到初中。升学考试成绩始终是义务教育尤其是初中义务教育阶段的指挥棒，拒绝就近入学的"择校"基本均与此关联。基于此，改革中考制度成为不少地方政府均衡资源、推进公平的选择。如浙江省从2007年开始要求把重点高中招生名额按一定比例分配到初中学校，并逐步扩大分配比例。从2018级学生开始，优质示范普通高中学校分配比例不低于60%。广州市从2011年起探索实行优质高中学校招生名额合理分配到区域内的初中学校，并推进特色高中自主招生改革试点。这也意味着孩子在不同的起跑线上将有更多公平的机会一起奔跑。

（3）优化学区规划。一是针对学校布点规划存在人口预测不够准确、学校空间布点失衡和学区划分与布点规划脱节、资源分布不均衡等问题，通过优化学区规划推进教育公平。如由于历史原因，南京市秦淮区的教育资源布局存在西强东弱的情况。2018年，该区对东部地区进行教育优化，其中包括：新建区域内多所中小学实施小学名校联盟化管理。通过优化教育规划，将"草校变名校"，更好地体现优质教育公平。[①]二是实行大学区制度。这是指改变以往一校一学区的传统安排，根据相对就近、教育均衡程度相当、学校相对集中、九年一贯对口的要求，结合区域实际情况，积极探索以社区、街道等为片区设置大学区，家长可自愿在学区内为孩子报读2~3所学校，按志愿次序和积分高低依次录取。如深圳市在2015年尝试通过大学区制度下的摇号分配学位，希望以一定范围内的随机性降低学位房的重要性，也使区内学校渐趋均衡，其创新性显而易见。当然，由于触及拥有学位房的家庭的利益，其难度也不言自明。2017年，北京市为了遏制不停上涨的学区房热度，出台新规，继续扩大多校划片，按大学区招生。从大学区制度推进教育工作的作用来看，主要有三个方面：第一，在赋予学生选择权的同时体现了程序公正。如北京市朝阳区在小学入学上，有配套学校的小区均纳入目前现有小学的固定服务范围。在具体实施方法上，就近几所学校组成1个片区，片区空余学位，通过电脑派位方式安排无配套小区学生入学。相邻2~3个片区组成1个学区，片区学位不足时在学区内统筹，仍采取电脑派位入学。第二，有助于学区的稳定。实行单校划片时，学校划片范围几乎每年都在调整，在"大学区"，如果某一学校学位不够，可以调剂到"大学区"的其他学校。第三，大学区制度可以让房产和学位逐渐脱钩，让教育回归公平，这对于全国其他城市的学区划分有很强的指导意义。

（4）多元教育均衡举措并举。一是新名校集团化。如杭州市积极探索优

---

① 365南京二手房.草校变名校，秦淮区优化教育规划，一大批二手房变成名校学区！[EB/OL].（2018-11-08）[2021-05-19]. https://m.sohu.com/a/274124675_236819.

质教育资源供给模式改革，深化实施以"跨域突破、县域盘活、师资融通、技术带动、治理跟进"为主要特征的新名校集团化战略。至2018年底，全市中小学名校集团化覆盖率达到58.27%，形成城乡之间、区域之间多维推动、相互促进的格局。二是优化师资配置。如杭州连续5年推进县域内义务教育公办学校教师校长交流，累计交流教师、校长1万余名，有力地促进了义务教育师资均衡配置。同时积极扩大优质师资辐射效应，实施"名师乡村工作室"建设项目，全市建成由特级教师、高校教授等领衔的119个名师乡村工作室，紧密扎根乡村开展带教活动，带动乡村基础教育质量整体提升。嘉兴市不断总结名校集团化办学和学校共同体建设经验，建立健全校长"下派"、教师"下沉"、教研"下移"的"三下"机制，推动优质资源流动，促进资源均衡配置等。三是加强信息化运用，推进智慧校园建设。如宁波市适度加强市级财政事权和支出责任，提高对义务教育的财政转移支付力度，力争到2022年，在全市70%的县（市、区）创建成功。①

（5）加强对特定群体的关心。如衢州市不断优化农村留守儿童、离异单亲等特殊家庭儿童关爱体系，积极建立多种托管服务平台和多触角的关爱机制。嘉兴市加速新优质学校培育。加大对新居民子女学校的帮扶力度，加快新居民子女学校标准化创建进程，推动义务教育底部抬升。到2022年，全市将培育50所以上的农村"新优质学校"，每个镇村基层学校实现"一校一名师"。②

纵观我国就近入学平等权保障的实践，可以发现，其成效显著，主要体现在：

第一，通过对以权择校、以钱择校方式的治理促进就近入学上的规则统

---

① 浙江教育报.浙江义务教育改革创新再出发|各设区市教育局党委书记、局长谈谈他们的新思路[EB/OL].（2019-10-09）[2021-05-19].https://www.sohu.com/a/345836913_387120.

② 浙江教育报.浙江义务教育改革创新再出发|各设区市教育局党委书记、局长谈谈他们的新思路[EB/OL].（2019-10-09）[2021-05-19].https://www.sohu.com/a/345836913_387120.

一，在一定程度上推进了形式平等。

第二，通过教育资源均衡，在就近入学的根源性问题解决上取得了较好成效，也是促进就近入学平等保障的正确方向。

第三，通过对农村学校、外来务工人员子女的倾斜性保障，在就近入学实质平等的保障上得到进一步推进。

第四，对就近入学平等保障的主体面不断扩大，典型地体现于进一步放开港澳台籍儿童、少年的入学政策。

同时也可发现，就近入学平等保障也尚存一些问题和亟需解决的难题，如因优质教育资源均衡问题而导致的学区房问题、外来务工人员子女的就近入学问题、农村教育质量提升问题等。同时，伴随着教育信息化的推进，由此产生的新教育公平问题亦需重视和快速反应、提前谋划，避免进一步扩大公平差距。此外，在严格执行就近入学与保障受教育方式的选择权、多片划分学区与就近的矛盾等均需在具体的实践中予以回应。

### 三、就近入学平等权保障的满意度调研

在就近入学实施了30多年后，在中央和地方各级政府努力推进平等保障的今天，老百姓的满意度到底如何？对此，课题组进行了问卷调研，希冀可以作为反映和推进该项工作的参考。

#### （一）调查对象及方法

##### 1.调查对象

本次调查面向与就近入学政策息息相关的家长。为了能够了解广大小学生、初中生家长对于就近入学的平等保障满意度情况，本次家长满意度调查研究发放问卷共计1103份，其中总体有效问卷1085份，有效问卷比例高达

98.37%。调查地区分布于全国范围内19个省（自治区、直辖市），共54个市县，调查对象覆盖面较广。具体信息情况如下：

（1）家长性别：女性家长占70.99%，男性家长占29.01%。

（2）家长年龄：参与本次调查的家长主要集中于36~45岁这一年龄段，占比58.57%；25~35岁的年轻家长占比达29.19%，其次是46~55岁的家长，占11.24%，56岁以上的占1%。

（3）家长职业：本次调查对象来自各行各业，具体职业分布见图3.1。

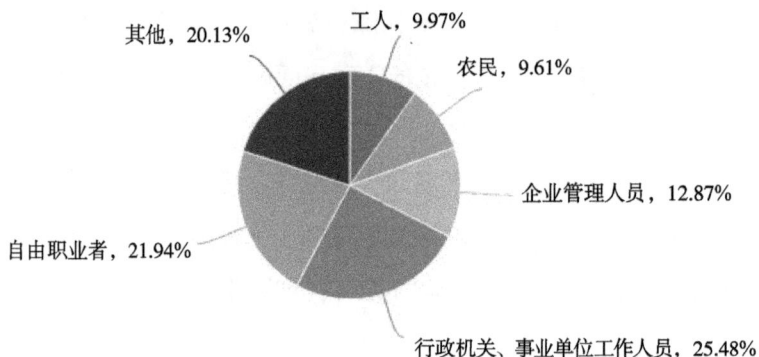

图 3.1　家长职业分布

（4）家长文化程度（见表3-1）

表3-1　家长文化程度

| 文化程度 | 人数 | 比例/% |
|---|---|---|
| 小学及以下 | 71 | 6.44 |
| 初中 | 262 | 23.75 |
| 高中或中专 | 188 | 17.04 |
| 大专或大学本科 | 443 | 40.16 |
| 硕士及以上 | 139 | 12.61 |
| 总计 | 1103 | |

（5）家庭年收入（见表3-2）

表3-2　家庭的年收入

| 年收入/万元 | 人数 | 比例/% |
|---|---|---|
| 10以下 | 325 | 29.47 |
| 10~<20 | 363 | 32.91 |
| 20~<30 | 154 | 13.96 |
| 30~<50 | 133 | 12.06 |
| 50~<100 | 89 | 8.07 |
| 100及以上 | 39 | 3.54 |
| 总计 | 1103 | |

（6）孩子性别（见表3-3）

表3-3　被调查者孩子的性别

| 孩子性别 | 人数 | 比例/% |
|---|---|---|
| 男 | 572 | 51.86 |
| 女 | 531 | 48.14 |
| 总计 | 1103 | |

（7）孩子所在年级（见表3-4）

表3-4　孩子所在年级

| 年级 | 人数 |
|---|---|
| 小学一年级 | 196 |
| 小学二年级 | 115 |
| 小学三年级 | 128 |
| 小学四年级 | 86 |
| 小学五年级 | 139 |
| 小学六年级 | 119 |
| 初中一年级 | 81 |
| 初中二年级 | 68 |
| 初中三年级 | 65 |
| 无效数据 | 106（本题为填空题，有106份问卷未填写） |
| 本题应填写总人数 | 1103 |
| 本题填写有效人数 | 997 |

### 2.调查方法

本次调查采用问卷形式进行，在问卷星平台发放问卷。调查问卷围绕家长基本信息、家长对于就近入学满意度、家长对于就近入学平等保障满意度三方面展开，共设计了31道题，调查问卷见本书附录。

### （二）调查结果分析

### 1.家长对于就近入学的满意度

本次调查结论显示，参与本次调查的家长中其孩子就读学校性质为公办的占比为85.68%，为民办的占比14.32%。结果显示，在当下，公办学校仍是绝大多数家长的选择。

在就读公办学校的孩子中，86%属于户籍生，仅有14%不属于户籍生；户籍生中户房一致的生源占比92.62%，户房不一致的生源占比仅7.38%。户房不一致主要有以下三个原因：一是父母在外务工，孩子跟随父母去外地上学，占比43.94%；二是因各种因素而成为跨区域择校生，占比46.97%；三是有极少数为人才子女、烈军属子女、海外华侨华人、港澳台地区子女、借读生等特定群体，占比9.09%。

问卷通过对家与学校之间的距离、孩子上下学方式、家长对于"就近"的理解和满意度等问题的设计，收集到如下数据（见表3-5、表3-6、表3-7、表3-8、表3-9、表3-10、表3-11）。

表3-5　孩子就读学校与家的大致距离

| 距离 | 人数 | 比例/% |
|---|---|---|
| 3千米以内 | 698 | 63.28 |
| 3~5千米 | 224 | 20.31 |
| 5千米及以上 | 115 | 10.43 |
| 没有特别注意 | 66 | 5.98 |
| 总计 | 1103 | |

表3-6　孩子平时上下学方式

| 上下学交通方式 | 人数 | 比例/% |
|---|---|---|
| 步行 | 344 | 31.19 |
| 自行车等非机动车接送 | 316 | 28.65 |
| 私家车接送 | 331 | 30.01 |
| 校车接送 | 31 | 2.81 |
| 公共交通 | 81 | 7.34 |
| 总计 | 1103 | |

表3-7　家长如何理解"就近"

| 对"就近"的理解（单选） | 人数 | 比例/% |
|---|---|---|
| "就近"就是离家最近 | 576 | 52.22 |
| "就近"是相对而言的，未必就是离家最近 | 399 | 36.17 |
| 没有特别考虑过这个问题，相信政府安排的就是"就近" | 128 | 11.61 |
| 总计 | 1103 | |

表3-8　家长认为孩子入学是否是就近入学

| 选项（单选） | 人数 | 比例/% |
|---|---|---|
| 是 | 855 | 77.52 |
| 不是 | 126 | 11.42 |
| 说不上 | 122 | 11.06 |
| 总计 | 1103 | |

表3-9　家长对"就近"与"学校"的优先选择

| 选项（单选） | 人数 | 比例/% |
|---|---|---|
| "就近"优先，因为上学方便很重要 | 330 | 29.92 |
| "学校"优先，因为学校教学质量更重要，远一点没有关系 | 773 | 70.08 |
| 总计 | 1103 | |

表3-10　对目前的就近入学安排是否满意

| 选项（单选） | 人数 | 比例/% |
|---|---|---|
| 满意 | 852 | 77.24 |
| 不满意 | 57 | 5.17 |
| 说不上 | 194 | 17.59 |
| 总计 | 1103 | |

表3-11 对就近入学不满意的原因

| 选项（单选） | 人数 | 比例/% |
|---|---|---|
| 距离没有体现"就近" | 14 | 24.56 |
| "就近"的学校不理想 | 43 | 75.44 |
| 总计 | 57 | |

上述调查结果显示：

（1）63.28%的孩子就读学校与家的大致距离在3千米以内，由此可以得出结论：大多数的孩子上学的距离在3千米以内，属于就近入学。但仍有10.43%的孩子上学距离在5千米以上，属于远距离就学。就目前现状而言，远距离就学原因大致有三：一是在农村部分地区学校分布较少，孩子上学距离较远；二是城市地区部分家长选择距离家较远的私立学校；三是就近入学政策实施还未达到最优效果。

（2）家长们对"就近"的理解不一。有过半数的家长们认为"就近就是离家最近"，仅有36.17%的家长们认为"就近是相对而言的，未必就是离家最近"，另还有11.6%的家长"没有特别考虑过这个问题，相信政府安排的就是就近"。这一数据表明：从就近入学政策的实施来看，很多孩子所分配到的学区的确是最近的，同时也说明很多家长对就近入学的期望值还是"离家最近"。

（3）家长们对就近入学的满意度较高。77.52%的家长们认为孩子入学情况属于就近入学，说明绝大多数家长对就近入学政策的实施是满意的。但认为"不是"和"说不上"就近入学的家长比例仍占22.48%，说明就近入学还存在一些问题需要解决。

（4）家长们对教学质量的关心优于"就近"。在不满意就近入学安排的家长中，75.44%的家长不满意的原因是就近的学校不理想，可以看出相较于距离的远近，家长们更加重视教学质量，也可见优质教育资源均衡对于就近入学满意度的影响。

2.家长对于就近入学平等保障的满意度

（1）关于就近入学的平等问题

对此，课题组主要从以下题目切入，并获得了相应的调研数据（见表3-12）。

表3-12　如何理解就近入学的平等

| 选项（单选） | 人数 | 比例/% |
|---|---|---|
| 同一区域孩子就读学校的距离相近 | 333 | 30.19 |
| 同一区域孩子就读的学校教育质量一样好 | 402 | 36.45 |
| 城乡孩子就读的学校一样好 | 64 | 5.80 |
| 所有孩子具有同样的就近入学机会 | 304 | 27.56 |
| 总计 | 1103 | |

表3-13　目前的就近入学安排是否平等

| 选项（单选） | 人数 | 比例/% |
|---|---|---|
| 平等的，统一按规定来安排，不能择校了 | 521 | 47.23 |
| 不平等，城乡之间、区域之间、学校之间的教育资源不均衡 | 318 | 28.83 |
| 不平等，户籍和房子还是能优先入学 | 123 | 11.15 |
| 说不好 | 141 | 12.79 |
| 总计 | 1103 | |

表3-14 就近入学的平等应体现的学校类型

| 选项（单选） | 人数 | 比例/% |
|---|---|---|
| 公办学校 | 533 | 48.32 |
| 民办学校 | 31 | 2.81 |
| 公办学校和民办学校都应体现 | 539 | 48.87 |
| 总计 | 1103 | |

表3-15 如何看待"学区房"现象

| 选项（单选） | 人数 | 比例/% |
|---|---|---|
| 是正常的社会现象，其他国家也有"学区房" | 510 | 46.24 |
| 部分是房产操作的结果，部分体现了教育不公 | 340 | 30.83 |
| 是义务教育不平等的产物 | 253 | 22.93 |
| 总计 | 1103 | |

表3-16 可以从哪些方面入手改变"学区房"现象

| 选项（多选） | 人数 | 比例/% |
|---|---|---|
| 通过集团化办学均衡教育资源 | 583 | 52.86 |
| 通过多校划片均衡教育资源 | 664 | 60.20 |
| 统一摇号确定学区 | 348 | 31.55 |
| 政府严格控制"学区房"价格 | 510 | 46.24 |
| 总计 | 1103 | |

上述调查结果显示：

第一，对于何为就近入学平等，家长们认同度较高的是"同一区域孩子就读的学校教育质量一样好"（36.45%）、"同一区域孩子就读学校的距离相近"（30.19%）；次之的是在教育普遍公平方面的一些思考，如："所有孩子具有同样的就近入学机会"（27.56%）、"城乡孩子就读的学校一样好"（5.8%）。

第二，从总体来看，中小学生家长群体对于目前的就近入学的平等安排满意度不足，认为平等的只占47.23%，而认为"不平等"和"说不好"的超过半数，其中相当一部分源于对教育资源的不甚满意，均衡教育资源急需进一步推进。

第三，对于平等的要求，同时体现于公办学校和民办学校的近半数，说明相当多的家长希望在民办学校招生中也能体现就近入学。

第四，对学区房的理解，超半数的家长认为未能体现教育平等。相关举措中通过集团化办学均衡教育资源、通过多校划片均衡教育资源、统一摇号确定学区、政府严格控制"学区房"价格都占了不小的比例，但均衡资源仍然占比最高。

（2）关于就近入学的平等保障问题

第一，问卷数据显示，公办学校以其教师配置、学校管理、交通等因素受到多数家长青睐（见表3-16、表3-17），他们期待在公办学校中看到更多的就近入学平等。这也是与义务教育的公益性、普惠性特点相匹配，也说明解决义务教育公平问题仍应从公办学校入手，通过政府的积极作为实现平等。

表3-17 在"公民同招"政策下，您会选择公办学校还是民办学校？

| 选项（单选） | 人数 | 比例/% |
| --- | --- | --- |
| 公办学校 | 826 | 74.88 |
| 民办学校 | 146 | 13.24 |
| 无所谓 | 131 | 11.88 |
| 总计 | 1103 | |

表3-18　选择公办学校的主要原因

| 选项（多选） | 人数 | 比例/% |
|---|---|---|
| 学校离家近，交通便利 | 479 | 57.99 |
| 教师素养优良 | 527 | 63.80 |
| 规章制度完善 | 454 | 54.96 |
| 学费压力小 | 291 | 35.23 |
| 政府监督力度大 | 270 | 32.69 |
| 其他，请说明 | 9 | 1.09 |

第二，家长们认可我国义务教育均衡工作的成绩，并通过继续推进教育均衡等举措进一步推进义务教育平等保障。相关数据依据如下：

我国着力提升农村学校和薄弱学校办学水平，全面提高义务教育质量，促进教育公平，义务教育均衡发展巩固提高，取得了显著成效。截至2019年底，全国有2767个县通过了义务教育基本均衡发展督导评估认定，占比达95.32%，提前一年实现了全国95%的县达到基本均衡验收的目标，23个省份整体实现县域义务教育发展基本均衡。对此，家长的评价及建议见表3-19、表3-20。

表3-19　被访家长对义务教育均衡发展工作的评价

| 选项 | 人数 | 比例/% |
|---|---|---|
| 义务教育均衡发展工作成效显著，有力地促进了教育平等 | 392 | 35.54 |
| 义务教育均衡发展工作成效明显，但还要继续推进教育平等 | 455 | 41.25 |
| 第一次看到这些数据，对平等保障工作有了更多了解和信心 | 256 | 23.21 |
| 总计 | 1103 | |

表3-20　应如何进一步推进就近入学的平等保障

| 选项（多选） | 人数 | 比例/% |
|---|---|---|
| 政府积极作为，继续推进教育均衡 | 880 | 79.78 |
| 政府及时公开教育信息，增进公众了解 | 711 | 64.46 |
| 推进教育信息化，正向促进公平 | 652 | 59.11 |
| 公众更好地理解就近入学的优点，不盲目跟风 | 562 | 50.95 |
| 加大对困难家庭学生等特定群体的平等保障 | 483 | 43.79 |
| 总计 | 1103 | |

　　课题组认为，本次问卷调查虽然样本数量尚可提升，但从有效性和问卷数据来说，仍较为客观地反映了我国就近入学及其平等保障的情况，也希望这些数据能够为义务教育公平的推进提供一定的参考价值。

# 第四章

# 就近入学平等权的司法保障

义务教育就近入学制度历经近40年的实践运行，较好地实现了"人人有书可读"的初始目标，并通过各种择校治理、均衡教育资源、优化入学规则等，进一步推进平等权保障，体现了义务教育面前人人平等的教育理念和努力。而与此同时，伴随着公众权利意识的提升，通过司法救济来保障自身权益亦成为一种新的社会现象，南京顾某诉南京市建邺区教育局案即是典型一例。作为公民基本权利的救济途径和实现社会正义的最后一道防线，人民法院在就近入学类案件中的立场是考察平等权保障情况的一个视角，是研究中不可忽略的一个面向。基于此，本章通过相关案例梳理及裁判文书的研读，对我国就近入学平等权的司法保障情况进行研究。

## 一、裁判文书中的就近入学平等权保障

我国自1989年颁布实施《行政诉讼法》以来，通过司法权对行政权的审查，促进了依法行政，以及对公民、法人和其他组织合法权益的保障。基于司法有限审查行政的特点，行政诉讼的起诉权、受案范围等一直有着自身的特点，而作为公民基本权利的受教育权能否通过行政诉讼获得权利救济也一

直是学术界和实务界探讨的话题。在义务教育领域，就近入学的平等保障关涉受教育权和平等权双重基本权利，研究裁判文书中的司法立场可以为我们了解和推进基本权利保障问题打开一扇窗户。

为了较为全面地了解就近入学类案件的司法救济情况，笔者以就近入学为关键词，在裁判文书网进行了搜索。截至2021年3月4日，共有402条信息。经研读，剔除重复上传及不符合本课题研究内容部分，以同一案由为标准，共有103个案件可作为研究蓝本。为便于阅读，笔者按时间顺序，分列序号、案号、案名、案由及裁判结果（见表4-1）。

表4-1　就近入学行政诉讼案件汇总

| 序号 | 案号 | 案名 | 案由 | 裁判结果 |
|---|---|---|---|---|
| 1 | （2014）浦行初字第158号；（2014）沪一中行终字第216号 | 朱某诉上海市浦东新区教育局 | 履行就近入学安排法定职责 | 驳回诉讼请求 |
| 2 | （2014）建行诉初字第12号行政裁定书（2014）宁行诉终字第127号；（2015）建行初字第19号；（2015）宁少行终字第1号；（2016）苏01行终139号 | 顾某诉南京市建邺区教育局 | 不服学区划分决定 | 原告与被诉行为没有法律上的利害关系，裁定驳回 |
| 3 | （2014）鼓行初字第147号；（2015）鼓行初字第136号 | 吴某等三十八人诉福州市鼓楼区教育局 | 请求撤销划片范围中的错误行为 | 不属于行政诉讼的受案范围，驳回起诉 |
| 4 | （2014）甬鄞行初字第75号；（2014）浙甬行终字第212号 | 张某诉鄞州区教育局 | 不服有关入学资格的行政决定 | 驳回诉讼请求 |

续表

| 序号 | 案号 | 案名 | 案由 | 裁判结果 |
|---|---|---|---|---|
| 5 | （2014）甬海行初字第23号 | 黄某诉宁波市海曙区教育局 | 确认学区"规划"变动违法 | 不属于受案范围，裁定驳回起诉 |
| 6 | （2014）甬海行初字第55号 | 范某诉宁波市海曙区教育局 | 撤销网上预报名审核未通过的决定 | 驳回原告诉讼请求 |
| 7 | （2015）杨行初字第151号 | 费某诉上海市杨浦区教育局案 | 履行转学后就近安排学校的法定职责 | 驳回诉讼请求 |
| 8 | （2015）鄂江岸行初字第00216号 | 刘某诉武汉市江岸区教育局 | 申请公开相关学校的招生对象、范围、条件 | 责令被告在判决生效之日起十五日内公开 |
| 9 | （2015）鄂江岸行初字第00220号 | 邓某诉武汉市江岸区人民政府 | 履行在租住地就近安排入学的法定职责 | 驳回诉讼请求 |
| 10 | （2015）鄂汉阳行初字第00018号；（2016）鄂行申31号；（2015）鄂武汉中行终字第00496号 | 曾某诉武汉市硚口区人民政府 | 确认未按照就近入学安排的行为违法并赔偿损失 | 驳回诉讼请求 |
| 11 | （2015）海行初字第1174号；（2015）海行初字第1257号等 | 何某等诉北京市海淀区教育委员会、海淀区清华园街道办事处系列案 | 履行就近安排入读清华附小的职责 | 驳回诉讼请求 |
| 12 | （2015）历行初字第204号 | 张某诉济南市教育局 | 申请公开外来务工人员子女入学相关信息 | 驳回诉讼请求 |
| 13 | （2015）三中行终字第00214号 | 屠某诉北京市朝阳区教育委员会 | 不服学区安排，要求就近安排 | 驳回起诉 |

续表

| 序号 | 案号 | 案名 | 案由 | 裁判结果 |
|---|---|---|---|---|
| 14 | （2015）天少行初字第2号；（2016）鲁01行 终417号；（2017）鲁行申536号 | 张某诉济南市天桥区教育局 | 确认赋分决定和学校安排无效，就近安排入学 | 驳回诉讼请求 |
| 15 | （2015）历行初字第313号 | 赵某诉济南市历下区教育局 | 履行在居住地就近安排入学的职责 | 驳回诉讼请求 |
| 16 | （2015）四中行初字第391号 | 宋某等5人诉北京市朝阳区人民政府 | 解决入学问题 | 驳回诉讼请求 |
| 17 | （2015）甬慈行初字第54号 | 吕某诉慈溪市教育局 | 不服未予安排入学的行政决定 | 驳回原告诉讼请求 |
| 18 | （2016）沪0113行初78号 | 张梓诚诉上海市宝山区教育局案 | 撤销划片决定并审查其合法性和合理性 | 驳回起诉 |
| 19 | （2016）鲁01行初359号；（2016）鲁01行初855号裁定；（2017）鲁 行 终1201号 | 济南高新区黄金时代业主委员会诉济南市人民政府 | 确认有关学区的"补充协议"违法 | 错列被告，裁定驳回 |
| 20 | （2016）苏8602行初928号 | 陈某诉南京市鼓楼区教育局 | 不服学区行政确认 | 驳回诉讼请求 |
| 21 | （2016）苏行申1436号 | 张某等诉常熟市教育局 | 履行安排公办学校就读的职责 | 驳回诉讼请求 |
| 22 | （2016）苏05行终410号 | 李某诉常熟市教育局 | 履行就近安排入学职责 | 驳回诉讼请求 |
| 23 | （2016）鲁0102行初44号；（2017）鲁01行终469号 | 王某诉济南市历下区教育局 | 履行在居住地就近安排入学的职责 | 驳回诉讼请求 |
| 24 | （2016）新0105行初160号 | 陆某诉乌鲁木齐市天山区教育局 | 确认不履行就近安排入学的行为违法并审查相关招生规定 | 驳回诉讼请求 |
| 25 | （2016）浙0282行初49号 | 杨某诉慈溪市教育局 | 不服原告因父母违反计划生育政策而未予安排入学的行政决定 | 驳回原告诉讼请求 |

续表

| 序号 | 案号 | 案名 | 案由 | 裁判结果 |
|---|---|---|---|---|
| 26 | （2016）粤7101行初3163号 | 阮某等诉广州市南沙区教育局、南沙区人民政府 | 不服统筹安排，撤销信访件回复意见等 | 驳回诉讼请求 |
| 27 | （2016）粤0308行初908号 | 潘某诉深圳市教育局 | 履行法定职责，让港籍原告在居住地深圳就近上学并注册学籍 | 驳回诉讼请求 |
| 28 | （2016）粤0308行初909号 | 文某诉深圳市教育局 | 履行法定职责，让港籍原告在居住地深圳就近上学并注册学籍 | 驳回诉讼请求 |
| 29 | （2016）粤0308行初921号 | 张某诉深圳市教育局 | 履行法定职责，让港籍原告在居住地深圳就近上学并注册学籍 | 驳回诉讼请求 |
| 30 | （2017）苏行终99号 | 刘某诉昆山市人民政府 | 确认《入学办法》违法，就近安排刘某入学 | 不属于行政诉讼受案范围，裁定驳回 |
| 31 | （2017）苏行终135号 | 谷某诉昆山市人民政府 | 确认《入学办法》违法，就近安排入学 | 不属于行政诉讼受案范围，裁定驳回 |
| 32-52 | （2017）苏0582行初144－146号，149－152号，155、157、160、162、165、167－173、176、177号 | 刘某等诉昆山市教育局，共21个诉讼，为积分入学类案件 | 履行就近安排入学的法定职责 | 驳回原告诉讼请求 |
| 53 | （2017）皖行终129号 | 姚某诉淮南市人民政府等 | 按规划落实配套学校，解决就近入学 | 驳回诉讼请求 |
| 54 | （2017）浙0624行初47号（裁定）；（2017）浙06行终234号 | 王某诉新昌县教育体育局 | 确认招生实施意见违法 | 裁定驳回起诉 |
| 55 | （2017）浙0104行初168号 | 袁某诉杭州市江干区教育局 | 履行就近安排入学的法定职责 | 裁定驳回起诉 |
| 56 | （2017）浙0302行初290号 | 林某等6人诉温州市教育局 | 确认未按规划确定学区的行为违法 | 裁定驳回起诉 |

续表

| 序号 | 案号 | 案名 | 案由 | 裁判结果 |
|---|---|---|---|---|
| 57 | （2017）桂0107行初80号 | 巫某等诉南宁市青秀区教育局 | 履行就近安排入学的法定职责 | 尚在履行行政行为的法定期限内，裁定驳回 |
| 58 | （2017）粤0606行初728号（判决） | 黎某诉佛山市禅城区教育局 | 撤销摇珠招生结果，重新发布招生方案 | 驳回诉讼请求 |
| 59 | （2017）粤0606行初974号 | 颜某诉佛山市南海区教育局 | 解决入读公办初中的要求 | 驳回诉讼请求 |
| 60 | （2017）粤06行终201号 | 宋某诉佛山市南海区桂城街道教育局、佛山市南海区教育局 | 履行法定职责，解决非起始年级在居所附近转学插班入读问题 | 驳回诉讼请求 |
| 61 | （2017）粤2071行初943号；（2018）粤20行终82号 | 邓某诉中山市西区文体教育局 | 不服学区安排 | 原告不具有诉讼主体资格，裁定驳回 |
| 62 | （2017）苏08行终111号 | 淮安市石塔湖小区业主委员会诉淮安市教育局、淮安市清江浦区教育局 | 不服学区划分 | 原告资格不适格，裁定驳回 |
| 63 | （2017）京0108行初597号 | 金某诉北京市海淀区教育委员会 | 确认派位行为无效，重新派位 | 无法证明被告实施了派位行为，裁定驳回起诉 |
| 64 | （2017）川01行终814号 | 徐某诉成都高新技术产业开发区基层治理和社会事业局 | 撤销统筹安排回复，并附带审查相关依据 | 驳回诉讼请求 |
| 65 | （2017）粤7101行初3767号；（2018）粤71行终1307号 | 全某等诉广州市白云区教育局 | 履行安排原告入读公办学校的职责 | 驳回诉讼请求 |
| 66 | （2017）粤7101行初3414号 | 吴某诉广州市天河区教育局 | 撤销港籍学生未能录取到广州中学的决定 | 驳回诉讼请求 |
| 67 | （2018）皖04行初1号 | 陈某等诉淮南市人民政府 | 确认被告不履行职责行为违法 | 驳回诉讼请求 |

| 序号 | 案号 | 案名 | 案由 | 裁判结果 |
|---|---|---|---|---|
| 68 | （2018）粤2071行初117号 | 李某诉中山市西区文体教育局 | 不服学区安排 | 被告不适格，驳回起诉 |
| 69 | （2019）粤0308行初2330号 | 胡某诉深圳市宝安区教育局 | 撤销原学位分配行为并予以调整，附带审查依据的合法性 | 驳回诉讼请求 |
| 70 | （2018）粤7101行初3407号 | 孙某诉广州市增城区教育局 | 确认未录取原告入读小区配套学校的招生行为违法 | 驳回诉讼请求 |
| 71 | （2018）粤7101行初3408号 | 裴某诉广州市增城区教育局 | 确认未录取原告入读小区配套学校的招生行为违法 | 驳回诉讼请求 |
| 72 | （2018）粤7101行初3409号 | 葛某诉广州市增城区教育局 | 确认未录取原告入读小区配套学校的招生行为违法 | 驳回诉讼请求 |
| 73 | （2018）粤7101行初3410号 | 张某诉广州市增城区教育局 | 确认未录取原告入读小区配套学校的招生行为违法 | 驳回诉讼请求 |
| 74 | （2019）新2801行初31号 | 林某诉库尔勒市教育局 | 履行就近安排学校的法定职责 | 驳回诉讼请求 |
| 75 | （2019）苏05行终527、528号 | 吕某等诉苏州高新区（虎丘区）教育局 | 履行就近安排学校的法定职责 | 驳回诉讼请求 |
| 76 | （2019）赣7101行初1370号（2020）赣71行终72号 | 孙某诉鹰潭市人民政府、鹰潭市教育局 | 撤销信访答复，履行就近安排学校的法定职责 | 裁定不予立案，驳回起诉 |
| 77 | （2019）闽03行终136号 | 吴某等四位原告诉莆田市荔城区教育局 | 履行就近安排转学到某校职责 | 驳回诉讼请求 |
| 78 | （2019）闽0203行初229号 | 张某诉厦门市集美区教育局 | 履行就近安排中学的法定职责 | 驳回诉讼请求 |

续表

| 序号 | 案号 | 案名 | 案由 | 裁判结果 |
|---|---|---|---|---|
| 79 | （2019）豫1302行初175号 | 朱某诉南阳市宛城区教育体育局 | 履行法定职责，录取原告到南阳市第九小学入学学习 | 构成行政不作为，责令被告于本判决生效后60日内对原告朱某是否具有第三人南阳市第九小学入学资格做出行政处理 |
| 80 | （2019）浙08行终73号 | 陈某诉江山市教育局 | 撤销入学申请答复行为 | 驳回诉讼请求 |
| 81 | （2019）湘8601行初211号 | 郭某诉长沙市开福区教育局 | 确认未就近安排行为违法，要求就近安排初中学校 | 驳回诉讼请求 |
| 82 | （2019）苏10行终199号 | 姜某诉扬州市江都区教育局 | 履行租购同权下的入学问题 | 驳回诉讼请求 |
| 83 | （2019）苏0508行初31号 | 吕某等诉苏州高新区（虎丘区）狮山街道办事处、苏州市虎丘区人民政府 | 撤销复议决定；确认未及时安排就学的行政不作为违法 | 驳回诉讼请求 |
| 84 | （2019）闽0111行初72号 | 刘某诉福州市长乐区教育局 | 安排原告入读所购房屋片区学校 | 驳回诉讼请求 |
| 85 | （2019）陕7102行初2107号 | 罗某诉西安市未央区教育局 | 撤销原学区划分，安排原告就近入学 | 不属于行政诉讼的受案范围，裁定驳回 |
| 86 | （2019）津0103行初37号 | 谭某诉天津市河西区教育局 | 将城市型公寓性质房屋按照居住类房屋同等对待，安排原告就近入学 | 驳回诉讼请求 |
| 87 | （2019）闽0211行初66号 | 陈某诉厦门市同安区教育局 | 撤销案涉《答复》，履行安排入学职责，对居住积分条款进行合法性审查 | 驳回诉讼请求 |

| 序号 | 案号 | 案名 | 案由 | 裁判结果 |
|---|---|---|---|---|
| 88 | （2019）苏09行终33号 | 刘某诉盐城市教育局 | 履行就近安排入学的职责 | 裁定驳回起诉 |
| 89 | （2019）鲁01行终58号 | 王某诉济南市教育局 | 取消"义务教育阶段择校生不享有推荐生和指标生资格"的规定 | 驳回诉讼请求 |
| 90 | （2019）赣07行终285号 | 张某等诉赣州市章贡区教育体育局 | 确认小学学区划分及外来人员随迁子女入学片区范围的通知违法 | 不予立案 |
| 91 | （2019）苏0508行初336号（2020）苏05行终242号 | 贺某等七人诉苏州高新区（虎丘区）教育局 | 确认划分施教区范围的行政行为违法，重新划分施教区 | 驳回诉讼请求 |
| 92 | （2019）粤03行终446号 | 刘某诉深圳市南山区教育局 | 不服并要求撤销被告对原告小学一年级入学的分流行为 | 涉及的积分标准未违反上位法，驳回诉讼请求 |
| 93 | （2019）粤03行终896号 | 任某诉深圳市罗湖区教育局 | 解决儿童转学申请公办学校学位问题 | 不属于诉讼受案范围，裁定驳回 |
| 94 | （2019）陕71行初650号 | 徐某诉西安市人民政府 | 确认学区划分行为违法；附带审查招生入学工作实施办法 | 驳回诉讼请求 |
| 95 | （2020）粤03行终686号 | 韩某诉深圳市福田区教育局 | 就近安排入读中学 | 驳回诉讼请求 |
| 96 | （2020）粤03行终1043号 | 韩某诉深圳市福田区教育局 | 申请公开五项信息 | 驳回诉讼请求 |
| 97 | （2020）粤71行终1444号 | 王某诉广州市教育局 | 不服教育信访回复 | 不属于行政诉讼的受案范围，裁定驳回 |
| 98 | （2020）京0108行初104号；（2020）京01行终444号 | 王某诉北京市海淀区教育委员会 | 不服行政答复及行政复议决定，要求就近入学或安排两个孩子在同一学校 | 不属于行政诉讼的受案范围，裁定驳回 |

续表

| 序号 | 案号 | 案名 | 案由 | 裁判结果 |
|---|---|---|---|---|
| 99 | （2020）沪02行初346号 | 杨某上海市杨浦区人民政府 | 撤销行政复议申请不予受理决定 | 不属于行政复议的受理范围，亦不属于行政诉讼的受案范围，裁定驳回 |
| 100 | （2020）豫0103行初107号 | 张某诉郑州市二七区教育局 | 不服学区划分决定 | 裁定驳回 |
| 101 | （2020）沪01行终331号 | 范某诉上海市宝山区教育局 | 对划片内容予以撤销、纠正及调整 | 不属于行政诉讼的受案范围，裁定驳回 |
| 102 | （2020）辽01行终591号 | 郝某诉沈阳市皇姑区教育局 | 确认接收其女转学就读行为违法 | 驳回诉讼请求 |
| 103 | （2020）吉0204行初5号之一；（2020）吉02行终58号 | 王某诉吉林市船营区教育局 | 不服入学安排 | 裁定驳回 |

上述103个案件中，所涉年份分布见表4-2。

表4-2　案件所涉年份

| 年份 | 案件数量 |
|---|---|
| 2014 | 6 |
| 2015 | 11 |
| 2016 | 12 |
| 2017 | 37 |
| 2018 | 7 |
| 2019 | 21 |
| 2020 | 9 |

上述103个案件中，一共涉及19个省区市，根据案件数量从多到少，所在省区市分布见表4-3。

表4-3　案件所在省区市

| 所在省区市 | 案件数量 |
| --- | --- |
| 江苏省 | 33 |
| 广东省 | 21 |
| 浙江省 | 9 |
| 山东省 | 6 |
| 上海市 | 5 |
| 福建省 | 5 |
| 北京市 | 5 |
| 湖北省 | 3 |
| 江西省 | 2 |
| 新疆维吾尔自治区 | 2 |
| 安徽省 | 2 |
| 河南省 | 2 |
| 陕西省 | 2 |
| 广西壮族自治区 | 1 |
| 四川省 | 1 |
| 湖南省 | 1 |
| 天津市 | 1 |
| 辽宁省 | 1 |
| 吉林省 | 1 |

　　研读上述103个案件可以发现，原告在寻求就近入学权利保障的过程中，共同的诉请是希望能够解决学龄儿童或少年的入学问题，其中户籍生的诉请主要针对入读某所学校，外来务工人员随迁子女的诉请则在于能就近就读公办学校，其就近入学平等权的司法保障情况可从以下三方面得其全貌。

### （一）诉求类型

裁判文书显示，在就近入学的共同目的下，原告在要求行政机关解决该问题的诉求上却不尽相同，基本可分为以下4类。

#### 1.要求政府部门履行就近安排入学的法定职责

这类案件又包括两种情形：一是要求安排更近的学校。如第10号案例曾某案中，由于原告未能被安排在几分钟内就能步行到达的学校，而被安排在从实际居住地到需乘坐两站公交车或一站轻轨的学校，从而认为政府部门没有履行"就近"安排的法定职责。

二是要求政府"就近"安排到居住地附近的公办学校。这类案件多涉及外来务工人员随迁子女入学问题，昆山市的20多起行政诉讼案件即属此类。该类案件中，由于被告未安排其入读公办小学，而是告知其可以选择户籍所在地学校或者昆山的民办学校解决，从而被原告诉上法院。

此外，少数案件还涉及转学中的就近入学问题。如第60号案件宋某诉佛山市南海区桂城街道教育局、佛山市南海区教育局案中，原告认为被告未履行安排其孩子插班入读问题。对此，法院经调查认为，被告已根据相关转学插班规定进行了统筹派位抽签，亦已告知中签学校，而其孩子也已经在学校办理入读手续，被告已依法履行职责。

#### 2.要求确认有关入学安排违法

如第30号案例"刘某诉昆山市人民政府案"中，昆山市政府发布的《昆山市新市民子女公办学校积分入学办法（试行）》（昆政规〔2015〕7号，以下简称7号《入学办法》），规定了昆山市新市民的子女以积分排名的方式至公办学校入学。刘某符合2016年的入学报名条件，但其法定监护人未能在规定的时间内提出入学申请，后昆山市政府相关职能部门将刘某统筹到民办小学入学。刘某的法定代理人坚持认为，根据《中华人民共和国义务教育法》

的规定，刘某应在居住地就近到公办学校就读，遂提起诉讼，请求法院判决确认7号《入学办法》违法。第2号案件"顾某诉南京市建邺区教育局案"、第10号案件"曾某诉武汉市硚口区人民政府案"均属要求确认有关入学安排违法案件。

3. 请求撤销划片中的错误行为

如第3号案例"吴某等三十八人诉福州市鼓楼区教育局案"中，原告认为被告的乱划学区使本小区符合就近入学条件的生源未被招收录取，请求撤销该错误行为。这一类案件实质与前述要求确认入学办法类案件有相通之处，但在行政诉讼类型中属于撤销之诉，故亦可单列一类。

4. 要求公开相关信息

其中要求公开的信息多为学校的招生对象、范围、条件，如第8号案件"刘某诉武汉市江岸区教育局政府信息公开案"中，原告要求公开相关学校的招生对象、范围、条件。第11号案件北京"何某诉海淀教委案"中，原告要求公开有关招生范围的依据等。

总体而言，多数案件可纳入其中一类案件，如或为要求履行法定职责类案件，或为信息公开类案件等，同时附带审查学区划分文件的合法性。个别案件则同时提起了多种诉求的行政诉讼，最为典型的即是北京市何某案件。该案的核心诉请是安排清华园街道的孩子何某在户口所在地就近入读清华附小。多个诉请涉及的当事人中，原告分别为学龄儿童何某、其父亲何某、孩子姑姑何某，被告分别为海淀区教育委员会、清华园街道办及清华大学。在提起的类型诉讼中，包括了信息公开行政诉讼、不履行法定职责行政诉讼、不服信访回复诉讼及要求上级监督下级履行职责诉讼。如信息公开诉讼中要求海淀教委公开"同意清华附小只招收父母为清华大学本部事业编制教职工的二代子女的政府信息（决策过程）"、要求公开"海淀教委不管理清华附中、清华附小而造成清华园孩子不能就近入学的法律依据"及"清华附小义务教育只招收父母为清华大学本部事业编制教职工的二代子女的法律依据"等。在要求履行法定职责类案件中，要求清华园街道办依法履行职责，保护何某就近进入清华附小接受义务教育的合法权益、要求海淀教委履行保证其就近进入清华附小接受义务教育的职责等。第13号案件"屠某诉北京市朝阳区教育委员会案"的诉求也有多项，包括"诉请判令朝阳区教委对该区幸福二村××号楼划归2013年度小学招生服务范围，撤销2013年7月22日做出的《关于对屠某入学问题的回复》（以下简称《回复》），重新做出安排其入学的决定，公开朝阳区实验小学2013年度招生服务范围内外非本市户籍人数信息"等。

### （二）受理情况

《行政诉讼法》第二条规定："公民、法人或者其他组织认为行政机关和行政机关工作人员的行政行为侵犯其合法权益，有权依照本法向人民法院提起诉讼。"第十二条和第十三条分别从肯定和否定的层面对行政诉讼受案范围做了规定。根据这些规定，上述案件能否受理并进入实体审判亦主要从这两方面体现。

#### 1.基于原告资格的受理情况

原告应与被诉的行政行为具有法律上的利害关系，这是行政法学界和实务界共同的观点，反之则为原告主体不适格。从具体案件看，相当一部分案件因为资格问题而被裁定驳回，包括：

（1）*监护人为诉讼原告下，原告主体不适格*。如第54号案例"王某诉新昌县教育体育局案"中，原告要求确认被上诉人出台的《2017年新昌县城区义务教育学校学区生招生实施意见》违法，法院认为，"王某（父）以被告侵犯其女儿王某（女儿）受教育的权利为由提起诉讼，适格原告应当是王某（女儿），王某（父）可作为法定代理人代为诉讼行为，现王某（父）以原告身份提起本案诉讼系主体不适格，对其起诉应予驳回"。第61号案件"邓某诉中山市西区文体教育局案"中，法院认为"与讼争的行政行为有利害关系的主体应为邓某的子女李旻隽，并非邓某。因此，邓某不具备原告诉讼主体资格，对邓某的起诉，本院予以驳回"。二审法院也明确认定："邓某与涉案行政行为不存在法律上所保护之利益，不具有原告主体资格，原审法院识别原告诉讼主体资格正确。"

（2）原告非入学规定适用对象下，原告主体不适格。如南京顾某案中，法院即认为原告未到入学年龄而被与被诉行为没有法律上的利害关系。第101号案件"范某诉上海市宝山区教育局案"中，一审法院认为，"本案中，宝山教育局对该区2020年义务教育阶段小学入学户籍对口就近入学范围所做的划分行为，属于教育行政部门对特定年度本辖区内小学招生工作的统筹安排，涉及教育资源的整体配置，对范某的权利义务不产生实际影响，并未侵害范某的合法权益"。在第54号案例王某以女儿为原告的诉讼中，法院认为该实施意见是针对2017年小学一年级、初中一年级学生入学的学区划分，上诉人王某不是该文件规定的入学对象，对其没有约束力。因此，上诉人原告主体不适格。

（3）组织体不能作为原告。上述案例中，一个值得讨论的问题是：业主委员会可否为了业主孩子的入学提起诉讼？第62号案例"淮安市石塔湖小区业主委员会诉淮安市教育局、淮安市清江浦区教育局"即为典型案件。对此，一审法院认为，"'义务教育阶段学校施教区调整方案'针对的是该方案涉及的施教区范围内的当年即将入学的适龄儿童，与该范围内小区的业主委员会履行物业管理方面的职责没有行政法上的利害关系，故原告石塔湖业委会不具有提起本案行政诉讼的主体资格，不是本案适格原告"。原告上诉认为，其"虽不属于公民，也不具备法人资格，但是属于行政诉讼法规定的'其他组织'"。二审法院认为，"'义务教育阶段学校施教区调整方案'的行政相对人应为施教区范围内当年即将入学的适龄儿童、少年，而非施教区范围内的所有业主，更非依据《物业管理条例》而成立的业主委员会，因此，本案上诉人石塔湖业委会不是该行政行为的相对人"。同时，"本案所诉行政行为即施教区的调整方案与上诉人石塔湖业委会履行物业管理方面的职责没有行政法意义上的利害关系"。此外，"施教区调整方案与物业管理无关，业主大会无权赋予上诉人就该行为进行诉讼的权利"，裁定驳回上诉。

**2.基于受案范围不予受理的情况**

属于行政诉讼受案范围是通过行政诉讼获得权利救济的重要条件。我国《行政诉讼法》第十二条和第十三条分别从肯定和否定方面确立了受案范围，那么，就近入学中的平等保障问题能否纳入其中呢？笔者发现，凡是涉及对原告具体学位要求的履行职责类、撤销类及确认违法类案件，法院多予以受理案件并进行实体审判，而作为"不属于受案范围"来处理的，主要包括以下几种情形：

（1）单独就学区划分、招生意见等相关规范性文件提起合法性审查的。这种情形多以《行政诉讼法》第十三条的"（二）行政法规、规章或者行政机关制定、发布的具有普遍约束力的决定、命令"为依据，纳入"不属于受案范围"层面，裁定驳回起诉。如第3号案件"吴某等三十八人诉福州市鼓楼区教育局案"中，法院认为"被告对其所辖行政区域内小学招生划片范围的管理工作，即使具体到某一小学、某一片区，其所适用的对象仍然是不特定的，因此也是抽象的行政行为。综上，本案被诉的行政行为属于《行政诉讼法》第十二条第（二）项规定的行政机关针对不特定对象发布的具有普遍约束力的决定、命令，并且不对原告的权利义务产生实际影响，不属于行政诉讼的受案范围"。第30、31号案件也属此类情形。

（2）针对信访内容提起诉讼。希望通过信访的方式解决就近入学问题是不少案件当事人的选择，而在信访未予解决其诉求时继而提起行政诉讼亦是此类案件的特点。对此，法院基本予以全部否定，或以"不属于受案范围"原因或以属于重复处理行为不予受理角度予以驳回。如第11号案件北京何某案、第76号案件"孙某诉鹰潭市人民政府、鹰潭市教育局案"、第97号案件王某诉广州市教育局案等。如法院在北京何某案中明确指出"行政机关针对信访事项做出的登记、受理、交办、转送、复查、复核意见等行为不属于人民法院行政诉讼的受案范围"。

（3）属于内部行政行为。如北京何某系列案件中，针对原告申请海淀区政府纠正海淀区教育委员会侵害其子就近入学权益的行为而提起的诉讼，最高院经再审后认为，这"属于要求上级行政机关对下级行政机关履行监督职责。根据《最高人民法院关于适用的解释》第一条规定，上级行政机关基于内部层级监督关系对下级行政机关做出的听取报告、执法检查、督促履责等行为不属于人民法院行政诉讼的受案范围"。针对要求确认海淀教委做出的"关于2018依法行政第14号案件《协助调查函》的回函"违法，法院认为该函件系海淀教委为协助北京市海淀区人民政府法制办公室调查做出的回函，不属于行政法意义上的具体行政行为，故起诉人所诉事项不属于人民法院行政诉讼受案范围。

### （三）案件裁判结果

上述103个案件的裁判结果显示，被告败诉率极低，裁定驳回起诉的有28个，判决驳回诉讼请求的有73个，只有2个案件做出了对被告不利的决定。一是第8号案件。本案为政府信息公开案，原告要求分别公开新建长江二桥新天地小区长春街小学和七一中学的招生对象、范围、条件。在被告答辩上述信息为主动公开且已通过一定方式公开的情形下，法院认为"因长春街小学发布入学报名须知的行为并非被告区教育局以其自己名义主动公开信息的方式，且其提供的张贴照片未载明拍摄时间，也未提交拍摄的原始载体予以核对",从而对其已在长春街小学张贴入学报名须知,已主动公开的主张不予支持。同时,被告对于原告刘某申请公开七一中学的信息内容,仅公开了招生的小学片区,而对招生对象、条件并未涉及的情形法院综合认为被告未在法定期限内予以答复,且已主动公开的有关教育政策的内容中并未完全涵盖原告申请公开的信息,属于未履行信息公开的答复职责,判决"责令被告武汉市江岸区教育局在本判决生效之日起十五日内对原告刘某提交的要求公开'新建长江二桥新天地小区长春街小学的招生对象、范围、条件'及'新建长江二桥新天地小区七一中学的招生对象、范围、条件'的申请依法做出答复"。二是第79号案件朱某诉南阳市宛城区教育体育局案。本案中,原告要求被告履行法定职责,录取原告到南阳市第九小学入学学习。法院认为,被告在接到原告口头入学资格申请后,应当对原告申请事项做出处理。但被告未对原告申请做出书面处理,仅南阳市宛城区政府对原告信访事项进行信访回复,被告构成行政不作为,判决"责令被告南阳市宛城区教育体育局于本判决生效后60日内对原告朱某是否具有第三人南阳市第九小学入学资格做出行政处理"。

## 二、就近入学平等权保障的争议焦点

围绕适龄儿童、少年是否得到和应该得到就近入学的平等保障,上述案例显示,人民法院的审查主要围绕以下三个方面展开。

### (一)"入学资格"平等保障问题

是否具有平等的入学资格是义务教育就近入学平等权的重要构成,案例显示,对于不同的诉求,法院较为明显地表明了自己的立场。

1.对于要求入读某个特定学校的：基本不予认可

要求"就近"安排类案件中多属此种情形。从案件中的实际情况看，其基本受教育权多已得到保障，但又认为应安排在另一所更近的学校。从原告的生源特征看，既涉及户籍生，也涉及非户籍生。前者如第20号案例"陈某诉南京市鼓楼区教育局案"，原告认为被告的学区划分违反了《义务教育法》第十二条的规定，造成同一户籍地儿童没有平等地享受教育资源，请求确认被告认定原告不具备力学小学的入学资格行为违法，其诉请即为确认其具有力学小学入学资格。后者如第15号案例赵某诉济南市历下区教育局案。该案的原告就希望能够在距离原告房屋590米的甸柳一小入学。对此，法院多认为教育部门已经履行了法定职责，其受教育权已得到保障而予以驳回。

2.对于质疑招生文件合法性，诉请入读公办学校的：尊重行政决定

这一类案件多涉及外来务工人员随迁子女入学问题。基于教育资源的原因，各地在设定该群体的入学条件中往往纳入居住时间、社保缴纳等多种因素，进而关涉到适龄儿童和少年的入学资格问题。如在第6号案件中关于社保"补缴无效"规定的理解，第17号案件中关于父母违反计划生育政策继而影响孩子入学资格问题等。对此，法院多认可招生文件的合法性，在入学安排上与行政机关保持一致的立场。

3.涉及历史因素的入学资格：尊重行政惯例

在学区划分中遵循历史因素是地方实施就近入学中的一个特点，也符合依法行政的基本要求，但在实践中亦出现了通过购房进行择校的行为，对此，教育部门多予以否定，第23号案件即是典型案件。本案中，法院通过对"原住居民"的进一步解释支持了行政机关的决定，认为"对'甸柳庄原住居民子女（出生即落户）协调就读'的理解，应置于特定条件下来把握"，"享有授益权益的相关权利人应限定在一定范围内，不能扩大适用"，"原告

父母与'甸柳庄原住居民子女（出生即落户）协调就读'这一决定做出的历史原因毫无关系，若通过二手房买卖、户口迁入等方式在子女入学前就能取得原住居民资格，那这一决定对原住居民的限制就毫无意义，也会无限期地适用下去，这显然与制定这一政策的初衷相悖，也与现行的法律法规及政策相悖"。笔者以为这是值得肯定的，可以避免通过择校的方式突破就近入学规则，也是对教育公平的一种保障。

**4.对于港籍学生在内地的入学资格：尊重行政决定**

这一类共有四个案件，即第27号、第28号、第29号第66号案件。此类案件中，法院根据就近入学的"户籍"要求和行政机关的法定职责内容均没有支持原告的诉求。

总体而言，在有关"入学资格"的争议中，法院基本上都在《义务教育法》原则性规定的基础上，尊重行政机关根据各地特点而制定的政策性规定而与被告保持一致的立场。仅在第79号案件中有不同的处理意见，即判令被告构成行政不作为，责令其于本判决生效后60日内对原告朱某是否具有第三人南阳市第九小学入学资格做出行政处理。

**（二）"就近"保障问题**

认为被告没有按照"就近"的要求安排学区是不少案件中原告诉求的理由。此类案件中，原告为获得更为翔实的依据，多提供了具体的距离数据。如第61号案件中，原告认为根据地图看，"新家园划分至广丰小学，中间跨越石岐区，造成飞地。从距离来看，新家园到广丰小学距离3.7千米，而到西区中心小学仅1.7千米。将新家园划至广丰小学，跨区招生，舍近求远，违背就近入学原则"。南京顾某案中，原告提供的照片及剪报显示，吉庆家园南门至新城小学北校区的距离为0.33千米，而到南湖三小只有一趟公交车，且公交站点距离南湖三小较远，需步行较长一段距离。第58号案件

"黎某诉佛山市禅城区教育局"中，"被告突击采取'电脑摇珠'招生，直接导致原告等行政行为相对人无法入读仅百米之遥、步行几分钟可达的环湖小学，而要走上长达6年的'乘车单程近1小时、一天两次接送来回累计4小时'的艰苦求学路"。而随着对就近入学原则的日益普及，原告在提起诉讼时也越来越善于运用这一原则，结合"就近"的概念、该原则的立法价值等来支持自己的诉求。如第81号案件"郭某诉长沙市开福区教育局案"中，原告提供的证据中就包含了从"百度知道"查询的对"就近入学"的解释，并结合高德地图查询所得的距离截图，以佐证被告没有按照就近入学原则安排就读学校，要求确认其行为违法并安排相对较近的学校。淮安市石塔湖小区业主委员会诉淮安市教育局、淮安市清江浦区教育局案中，原告对就近入学的理解认为，"《义务教育法》中规定就近入学，是划分学区时应遵循的基本原则和依据，就近入学是以人为本，是国家平衡教育资源，保障学生安全，提升居民幸福指数的一项重要举措"。相较于原告的理解，被告对于答辩多从"根据学校布局和适龄儿童入学人数分布状况合理确定原则"说明相关入学安排遵循了"就近"的原则。

在法院对"就近"的理解中，南京顾某案具有典型的意义。本案在一审法院中确认了相关的距离，即"据实地勘验，从吉庆家园南门至新城小学北校区的距离为0.33千米；从南湖三小至吉庆家园北门的距离为1.29千米"，但法院认为"由于本市建邺区学校资源与人口分布不均衡，客观上施教区的划分不可能保证所有适龄儿童均入学至离家庭住址最近的学校，只能从总体上满足所划分的区域符合就近入学原则。结合学校布局、适龄儿童分布和数量、施教区覆盖等因素整体考量，建邺区教育局的被诉行政行为并不违反就近入学原则，也不存在明显不合理"。而在二审中，法院经审查认为，被诉行政行为划分施教区的方式确实存在一定的不合理性，会造成部分适龄儿童未能被安排至离家最近的学校入学，但由于建邺区目前教育资源不均衡、适龄儿童及学校分布不均匀、街区形状不规则，因此就近入学本身并不意味着直线距离最近入学。对顾某而言，其户籍地至南湖三小的实际距离虽非最近，为1.29千米，但对于学生入学而言并非过远；对适龄儿童群体而言，建邺区教育局目前所确定的施教区划分方式能兼顾学校布局、适龄儿童数量和分布、地理状况等因素，是一种相对科学的划分方式，能保证适龄儿童整体上实现就近入学。教育行政部门做施教区划分方案的行政目的应为实现公共利益。本案被诉行政行为虽未能完全满足上诉人的利益诉求，但其在尽可能满足个体利益的前提下，综合考量社会整体现状，兼顾了社会公共利益的实现与个体利益的维护，符合行政权行使的基本价值取向。被诉行政行为对施教区的划分符合建邺区教育现状，符合义务教育全员接纳、教育公平、就近入学原则，不属于法律规定的"明显不当"情形。该案中提出的就近入学不等于最近入学观点的依据为《教育部办公厅关于做好2016年城市义务教育招生入学工作的通知》，该通知在合理确定片区范围中强调，"鉴于一些地方人口分布和学校布局具有不均匀性、街区形状具有不规则性，就近入学并不意味着直线距离最近入学。要充分考虑可能影响公平的各关键要素，确定相对科学的划片规则，确保适龄儿童、少年整体上相对就近入学"。此后，这一观点也为后续的众多案例的处理提供了样本。如淮安市石塔湖小区业主委员会诉淮安市教育局、淮安市清江浦区教育局案中，法院的解释是本案中的小升初是采用了"多校划片方式，当新竹小学对应的其中一所初中出现学生报名人数多于招生人数情况时，要采取随机派位的方式录取学生，因此客观上不能保证每一名新竹小学毕业生均能在离家最近的初中入学。但此种招录方式，是在教育资源尚不完全均衡的情况下，实现一定区域内的适龄少年入读初中，公平享受教育资源的合理方式，属于就近入学的合理范围"。

可见，在有关"就近"入学的保障上，法院也都根据《义务教育法》的规定，尊重教育部门在教育资源配置下的安排，体现了与其基本一致的立场。

### （三）"平等"保障问题

在"平等"的思想越来越深入人心的今天，就近入学的类案中，围绕"平等保障"提起诉讼、开展原告和被告双方的对抗已成为众多案件的一个明显特点。其主要体现于两个方面：一是原告以《宪法》的第三十三条和《义务教育法》的第四条和第十二条为基本依据，要求政府履行平等保障的职责；二是原被告在具体案件中阐明自己对平等的理解。如在第20号案例"陈某诉南京市鼓楼区教育局案"中，原告认为"被告的学区划分涉及原告的部分违反了《义务教育法》第十二条的规定，造成同一户籍地儿童没有平等地享受教育资源。为落实法律面前人人平等的宪法原则，打破学区划分上的贫富歧视，故诉至法院"。第59号案件"颜某诉佛山市南海区教育局案"中，原告认为其小孩已入住佛山市南海区达6年以上，理应享受与佛山市户籍居民相同的公办学位待遇，被告的行政不作为已侵犯原告的公平、平等受教育权。从众多案件中原告对于"平等"的理解看，"同等对待"构成主流的观点，这也反映了民众在这一问题上最普遍的认知，符合大众生活中对于"平等"的理解。而作为专业的法律适用机关，法院对于平等的理解体现了如下特点。

1.多不对何谓"平等"展开具体阐释，而是以教育部门已履行法定职责作为解释或选择性撇开"平等"要素进行个案判断

如第86号案件"谭某诉天津市河西区教育局案"中，针对原告要求城市型公寓性质房屋儿童的入学与居住类房屋同等对待的诉求，法院认为"被告无论是采用划分学区片入学还是采用统筹安排入学，均属于被告实施义务教育工作的具体管理方法，且该管理方法并不违反相关法律规定。被告对原告申请做出的《答复》符合《2018年天津市小学招生入学工作指导意见》及《2018年河西区小学招生工作方案》的规定，认定事实清楚，程序合法，不

违反法律规定，被诉行政行为具有合法性。关于原告认为被告所作《答复》侵害了原告同等入学接受教育的权利的观点无事实和法律依据"。在案件中出现平等、就近等多个诉求时，法院也往往选择较为直观的"入学资格"做出裁判而绕开"平等"或"就近"与否问题。第80号案件中，针对原告要求撤销被告答复函违法行为的诉求，法院经审查认为，"位于实验小学招生范围内，不仅需要满足其中某个或数个位置条件，而需满足全部位置条件。上诉人女儿户籍所在的江山市××山街道江山底村石头坝4号，虽位于北泉街（西），但处于'西山以西'，不符合'西山以东范围内'之界限要求，不属于上述招生方案确定的实验小学招生范围。上诉人仅以其女儿户口位于'北泉街（西）'即要求入读实验小学，系对上述方案的误读，与上诉人要求严格执行的《城区小学招生方案》不符"，同时进一步指出入学资格尚需结合相关文件要求，"城区小区招生对象针对该文件规定的特定社区及村的户籍适龄对象，上诉人自认不在该文件规定的社区及村范围内，却以距离实验小学最近为由，要求按照该文件就近入学的原则入读该小学，缺乏法律及规范依据，相关意见不能成立，本院亦不予支持"。本案中，既涉及原告的入学资格问题，也涉及"就近"因素的分析，而最后的司法裁判则以前者为支持判决的首要因素。

2. 部分案件阐释了"平等"即为同一类人同等对待

如第14号案件"张某诉济南市天桥区教育局案"中，针对原告认为赋分决定不能作为入学依据、被告应"依法履行保障原告就近入学、平等接受义务教育等合法权益的法定职责，重新做出录取决定"的诉求，法院经审理认为，"被告在入学招生阶段采取的赋分标准对于非天桥区户籍的入学儿童平等适用，并无不当。原告向被告申请进入济南市天桥区实验小学就读，根据原告提交的申请材料，赋分为25分，未达到济南市天桥区实验小学最低分数线26.5分。被告安排其进入离家相对就近的济南市天成路小学就读，已经保障了原告平等接受义务教育的权利"。

3.少数案件阐明了"平等"是相对的公平

如第59号案件中，针对原告作为外来务工人员积分远远未能满足当地入学要求、教育资源又极其紧张的情况，法院明示了其对于教育公平的理解，即"政府保障所有适龄儿童、少年在户籍所在地就近入学，恰恰是保障适龄儿童、少年公平接受教育权利的表现，是一种更具操作性和实现可能性的规定，不分户籍的绝对的公平受教育权根本无从谈起，最终的结果就是人人都无法享受受教育权。因此，原告的主张于法无据，本院不予支持"。

总体而言，法院对于"平等"与否的判断较为简单。这一方面可能是由于"平等权"作为公民基本权利，法院在进行司法审查的过程中较为谨慎，另一方面亦可能是在教育资源的现实情况下，难以用一个相对统一的标准进行判断。

## 三、对就近入学平等权司法保障的若干追问

纵观司法对就近入学行政权行使情况的审查，呈现出较为明显的一边倒结果。结合义务教育入学问题中行政机关职责履行的立法规定、行政诉讼诉权保障的基本要素、受案范围及司法审查的特点，上述结果并不反常。但裁判文书中也反映出司法保障就近入学平等权中的一些问题，需要进一步加以关注。

### （一）学区划分中是否存在预期利益保护？

在就近入学类案件中，一个突出的现象是：适龄儿童、少年的监护人基于前者入学问题，以自己或孩子的名义提出了对于学区规划、学区划分的质疑，并以其中存在预期利益保护作为诉求理由，典型的如顾某案中认为，

"教育局划分、调整学区的行为，对于固定区域的人群具有强烈的预期性，直接影响到该区域人群的社会活动与生活。且入学的特殊性决定了行政救济的预先性和及时性，滞后救济是徒劳的。顾某不能在已经成为受害者之后才提起起诉，其在明知会受害的情况下，与本案被诉行政行为有法律上的利害关系"。第56号案件"林某等诉温州市教育局案"中，原告也在诉求中明确提出了保护预期利益的诉求，认为"教育部门划分、调整学区的行为对于特定区域内的居民具有特殊的预期性，直接影响该区域内居民的生活和社区活动，而入学的特殊性决定了行政救济的预先性和及时性"。那么，这是否就是行政法上的预期利益保护问题呢？

所谓预期利益，一般认为，可以是其中的一种或两种：一是在做出决定之前履行听证或其他适当的程序，这在学理上被称为"程序性预期"；二是指将在未来得到的某种有利的决定或者某种利益，这在学理上被称为"实体性预期"。[①]从法律的角度，预期利益应是一种合法预期，而这一合法预期的产生，或因意思表示而产生，或因过去实践而产生，或因政策改变而产生。而其成立的法理则涉及法的稳定性、当事人的信赖保护，以及良好行政的实现。故当预期利益产生争讼时，亦需与这些问题做到良好衔接和处理，其中核心的问题是对于是否是行政法上所保护的预期利益。

在学区划分中，部分案件中的利益显然不属于行政法上的预期利益。如第5号案件"黄某诉宁波市海曙区教育局案"。本案中，原告了解到宁波市某房地产公司开发的某住宅楼属于海曙外国语学校的学区房，即与该公司签订了《商品房买卖合同》，后在公布的学区划分中发现学区规划为宁波市实验学校，认为此重大调整未按照法律规定进行政策稳定性评估报告，也未广泛征求公众意见，并侵害了原告就近入学的合法权益，遂将被告诉上法院。本案中，原告对学区的预期并非基于行政法律关系，不属于行政法上的预期利

---

① 余凌云.行政法上合法预期之保护[M].北京：清华大学出版社，2012：11.

益，自然无法据此获得保护。第84号案件"刘某诉福州市长乐区教育局不当履行法定职责案"则是基于对政策的错误理解。本案源于2016年初福建省人民政府、福州市人民政府出台化解房地产库存的政策，即在去库存期间购房的，原则上按照招生片区安排购房者子女就读，同年长乐市城区小学招生工作意见中亦明确了购买公寓的进城农民工子女可以就读所购房屋相关片区学校。原告的爷爷为了让其入读长乐区城区学校，购买了某公司的房屋，但未能入读相关片区学校。后经法院审查，发现长教综〔2016〕47号文件对2016年秋季长乐城区招生工作的规定并不适用于2019年的招生，系对政策的错误理解，遂判决驳回诉讼请求。

　　需要进一步明晰的是，基于政府规划未能落实、未充分听取意见下的学区划分中是否存在预期利益？前者如第53号案件"姚某诉淮南市人民政府、淮南市田家庵区人民政府、淮南市田家庵区教育局不履行法定职责案"。本案中，原告基于政府招标规划内容而与开发商签订了房屋购买合同，即"朝阳东路南侧建设一座占地60亩的一贯制中小学。该规划学校主要是解决朝阳东路储备土地涉及的被征地村民及周边范围住户的子女入学问题"，后因未能"按照规划纳入洞山中学朝阳分校就读"而提起诉讼。法院认为"田家庵区教育局已完成了对D壹街区的学区划分的法定职责"而驳回诉求。第56号案件则既涉及规划问题也涉及程序问题。原告因《温州市第二十七中学建设工程项目建议书和可行性研究报告（报批稿）》中原定将上田小区适龄儿童初中义务教育施教区划入温州市第二十七中学的规划，而在2016年5月市局直属和鹿城区属初中招生工作过程中，将上田小区划入了温州市第十九中学施教区的决定不服而提起诉讼。本案后经浙江省高院再审，最终对本案审理的焦点，即被诉施教区划分行为是否具备事实和法律依据及程序是否合法问题均予以了肯定，驳回了再审申请，但未涉及预期利益问题。

　　笔者认为，对行政法上预期利益的保护需要符合该利益保护的基础，即合法预期的问题。根据黄学贤教授的研究，目前学界对于合法预期较为一致的理解是："因行政机关先前行为而使相对人产生对行政机关将来活动的某种预期，这种预期可以是以下的一种或两种：（1）在做出决定之前履行听证或其他适当的程序；（2）将在未来给予某种实质性利益。对于已经得到的利益，将继续享有并不被实质性改变，并且可以要求行政机关将来满足其上述预期，行政机关除非有充分的公共利益理由，原则上不得拒绝。"①根据这一概念界定，学区划分中是否存在实体性合法预期和程序性预期需要考量。

从实体性合法预期看，学区划分的确对于相对人教育资源的享有具有直接影响，决定了其将在哪所学校接受教育。但一个客观的现象是：由于学区划分涉及较多的利益主体，是否存在个体的合法实体预期仍待商榷。如在顾某诉南京市建邺区教育局案中，一审法院在事实上予以了否定，认为"法律上利害关系的运作通过两个互相牵连的要素来完成：首先是有无法律上的权利；其次是与具体行政行为之间有无因果关系。"而顾某年满六周岁前不属于"适龄儿童"，不是该行为的行政相对人，被诉行为设定的权利义务与顾某无关。此外，顾某属于2015年义务教育"适龄儿童"，区教育局尚未做出建邺区2015年公办小学招生计划及施教区划分的实施办法，顾某户籍所在地附近小学2015年的施教区亦尚未确定。因此认为顾某与被诉行为没有法律上的利害关系，不可能与被诉行为之间产生行政法律关系。第3号案件中，原告根据"福州各区属小学划片公布"内容，认为鼓楼区第一中心小学2014年的招生划片范围使不应该被招收的生源被招收录取，而符合就近入学条件的小区生源未被招收录取而提起诉讼。法院则认为"2014年划片范围的划定行为，其适用对象是该年度、该小学周边范围内新入读小学一年级的适龄学生，所涉及的是小学义务教育的权益，而诸原告及其子女在该年度均不存在小学义务教育权益受到损害的情形且为抽象行政行为"。第54号案件中，一

---

① 黄学贤.行政法中合法预期保护的理论研究与实践发展[J].政治与法律，2016（9）：83-97.

审法院裁定认为"原告王某现就读新昌南明小学六年级，其并非于2017年就读初中，被告答复对原告的权利义务更无实际影响"，裁定驳回了原告王某的起诉，二审法院亦持同样的观点。这三个案件均因所涉儿童未到入学年龄而被认为其与被诉行为无实际利益影响，因此被裁定驳回，事实上是对其无实体性合法预期的一种司法判断。

而从程序性预期来看，第56号温州案件中，针对原告认为"被告未听取上田小区业主意见，亦未遵循《浙江省重大行政决策程序规定》的相关规定"，法院则认为"被告已充分听取了大自然家园业主的意见，但无证据证明被告有听取过其他小区的意见"，尽管"鉴于《中华人民共和国义务教育法》、《浙江省义务教育条例》等法律、法规及规章并无学区划分相应程序的明确规定，且被诉学区划分未实际侵害到相关方的利益"，事实上也是对程序性预期的一种判断。而其所指出被告的"可上述程序问题属程序瑕疵……希望被告在今后工作中予以改正"，更多的是对被告强化程序意识的一种司法建议。

总体而言，法院对"预期利益"问题的回应基本符合行政法上预期利益保护理论，也体现了司法的有限审查及对公益与私益的协调，但在个案中已明确提出"预期利益"问题的情况下，法院仍未就预期利益展开讨论，从而未能展开充分的论证和释明，则较为遗憾。

### （二）司法应如何恪守审查边界？

通过法院的司法审查来对行政行为的违法与否进行判断并进而做出具体的处理，这是当今法治国家的共同选择，其中贯穿着权力制约和公民权益保障的理念。当然，就其具体的制度设计和运作而言，各国因其历史传统和法院体制差异而各有不同，但司法最终的要求是一致的。我国宪法第一百三十一条确立了人民法院的独立审判权，《行政诉讼法》确立了法院对违法行政的司法审查权，对属于受案范围内的行政行为进行司法认定并做出裁判，以"解决行政争议，保护公民、法人和其他组织的合法权益，监督行政机关依法行使职权"。当然，基于两种权力的差异性，司法对行政的审查只是一种有限审查，这种有限性在不同的行政领域表现不一。从裁判文书中可以发现，司法对就近入学平等权保障的审查非常有限，基本采取了与行政权一致的立场，部分案件还存在过于超脱的情况。

### 1. 司法区分行政的边界

裁判文书显示，少数案件中司法权展示了明确的权力分界立场，如第13号案件屠某诉北京市朝阳区教育委员会案中，法院认为"上诉人直接要求法院判令该委对幸福二村××号楼划归2013年度小学招生服务范围不属于人民法院行政诉讼受案范围"，以及"上诉人在提起行政诉讼前未依法定形式向朝阳区教委提出要求公开朝阳区实验小学2013年度招生服务范围内外非本市户籍人数信息的申请，即向一审法院提出判令朝阳区教委公开该信息的诉讼，不符合法定起诉条件"。笔者认为，这一处理符合行政诉讼中法院与行政机关之间的关系，即未经行政程序的，司法不予介入。但也有案件中过于强调行政权与司法权的分工，甚至直接予以回避。如在第85号案件"罗某诉西安市未央区教育局案"中，针对原告要求撤销原学区划分、安排其就近入学的诉求，法院认为"从行政权与司法权的分工看，学区划分需要考虑的内容不属于司法权的范围，司法机关也无法对此进行评价，本案不属于行政诉讼的受案范围"。本案同时指出，"但被上诉人在涉案告知书中指引上诉人寻求诉讼救济，属于不当履行教示义务，应予指正"，其坚持权力差异的立场十分显性，也存在不当之处。

### 2. 司法审查行政裁量权的边界

理想的行政是一个有效的组织资源，通过行政权合法、合理的行使实现社会公共利益和个人权益协调一致的过程，也是一个实现社会资源公正分配的过程。但现实的多样性决定了行政权的行使在实现普遍正义的同时，也需同时兼顾例外情形，实现与个别正义的结合，行政裁量即为实现个案正义而存在。但是，裁量权是一把双刃剑，如果裁量的结果只是个案的集合，类似案件之间缺乏相对统一的标准，那么这种实现个案正义的制度设计将会成为区别执法的依据，作为个案正义基础的普遍正义将不复存在，并将导致社会更大范围的不公正及"法律面前人人平等"的缺失，如此，则裁量权的行使将偏离法律设定的目的。基于此，行政机关在行使行政裁量权时应遵循一般规则，包括：符合法律目的；平等对待公民、法人或者其他组织，不偏私、不歧视；考虑相关事实因素和法律因素，排除不相关因素的干扰；采取合适的措施和手段及遵循行政惯例等，防止其溢出法律赋予的权力空间。

在义务教育就近入学问题上，学区划分是否合理、学区安排是否"就近"等均涉及行政裁量权的行使，而司法权能在多大程度上实现审查职能则关系到制度运行的正当性和权利保障问题。透过裁判文书可以发现，无论是裁判结果还是说理依据，都充分体现了法院对于行政裁量权的充分遵从。如第14号案件张某诉济南市天桥区教育局中，对于外来务工人员子女在没有达到一定积分要求入读某个学校情形下，教育部门是否有权调剂即涉及行政裁量权问题。对此，一审法院认为"被告可以根据天桥区的实际情况，制定具体的招生政策。且在入学招生阶段，赋分标准对于非天桥区户籍的入学儿童平等适用，并无不当……被告安排其进入离家相对就近的济南市天成路小学就读，已经保障了原告平等接受义务教育的权利"。二审法院也认为"将上诉人调剂到离父母居住地相对较近的天成路小学，被该小学接收，并已入学，保障了其受教育的权利。被上诉人的调剂行为并无不当，也没有违反法律的禁止性规定"。同样，对于县级地方政府的入学政策，法院均予以了尊重。

应该说，基于司法权与行政权的分工，以及就近入学工作的专业性和复杂性，法院有必要在审查行政裁量权中遵从行政权，从而实现维护秩序和保障权利的协调。但这一遵从应是有限的，否则难以实现司法对行政的监督。

从裁判文书来看，多数案件中只是简单地引用条文原文或者行政机关的答辩理由作为依据，有深度的审查分析并不多见。而对于县级地方政府的入学政策，法院亦基本全盘接受。如在第4号案件"张某诉鄞州区教育局案"中，鄞州区教育局针对解决外来务工人员子女的入学问题规定了7个条件，包括在鄞州区依法缴纳基本养老保险或外来务工人员缴纳社会保险一年及以上等，原告因未能满足该条件而未能在当地入学。对此，法院认为，"为解决外来务工人员子女的入学问题，在不影响当地正常的教育秩序，合理利用当地的教育资源，浙江省和宁波市相关的教育行政部门都制定了相应的文件，考虑到义务教育实行县级人民政府为主的管理体系，文件明确具体办法由各县（市）区自行制订。为此，宁波市鄞州区人民政府根据上级文件精神，制定了外来务工人员子女入学的具体办法，被告按该具体办法实施，未违反相关的法律规定"。显然，在行政裁量权普遍存在的今天，法院在恪守边界的同时应通过适当的司法控制促进教育行政法治，这是司法审查行政的过程中应有的立场。

### 3. 司法审查"平等"的边界

从权利保障的角度，就近入学中的平等权属于公民的基本权利，因而对于司法审查"平等"边界的讨论，即是从我国司法权审理宪法性案件的角度，探讨人民法院是否应承担并体现对基本权利的保障职责，而这一职责的履行需避免将宪法规定作为直接的裁判依据。相较于原告在提起诉讼时往往援引《宪法》第三十三条平等权的规定作为其法律依据，法院在进行裁判时则不宜作为直接的裁判依据，但可以作为说理的依据。就近入学平等保障诉求面向的是公民的基本权利，从权利的性质出发，理论上当可以将《宪法》作为裁判依据，基于我国基于《宪法》根本法的地位及我国宪政体制，法院不能直接援引宪法的观点一直得到较多的学术支持，实践中，法院也多遵循这一规则。因此，从维护法制统一的角度，司法审查就近入学平等权中也同样应恪守这一要求。

总体而言，在就近入学平等权案件的司法审查中，法院基本上以恪守司法边界为主要特征，避免触碰行政机关的相关安排，这一方面与教育行政领域的特点有关，需要尊重行政权的专业性，另一方面也与义务教育政策背后的广泛影响力和可能的社会秩序有关，需要谨慎地行使审查权力。当然，如何在恪守边界的同时通过适当的司法控制促进教育行政法治，这也是司法审查行政的过程中所要进一步推进的。

### （三）有限资源下司法应如何作为？

当有限资源遭遇平等诉求，司法审查应如何实现其功能，这在理论和实务层面均不是一个可以轻松解决的问题。基于司法监督行政的制度设计、司法权与行政权的职责差异，司法审查就近入学平等问题的推进尚需从以下几个方面进行。

#### 1.强化法院在法律问题审查上的职能

传统的观点认为，法院是唯一适用法律的国家机关。在当代，行政机关通过适用法律实现对社会的管理已是不争的事实。同时，行政机关对法律的适用贯穿于整个行政过程。如果说法官对于法律的适用最后归结为一项有既判力的裁判，[1] 那么，行政机关在个案中适用法律的结果就是形成一个具体的行政行为。在司法审查中，一般将所针对的问题区分为事实问题和法律问题，并分别适用不同的审查标准。事实问题"是指客观现象的发生、变更或消灭，或即将发生、变更或消灭，不涉及它的法律效果或意义"[2]。而法律问题，指的是"对已认定的事实，按照法律规范应如何做出评价的问题"[3]。

---

[1]　拉伦茨.法学方法论[M].陈爱娥，译.北京：商务印书馆，2005：278.

[2]　王名扬.美国行政法[M].北京：中国法制出版社，1995：680.

[3]　陈杭平.论"事实问题"与"法律问题"的区分[J].中外法学，2011（2）：322-336.

尽管"纯粹的'事实问题'独立于法律而存在，其产生、解决均无需法律的介入；纯粹的'法律问题'也只需通过法律规范的解释、识别或选择予以解答，与案件事实无涉"，但是，当"'法律向下滋生进事实的根部，而事实持续不断地向上延伸进法律'"时，[①]对事实问题抑或法律问题的判断即成为难题，甚至随着社会的发展，原本被认为是法律问题的内容也具有事实的因素，这在不确定法律概念属性的认定上尤为明显。一般认为，行政机关在事实问题上具有更强的专业性，法院给予行政权更多的尊重，而在法律问题上，"行政机关与司法机关都需要解释法规范从而更好地执行、适用法规范。不过，行政机关拥有行政法规范解释权力现象的出现并没有改变法院是裁断法律问题最终权威的事实，行政机关对行政法规范的解释也必须受司法的监督和制约"[②]。

在就近入学的平等保障上，对于学区的布局和划分等多建立在行政机关对于生源、环境、交通及教育政策、教育标准的专业性把握上，司法权一般应予以尊重，但对于是否"就近"、是否"平等"的判断，则因其不确定法律概念的特点，应纳入法律问题范畴，并通过其能动性的发挥体现司法审查行政的应有功能。以"就近"为例，在教育部门提出"就近"不等于最近的直线距离后，已经成为不少法院做出裁判的依据，然而在一些就学距离差异明显的案件中，该理由是否具有信服力仍需反思。又如，在行政机关是否做到"平等"对待问题上，多不愿意去触碰"平等"的内在要求，未能就平等与合理差别、形式平等与实质平等等问题展开深入的分析。此外，一概以尊重行政机关在学区划分上的裁量权为驳回诉讼请求的裁判特点及消极回避案件细节的立场也不利于司法审查功能的实现。如第53号案件中，淮南市政府未能按照规划，将D壹街区住户子女纳入淮南市洞山中学朝阳分校一贯制

---

① 转引自陈杭平.论"事实问题"与"法律问题"的区分[J].中外法学，2011（2）：322-336.

② 高秦伟.行政法规范解释论[M].北京：中国人民大学出版社，2008：9.

学校就学，原告为此提起诉讼，法院未从正面回答这一问题，而认为"负责辖区内义务教育实施工作的行政机关为田家庵区教育局，而非淮南市政府"，"田家庵区教育局已将位于其辖区内的D壹街区纳入淮南市洞山中学淮舜南路分校（田十三小）的学区规划，该小区已完成了学区划分"，从而认为"原告诉请被告不履行法定职责的理由不能成立"，避重就轻的裁判风格非常明显。

总而言之，在就近入学的法律问题上，法院具有司法审查的较大空间，而相对简单的处理则不利于功能的发挥。

2.强化法院的释明职责

在有限资源的现实下，维持正常的入学秩序是国家机关的共同职责。透过裁判文书，同样可以看到教育部门在统筹教育资源、促进教育公平的各种努力。如第78号案件"张某诉厦门市集美区教育局案"中，被告公布的《集美区2019年小学毕业和初中招生工作方案》中规定："招生坚持就近划片原则。……部分公、民办小学非本区户籍毕业生就近入学的实现途径是按照公办学校空学位数进行电脑派位，对未能派到位的，加强政策宣传，引导回户籍所在地升学。招生对象包括在集美区公办小学就读的符合条件的非本区户籍应届毕业生。该方案还规定了民办小学毕业生的录取规程。""全区民办小学毕业生按上述规则排序后，前510名再按毕业小学所属片区，通过随机派位方式派入片区尚有空学位的公办初中，未能推荐参加派位的，应尽早回原户籍地升学。"可见，集美区教育局对于教育资源紧张情况下外来务工人员子女的入学情况做了较为全面的政策安排，也因此得到了法院的支持，认为"由于报名参加派位的人数明显超过辖区所能提供的空学位数，原告最终因积分排名未进入既定范围，无法在集美区升学。这是我市目前外来人口不断增加致使教育资源紧张，当下空学位供给与适龄学生升学需求之间矛盾的现实状况，并非被告怠于履行职责所致"。这样的释明，不仅体现了法院的审查职责，也展现了对教育公平的理解，容易为原告所接受。部分案件的判决词更是以一种与原告共情的方式体现其立场，如第61号案件中，法院非常诚恳地指出，"公民依法享有平等接受义务教育的权利，公民也有权向国家和相关行政机关提出享受更便捷的教育资源的请求，本院能够理解在公共教育资源分布尚不均衡的情况下，邓某为其子女争取更好、更便捷教育资源的心情。但就本案而言，《西区2017公办小学招生学位路段划分公告》作为规范性文件，人民法院没有职权对其整体做普遍性效力判断，其不能成为撤销之诉的标的，只能进行附带性、适用性审查，这是行政诉讼法律制度安排，本院同样希望邓某也能理解"。这种温情在第78号案件中也得到充分体现。本案中，法院一方面肯定了被告在履行法定职责上的努力，同时也指出，"原告父母不远千里来到厦门，为城市的建设和发展贡献自己的力量，是新时期的'厦门人'，理应享受厦门市民应有的权益，其中也包括随迁子女的受义务教育问题。厦门是高颜值的花园城市，具有包容性和开放性，有关部门应高度重视外来务工人员随迁子女的教育问题，不断加大力度提供覆盖面更广，容纳人数更多的教育资源供给。目前岛外大量新兴学校正在如火如荼地开工建设，不少老牌名校也正在深挖潜力扩容，相信外来务工人员随迁子女的教育问题能够逐步得到解决"。在关于积分入学办法的合法性合理性方面，该案做出了较为具体而深入的分析，即"伴随着户籍制度改革推进和全面两孩政策实施等因素，厦门市作为人口持续流入的热点城市，常住人口增长很快，给本来就紧缺的教育资源带来更大压力。尽管厦门市政府采取了一系列措施，深挖教育潜力，扩充学位供给，但仍赶不上人口增数带来的教育需求。集美区作为厦门市外来务工人口较多的地区，被告依照上级文件规定，结合本地区实际制定相关招生政策，未违反上位法的规定，更是为了保障辖区教育秩序的相对公平和稳定。外来务工人员在厦缴纳社保月份、暂住天数等条件，可判断务工人员在厦居住工作的稳定程度及贡献程度。在当前学位供不应求的情况下，据此计算积分排名安排入学名额，具有合理性，亦能保证相对公平。事实上，在国内其他重要人口流入城市，使用积分入学办法为外来务工子女安排学位也较为常见，说明该政策在现阶段确有积极作用"，这都有利于引导原告客观理解教育资源与其诉求之间的关系，从而理性看待入学问题，利于社会秩序的稳定。而第58号案件中，法院也表达了同样的立场，"适龄儿童能否享受到优质教育资源，关乎千家万户的切身利益和国家的未来发展，一直受到社会各界的广泛关注，需要包括学生家长和行政教育主管部门在内的全社会的共同关注和持续努力。本案中，被告为了解决环湖小学适龄入学儿童超出报名人数的问题，在自身能力和职权范围内采取了诸如增加学位数、摇珠派位等办法，对此理应得到广大家长在内的社会各界的理解和支持。被告及其他相关部门在今后的招生工作中如能克服诸如信息采集技术等方面的客观困难，及早掌握适龄儿童底数、及早发布分流预警、及早加强与广大家长的沟通和协调，相信定将收获广大家长在内的社会各界的更大理解和支持"。尽管上述案件最终均以驳回结案，但笔者以为，这种坦诚的立场也能够在一定程度上提升原告对于裁判结果的接受度。

3.发挥司法能动性，通过对平等标准的提炼发挥对公民平等权保障的功能

不以宪法为裁判依据并非意味着法院毫无作为的空间。在有关平等权的案件中，法院不以宪法为直接依据而以平等权理论做出裁判即是一种可行的方向，并已在司法实践中得以呈现。如最高人民法院发布的第一批行政诉讼附带审查规范性文件典型案例之"郑某诉浙江省温岭市人民政府土地行政批准案"中，针对温岭市政府将"已经出嫁的妇女及其子女"排除在申请个人建房用地和安置人口之外，法院认为这一规定与《中华人民共和国妇女权益保障法》等上位法规定精神不符，从而通过裁判维护了"外嫁女"及其子女的合法权益，体现了对这一宪法权利的平等保障。当然，在该案中，法院通过对外嫁女权利是否得到平等对待的判断做出了其对平等的理解，但深入到

"平等"内部，从提炼平等标准的角度体现对平等的理解仍有不足，这在就近入学案件中也同样存在。

剖析裁判文书可以发现，多数案件在面对当事人的"平等保障"诉求时，其实体判决或以已履行法定职责为审查结论，或以适龄儿童已解决入学问题为理由驳回相关诉求，并未就"平等"的标准展开讨论。以第69号案件胡某诉深圳市宝安区教育局案为例，针对原告主张独生子女积分和政策内或全面二孩积分不同的规定与《中华人民共和国人口与计划生育法》规定的"国家提倡一对夫妻生育两个子女"及《义务教育法》规定的受教育者依法享有平等的受教育机会等相抵触，法院通过对《中华人民共和国人口与计划生育法》《广东省人口与计划生育条例》中有关独生子女奖励条款的分析，认为"宝安区积分入学办法（修订稿）对独生子女和政策内或全面二孩分别予以90分和60分积分，是落实《中华人民共和国人口与计划生育法》《广东省人口与计划生育条例》对生育独生子女夫妻的相关奖励规定，对其子女入学在同等条件下予以的优先照顾，具有明确的上位法依据，与'国家提倡一对夫妻生育两个子女'规定并不抵触，也并未违反'受教育者依法享有平等的受教育机会'的原则"。本案中，法官的观点事实上体现了对"平等与合理差别"关系的理解，即平等不是绝对的一模一样，而是承认合理差别的平等。第59号案件中，法官所主张的"在户籍所在地就近入学，恰恰是保障适龄儿童、少年公平接受教育权利的表现……不分户籍的绝对的公平受教育权根本无从谈起"的观点也是这一观点的体现。而在第81号案件"郭某诉长沙市开福区教育局案"中，针对原告对被告采取微机派位招录方式的质疑，法院认为"该种招生方式是在教育资源不均衡的情况下，实现一定区域内的适龄儿童、少年入读初中，公平享受教育资源的合理方式，属于就近入学的合理范围"，"因采取随机派位的方式录取学生，客观上不能保证每一名学生均能在离家最近的初中入学，郭某认为应被安排在距其户籍地最近的初中入学系对就近入学原则的错误理解"。本案中，法院对电脑派位招录方式的合理性进行了肯定，但并未就为什么是合理的展开分析。这些案件也显示，基于教育资源不均衡的现实，就近入学中的平等不是一模一样的平等，而必定在不同的生源之间存在一定的差别，但这一差别是否符合宪法则关涉到"平等"与"合理差别"之间关系的理解问题。

在有关就近入学平等保障的司法审查上，对是否属于"合理差别"是一个非常重要的判断。诚然，法院不能以宪法为裁判的直接依据，但将宪法规定作为说理的依据、以平等权理论阐释其对平等的理解则对于就近入学案件中有着较大的空间。若法院能够用好这一标准，那么在公平已成为新时代优位价值的当下，显然能在"平等权"问题上更好地发挥司法权的保障功能和释明功能。

透过裁判文书，必须看到的是，提起就近入学诉讼的背后仍然是对优质教育资源的追求，而以此方式做出努力亦只是现实生活中极少的部分。从案件的裁判结果来看，法院的作为似乎并不令人满意，个中原因令人深思。在课题研究过程中，笔者也访谈了一些行政庭的法官，了解其对此类案件的受理和审查情况，法官们的立场与裁判文书中所呈现的较为一致，即谨慎和遵从，以及仍然可见的坚持公平的那份热切。或许，就近入学平等权的司法保障尚未引发足够的关注，但伴随着社会的发展，以及平等保障理念和实践的进一步推进，如何进一步发挥司法审查的功能、如何客观理解法院的有限审查权，都是教育公平推进中必须重视的问题。

第五章

# 面向未来的就近入学

《国家中长期教育改革和发展规划纲要（2010—2020年）》提出："把促进公平作为国家基本教育政策。教育公平是社会公平的重要基础。""教育公平的主要责任在政府，全社会要共同促进教育公平。"2012年的"十二五"规划贯彻落实教育规划纲要，通过制度建设和保障体系建设，使教育公平制度化，把促进教育公平落在实处。2017年的"十三五"规划从提高质量、促进公平、优化结构等方面提出了一系列战略任务。在10年规划收官之际，根据2021年3月1日教育部公布的《2020年全国教育事业统计主要结果》，小学学龄儿童净入学率为99.96%，初中阶段毛入学率为102.5%，九年义务教育巩固率从2009年的90.8%上升为95.2%，实现了95%的规划目标。①通过标准化学校建设、政策管控、教育扶贫、信息化运用等方式，教育公平和质量有了较大提升，特定群体的教育权得到较好保障。"到2020年，义务教育阶段随迁子女人数达到1429.7万人，比2015年增长了62.6万人。2020年，85.8%的进城务工人员随迁子女在公办学校就读或者享受政府购买学位的服务。"②

---

① 发展规划司.2020年全国教育事业统计主要结果[EB/OL].（2021-03-01）[2021-04-15]. http://www.moe.gov.cn/jyb_xwfb/gzdt_gzdt/s5987/202103/t20210301_516062.html.

② 教育部：重点推进完善特大城市的随迁子女入学政策[EB/OL].（2021-03-31）[2021-04-15].http://www.moe.gov.cn/jyb_xwfb/moe_2082/2021/2021_zl25/bd/202104/t20210401_523938.html.

这10年也是社会需求和教育领域发生重大变革的时期：人们对优质而公平的教育诉求更为迫切、教育信息化飞速发展、包括民办学校管理机制在内的教育法律和政策做出重大调整等等，都对未来的义务教育提出了新的要求。根据党中央、国务院印发的《中国教育现代化2035》，中办、国办印发的《加快推进教育现代化实施方案（2018—2022年）》及2020年10月29日中国共产党第十九届中央委员会第五次全体会议通过的《中共中央关于制定国民经济和社会发展第十四个五年规划和二〇三五年远景目标的建议》等要求，要在2035年基本实现社会主义现代化，到21世纪中叶把我国建成富强民主文明和谐美丽的社会主义现代化强国，到2035年总体实现教育现代化，成为世界教育强国，义务教育的发展重点需要从均衡发展迈向城乡一体化。因此，在发展环境面临复杂变化的世界格局下、在以满足人民日益增长的美好生活需要为根本目的的要求下，如何进一步推进义务教育的优质和公平，是面向未来的就近入学工作中必须把握的基本方向。

## 一、发展优质而公平的义务教育

作为公民接受教育的基础阶段，义务教育公平不仅是全社会共同关注的民生问题，也"直接影响到一国的国民素质、综合国力及科学技术的发展状况"[①]，关系到在复杂的世界格局中的竞争力问题。放眼世界，以经济和科技实力为基础的综合国力竞争日趋激烈，而且将长期存在。这种竞争在很大程度上取决于人才的数量和质量，而人才竞争的实质是教育的竞争。透过各国教育政策可以发现，各国的蓝图和规划背后承载着建设教育强国、立足世界的国家战略。如美国里根政府时期发布的《国家处在危险之中：教育改革势在必行》即体现了通过教育改革提升整个社会应对世界挑战的目标取向。此

---

① 林喆.公民基本人权法律制度研究[M].北京：北京大学出版社，2006：430.

后，布什政府的"国家教育目标"、克林顿政府的"2000年目标"，即是一个由暗至明、由小到大的雄心勃勃的教育改革目标确立的过程，如克林顿就认为国家教育工作的目标就是保持国际竞争的能力。[①]奥巴马政府时期，出于保障国家竞争力的迫切需求，也不断出台"力争上游计划"和"教育改革蓝图"等教育创新计划，培养面向未来的创新性人才。[②]美国作为世界上教育事业比较发达的国家之一，其历届政府对于教育的持续性重视及未曾间断的教育改革，充分体现了教育在其国家战略中的重要地位。

新中国成立以来，我国对义务教育的重视有目共睹。党的十八大以来，更是把实现义务教育均衡发展作为最大的民生问题摆在优先发展的战略地位，发布了一系列促进义务教育发展的重大政策措施，将促进义务教育均衡发展纳入省级政府对市级政府的绩效考核，调动各级政府抓义务教育均衡发展的积极性和主动性，义务教育优先发展的战略地位得到充分落实。国家通过义务教育质量监测的制度化和常态化，推动学校的内涵发展和教育质量的提高，义务教育公平与优质发展得到较大提升。但与此同时，义务教育要完成从基本均衡到优质均衡的跨越尚存在诸多挑战：数据显示，截至2019年12月底，全国累计2767个县通过了国家义务教育基本均衡认定，占比达到95.32%，累计已有23个省份整体实现县域义务教育基本均衡发展。但区域之间的均衡发展仍存在加大差距。其中东部890个县全部通过，中部872个县通过，西部1005个县通过，中西部已通过县数占中西部总县数的比例为93.24%。目前尚未通过义务教育均衡的中西部县主要分布在贫困地区、民族地区、边远地区，普遍基础差、保障弱。[③]因此，要满足新时代人民群众的新需求，要实现到2035年建成世界教育强国的战略目标，推进义务教育优质

---

① 朱旭东.八、九十年代美国教育改革的目标及其取向[J].比较教育研究，1997（6）：43-47.

② 赵章靖.美国基础教育[M].上海：同济大学出版社，2015：299.

③ 杨三喜.从"基本均衡"到"优质均衡"，义务教育还需迈坎[EB/OL].（2020-05-20）[2021-04-17]. https://guancha.gmw.cn/2020-05/20/content_33845517.htm.

均衡发展，让孩子们共享公平而有质量的教育，重要的方向即是推动城乡义务教育一体化发展。

审视义务教育就近入学中的种种难题，诸如乡村学校的空心化问题、城市大班额问题、学区房问题、外来务工人员随迁子女入学问题等可以发现，其根源之一即是城乡之间存在较大的教育差距，上述现象即是通过教育阻断贫困代际传递的内在渴望和外在表现。2016年7月，《国务院关于统筹推进县域内城乡义务教育一体化改革发展的若干意见》对此做出了全面部署，通过全面改造贫困地区义务教育阶段薄弱学校、统筹城乡义务教育教师资源配置、大力推进县域义务教育均衡发展等举措推动农村义务教育学校不断提升教育教学质量，加快内涵发展，城乡义务教育一体化发展的体制机制已初步形成，城乡教育差距扩大的势头得到遏制，城乡义务教育一体化发展迈出了坚实步伐。而在我国进入新时代，实施乡村振兴战略、实现现代化强国背景下，推进城乡教育均衡发展，保持与发挥城乡教育区域性特色与优势，支持我国乡村振兴战略和促进城乡协调发展的重要举措，对于决胜全面建成小康社会、实现建设现代化强国目标具有重大意义。因此，未来的城乡义务教育一体化工作在继续优化学校的分布设置，解决优质教育硬件均衡的同时，更需要通过教育质量的提升解决实质性难点问题，从而真正实现优质教育资源的共享，真正实现"家门口的学校都是好学校"的公平而优质的义务教育。对此，需重点推进以下工作。

### （一）创新机制，推动城乡师资均衡

提高教育质量，关键在教师。薄弱学校师资水平的提升一方面有赖于国家优化师资队伍构成，提升其政治素质和师德水平，也需要通过创新教师管理、补充、培训、激励机制，建立健全生活待遇、职称评审等机制，激发乡村教师教学的主动性和创造性，让优秀人才扎根乡村、长期从教，助推义务

教育质量的提升。通过促进城乡校长教师交流，合理统筹运用教师资源，满足各校教育教学需要，加快推进教师合理流动，促进义务教育均衡发展。并通过机制体制的保障，实现交流的常态化和长效性。只有城乡师资均衡了，才能真正在提升教育质量的同时留住农村生源，才能实现农村义务教育的良性循环。

### （二）推进精准帮扶，实现优质资源共享

2013年以来，我国累计改善贫困地区义务教育薄弱学校10.8万所，760个贫困县通过县域义务教育基本均衡发展国家实地督导检查，全国99.8%的义务教育学校（含教学点）办学条件达到基本要求。数据显示，截至2020年底，全国建档立卡家庭辍学学生实现动态清零。[①]广西壮族自治区从2016年秋季学期起，免除建档立卡贫困户家庭适龄儿童在幼儿园的保育费和教育费，免除建档立卡贫困户家庭普通高中在校生的学杂费，结合之前已实施的农村义务教育阶段免学杂费和中等职业教育免学费政策，实现建档立卡贫困户子女就学15年免费教育。[②]伴随着义务教育提升的要求，通过区域之间、学校之间帮扶快速地、整体地推进城乡教育质量的均衡尤其显得重要。以浙江省为例，目前已实现所有县（市、区）参与结对帮扶和乡村小规模学校受援结对两个全覆盖，全省共有3000余所、1600余对城乡学校参与结对帮扶，有效撬动学校生源、师资、资源的均衡分布。通过城乡同步课堂、远程专递课堂、教师网络研修、名师网络课堂等形式，结对学校"同师同法同培养"，教育资源公共服务体系基本形成，初步建成教育大资源共享格局，推动城乡孩子共享优质教育资源。2021年初，浙江省教育厅、省委机构编制委员会办

---

① 樊未晨，叶雨婷.教育扶贫斩"穷根"[EB/OL].（2021-03-03）[2021-04-17]. https://baijiahao.baidu.com/s?id=1693234587222213092&wfr=spider&for=pc.

② 庞兴雷.优先发展教育事业[EB/OL].（2017-10-21）[2021-04-17]. http://cpc.people.com.cn/19th/n1/2017/1021/c414305-29600097.html.

公室、省财政厅、省人力资源和社会保障厅共同发布《关于新时代城乡义务教育共同体建设的指导意见》，将进一步扩大城乡学校结对帮扶数量。预计到2022年，全省乡村和镇区的公办义务教育学校将实现教共体全覆盖，最终形成全省域"城乡教共体、均衡又优质"的浙江方案。[①]精准的教育扶贫在实现优质资源共享的同时，促进了实质平等。

**（三）加强义务教育质量监测及督查**

以教育质量监测为工作抓手，促进各项教育改革的深入和教育质量的提升已成为各地教育部门的共同需求，也是评价教育质量均衡情况的一个重要指标，是我国义务教育健康发展的"体检仪"和"指挥棒"。我国于2015年启动义务教育质量监测，2018年7月发布首份《中国义务教育质量监测报告》，通过从学生德育、学生学业、学生体育与健康、学生艺术、学生课业负担、学校课程教学、教师队伍、学校氛围、学校资源配备和使用、家庭教育等10个方面测评，客观分析了义务教育现状，从而为问题和短板的解决提供了方向。据一项不完全统计，我国目前已有21个省区市通过各种方式成立了省级监测评估机构。重庆、浙江等地甚至已经连续多年开展了面向本省市的监测工作。但目前还存在质量监测范围不够全面、结果应用不够充分、未将教育公平情况纳入其中等问题。事实上，将教育公平情况纳入义务教育监测体系是促进公平的重要途径，也是发达国家的普遍做法。我国2017年出台的《县域义务教育优质均衡发展督导评估办法》将资源配置、政府保障程度、教育质量、社会认可度四个方面作为县域义务教育优质均衡发展情况的督导、评估和认定标准，利于教育公平的推进，但尚缺乏更为具体和可操作性的指标。同时，基础义务教育质量国家标准的缺失亦无法为义务教育公平状况的

---

① 浙江在线.浙江省着力推进义务教育优质均衡发展　让孩子共享公平而有质量的教育[EB/OL].（2021-01-15）[2021-04-17].http://www.zj.gov.cn/art/2021/1/15/art_1229400167_59066942.html.

监测提供有效的、具有说服力的客观依据。因此，尽快实现《国家中长期教育改革和发展规划纲要（2010—2020年）》中提出的"制定教育质量国家标准，建立健全教育质量保障体系"目标，并针对义务教育特点制定可具操作性的入学公平监测、均衡状况监测及教学质量监测体系十分必要，以实现义务教育公平的闭环推进。

### （四）推进公立教育和民办教育协调发展

民办教育一直是一种历史的和世界性的存在。相较于公办学校的免试免费和强制入学，民办学校因与自由择校、高学费的关联而带有"贵族学校"的色彩。西方现代意义上的私立学校是20世纪70年代末新自由主义思潮影响下公共服务领域民营化改革的产物，哈耶克（Hayek）等学者主张改变政府垄断教育的局面、与市场一起重构基础教育体制的思想，在客观上推动了私立学校的发展。此后，围绕私立学校在义务教育供给中的主体地位、对受教育权的影响及国家对私立学校的监管等，一直存在多元的观点。与哈耶克、米尔顿·弗里德曼（Milton Friedman）等学者支持性观点相反，美国的麦克默特里（McMurtry）、罗伯特·D.普特南（Robert D. Putnam）等学者认为应捍卫义务教育的公益性而反对私立学校；相较于认为私立学校是对市场主体办学自由的尊重及受教育选择权的尊重的观点，迈克尔·W.阿普尔、普特南等学者则认为其加剧了社会分层和教育不公。此外，是否应加强对私立学校准入条件、涉及政府补助时的教师招聘和招生标准等的监管也是学者关注的内容。总的来说，各国的学校制度和私立教育是各自历史文化、社会结构的产物，其面貌大致相同但各有个性。

我国民办学校自2002年《民办教育促进法》颁布实施以来得到蓬勃发展，其在增加教育供给、提供优质教育、推动教育创新的同时，也因掐尖招生、超纲教学等而备受争议。很长一段时间以来，民办学校招生的激烈竞争也是引发教育焦虑的重要原因。为进一步加强民办学校规范管理，2016年前后，国家出台了《民办学校分类登记实施细则》《国务院关于鼓励社会力量兴办教育促进民办教育健康发展的若干意见》等一系列民办教育"新政"，并在2018年对《民办教育促进法》的修改中将实施义务教育的民办学校整体定位为非营利组织，此后的相关文件又在招生等问题上做出进一步限定。"新法新政"的推出引发强烈震动：支持者认为回归了义务教育的"公益性"要求并可缓解全民教育焦虑、利于孩子健康成长；质疑者则认为这是对民办教育的打压，违背了鼓励社会力量办学的立法规定，民办教育该何去何从备受关注。

笔者认为，公立教育和民办教育都是公民实现受教育权的重要途径，经过40年的改革，我国已呈现两者并举发展的局面。根据我国《宪法》第19条的规定和国家性质，公立教育始终是义务教育的主体，而将义务教育定位于非营利性组织并赋予其承担公共服务的职责，这是国家在义务教育公共服务上的一个重要战略布局，是对民办教育适应义务教育属性、萃取历史文化传统及"新教育公平"诉求等的回应，内含了民办教育制度变革中的国家逻辑、历史逻辑和现实逻辑，具有宪法上的制度基础、历史文化因素和现实需求。当然，民办学校具有区别于公办学校的诸多法律特点，故在民办教育的发展方向上需要更多的探索。较之于招生环节的控制，笔者以为更需考虑民办和公办学校的协调发展，从而充分实现两类学校的功能，共同推进教学质量提升，满足不同的教育需求。一个比较好的格局应该是民办学校和公办学校都可以提供良好的基础教育，在基本教育内容和质量上保持一种均衡状态。相较于公办学校主要提供基本公共教育服务，民办学校因其体制的灵活性有望在个性化教育方面有更多突破并以特色教育为其发展方向。而如果公办学校能够提供更多的优质教育资源，自然就会减少对民办学校的依赖，民办学校为了生存和发展，就必须努力提供特色服务，如此，双方即可以形成一种良性的竞争，互为有益的补充，并合力保障受教育权的完整实现，共同推进教育公平。

## 二、完善就近入学制度

诚然，义务教育公平问题的根本解决有赖于教育资源的均衡，而教育资源均衡了，就近入学中的平等保障也就成为一个顺理成章的结论。也正因如此，以统一强制"就近"的方式安排入学来实现平等对待一直受到学界质疑，认为这一行政思路消解了"就近"权利的应有属性而增强了其"义务"特点，从而无法在法理上获得自洽。但就目前而言，就近入学尽管存在资源硬伤、法理矛盾及公众质疑，但短期内取消就近入学亦不现实，反而会带来更大的义务教育秩序问题。2019年6月23日，中共中央、国务院印发了《关于深化教育教学改革全面提高义务教育质量的意见》（以下简称《意见》），《意见》明确提出："推进义务教育学校免试就近入学全覆盖。"应该说，作为世界各国通行的义务教育入学方式，就近入学有其教育学上的合理性，亦是我国义务教育法定的入学原则，有着广泛的现实基础，而其他入学方式是否优于这一规定亦尚需经过论证及实践检验。作为关乎民生的一项权利，就近入学本不与公平问题发生关联，其问题呈现是特定历史条件下的产物，故而完善相关制度，保障就近入学平等权，是提升就近入学法治化程度和民众满意度的必要手段。

### （一）强化政策衔接，落实权利保障

纵观我国义务教育发展历程可见，国家和地方政府为保障就近入学出台了诸多政策，充分体现了国家在受教育权保障的努力和多种尝试，如"零择校"、积分入学、租售同权等。但基于教育资源的有限性，部分政策的落

实存在现实的障碍，从而不仅无法保障权利，也损害了政策的可信度。以租售同权为例，在中央的政策要求下，地方政府一方面基于权利保障的法理要求和行政要求承认权利的应有性，另一方面基于教育资源的有限性又无法实现同权，诸多争议由此产生。司法裁判显示，离开户籍地所在地寻租较好的教育资源，继而要求教育部门按居住地就近安排的案例不在少数，以租售同权作为明确诉讼理由的也不乏存在。如姜某诉扬州市江都区教育局案中，原告即认为扬州市两级教育行政机关不履行法定职责，未按国务院的租购同权的规定安排其入学。对此，法院认为，"当事人请求行政机关履行法定职责，必须具有提出该申请的实体法上的请求权，且该行政机关具备该法定职责。但《中华人民共和国义务教育法》及江苏省的实施办法等法律、行政法规中对租购同权并没有规定。国家、江苏省及扬州市尚未在教育行政领域制定关于落实租购同权的规范性文件，据此，被上诉人扬州市××区教育局并无依照租购同权履行法定职责的政策依据。故上诉人的法定代理人以租购同权为由，主张安排上诉人至江都实验小学接受教育不属于被上诉人扬州市××区教育局的法定职责范围"。类似情况在积分入学等问题上也同样存在。因此，如何使不同的惠民制度之间得到有效衔接，让政策的红利真正得到实现，是中央和地方在出台政策的过程中需要注意的。

### （二）科学划分学区，兼顾"公平"和"就近"

在有关就近入学的行政诉讼中可以发现，学区划分是否合理科学、是否符合"就近"原则成为不少案件的争议焦点。尽管案件的背后可能仍然是资源优劣问题，尽管案件的裁判结果均未否定行政机关的决定，但如何增进学区划分和调整中的科学性，从而使基于就近入学的公平性进一步得到保障，的确是值得高度关注的民生问题。事实上，从教育部门的角度，每年的招生入学工作通知中均要求"合理确定片区范围"，促进教育公平。但由于学区划分既要维持相当的稳定性，又要结合新的生源情况，要做到充分协调各种利益需求确非易事。针对就近入学的学区划分现状，应重点关注以下两个问题。

1.健全利益表达机制，保障学区划分的科学性

民生问题的背后也关乎民主问题。在社会分层和利益分化的今天，民主的精髓就在于广泛的民意介入，从而达致不同利益诉求间相互博弈的平衡。建立健全畅通的利益表达机制，不仅可以了解民生需求，还可以沟通政府与不同阶层及其成员之间的联系，避免具有破坏性的利益表达方式和行为规范。在这里，健全的利益传递机制和相应的政府回应机制尤为重要，否则听取民意就会变成一种形式，成为决策合法性的借口。就就近入学工作要求而言，"按照现代治理理念，完善各利益相关方参与的划片和片区调整工作机制，强化划片工作程序和内容的公开、公平、公正，提升划片结果的公信力"一直是教育部的工作要求，但在实践中，如何让程序意识深入具体环节，充分保障公众的程序性权利、关注个体的权利需求则仍是一个需要明确和强化的问题。如对于学区划分的合理性问题，原告往往提出未经听证等程序的质疑，而行政机关往往认为，国家、省教育行政部门虽有在施教区划分前通过各利益相关方参与并广泛听取群众意见的工作要求，但该要求并非法律的强制性规定。在程序正当已经成为行政行为合法性基本要件的理论共识和学区划分关涉民众重大利益的现实要求下，类似理由已经无法适应法治的要求，应采用合理的方式完善相关程序机制。

程序公正亦能弥补实体公正之缺憾。个案显示，伴随着社会发展和公民法律意识的提升，以法律救济的方式解决就近入学中的问题已成为民众越来越多的选择，网上反映、信访、行政复议、行政诉讼等得到普遍适用。在行政诉讼中，有关就近入学的法律和政策规定已成为原告们的重要依据。如张某诉郑州市二七区教育局案中，原告的起诉状中不仅比较了两个学校的距离远近、交通情况、路上安全等问题，而且引用了众多法律和政策依据，包括

《义务教育法》、《中共中央关于全面深化改革若干重大问题的决定》、2019年《中共中央、国务院关于深化教育教学改革全面提高义务教育质量的意见》、2020年《中共河南省委河南省人民政府关于深化教育教学改革全面提高义务教育质量的实施意见》、《国务院关于深入推进义务教育均衡发展的意见》、《教育部办公厅关于做好2019年普通中小学招生入学工作的通知》、《河南省教育厅关于做好2020年义务教育招生入学工作的通知》，还结合中华人民共和国国家标准《中小学设计规范》（GB 50099—2011），以此说明该划片方案既不合法也不合理，造成"对流对向上学"，严重违反就近入学全覆盖规定。诚然，学区划分无法做到让每一个人都满意，但通过利益主体对利益分配的平等参与、充分参与和有效参与，可以使最大多数人的共同利益与不同阶层的具体利益相结合，从而形成一种良性的社会利益协调均衡机制，使社会民生得到有效处理。值得注意的是，不同的利益群体因其表达能力不一，对其利益的影响效果也不一，在利益表达的诉求中尤其要关注到弱势群体的声音，促进社会的实质公平。

当然，如果行政机关在学区划分中确已尽到科学性和合理性，法院在个案中也应通过充分的释明来消减疑问和矛盾。如贺某等诉苏州高新区（虎丘区）教育局案中，原告提供的高德地图显示，名悦雅苑至金色小学骑行距离（推荐方案）为3.4千米，至新区实小珠江校区为2.6千米；被告新区教育局提供的百度地图显示，名悦雅苑至金色小学骑行距离为3.2千米，至新区实小珠江校区（状元台路大门）2.4千米。法院认为："本案中，新区教育局对金色小学2019年施教区的划分系继续沿用上一年度的划分标准，公布的区域与上一年度亦保持一致。鉴于2019年案涉辖区内无行政区划调整等变动因素，新区教育局在尊重历史的基础上，继续沿用2018年金色小学施教区范围，能够保障施教区划分的相对稳定性及相同区域内义务教育资源分配的公平性。""从行政效能角度，在划分标准和所属区域与上一年度均无变动的情形下，应当允许行政程序进行必要的简化，故新区教育局虽未以听证会等方式听取公众意见，但该项程序的简化对相对人权益并无实质影响，贺叶等七人坚持'广泛听取意见'属于被诉行政行为法定必经程序的观点，原审法院不予采纳。"笔者认为，这样的释明更为严谨，也能起到更好的释明作用。

2.防止"公平"和"就近"的失衡

近些年来，为了回应就近入学平等保障的诉求，一些地方积极创新工作，如在教育资源相对均衡的地方实行单校划片，在教育资源配置不够均衡的地方尝试推进多校划片，部分地方以电脑摇号的方式缓解公平诉求等。除却"多校划片"和"电脑派位"同样需过程公开保证公正外，这些创新举措也需在保障公平的同时防止"就近"要求的失落，从而引发新的问题，郭某诉长沙市开福区教育局案即是由电脑派位引发的争议。2019年，中央发布《深化教育教学改革全面提高义务教育质量的意见》后，各地纷纷出台"公民同招"政策，民办学校的学区也纳入审批地统一管理，这是否又会冲击公平问题尚需观察。因此，要兼顾就近入学和公平，在确定多校范围、保障选择权与就近权、体现摇号机会目前人人平等的同时，仍然不能偏离"就近"的原旨，即方便入学、利于学龄儿童、少年身心健康的要求。

**（三）完善就近入学招生机制**

客观地说，伴随着"阳光招生"等一系列义务教育招生规则的施行，就近入学招生环节的问题日渐减少，招生秩序总体稳定有序，但仍存在部分一些问题，需要通过制度的完善提升招生法治化程度，保障不同主体的合法权益。

1.完善招生预警机制

划片及片区调整工作备受民众关注。近几年，在一些教育资源特别紧张的地方，教育部门采取了提前发布招生预警的方式，提示相关学校学位情况，提醒家长冷静选择，这对于合理引导家长预期、有序分流生源，切实保障招生工作平稳有序起了积极的作用。但由于生源处在不断变化中，提前一年或两年的预警在一定情况下仍然会影响部分家庭的选择，因此，如何借助更为精准的生源预测，设立必要的过渡时限，给社会留出合理的预期时间，是预警机制设计中需要完善的。

2.完善学位协调机制

多个案例显示，不在户籍地入学的外来务工人员子女、跨区居住的户籍子女在学位紧张的区域入学时往往面临需要协调的问题。从行政机关的角度，学位协调是教育资源不足下落实就近入学的重要措施，而对于学生和家长来说，一定的选择权保障则能更好地达成双赢。以王某诉北京市海淀区教育委员会案为例，原告根据《2019年羊坊店学区适龄儿童入学协调意向书》"填写说明"第1点中要求："如有多个子女希望进入同所学校就读，请将情况如实写在'备注'栏……"其在意向书的"第1意向"栏中填写了"羊坊店中心小学"，其余意向未填写，"备注"栏中填写"翠微小学离家近，方便接送，姐姐在翠微上学"。尽管原告填写的信息可能有不尽清晰之处，但如果相关部门有更细致的工作机制，当能了解其真正的意愿，从而做出更为妥当的入学安排。

3.完善招生解释机制，减少相关入学争议

如同其他领域一样，就近入学工作也面临各种个体问题，需要行政机关积极进行法律解释，从而避免误解，减少相关争议。裴某诉广州市增城区教育局案即与行政机关即未能及时释疑有关。本案中，原告裴某的家长固然存在未在规定期限内填报《积分制入学申请表》的问题，但被告增城区教育局在尚东阳光小区配套学校建成移交后、招生工作启动前，既未就其有否与该小区开发商签订过住宅小区配套学校学位安排协议或其他合作协议及时向该小区全体业主予以明示，也未对作为当年新开办学校的尚东阳光小区配套学校的办学性质、入读条件、招生范围等向该小区业主予以释明。更为突出的问题是，在尚东阳光小区非广州市户籍业主对其子女入学尚东阳光小区配套学校资格存在误解时，作为教育主管部门的被告始终未向该小区业主做出权威、明确的解释，即非广州户籍业主随迁子女不能以业主子女身份，只能按积分入学制方式来获取小区配套学校学位，从而因缺乏必要的沟通和协商，导致做出的招生工作规定存在前后不一、各不相同的情形，影响了来穗人员对积分入学制度和具体招生规定的正确理解，影响了适龄儿童正常入学。对此，法院也明确指出，"虽然上述问题属行政行为中的瑕疵，但希望被告增城区教育局及增城区相关行政机关在今后招生工作中予以改进"。

4.进一步推进招生信息公开机制

根据《政府信息公开条例》的规定，"教育、卫生健康、供水、供电、供气、供热、环境保护、公共交通等与人民群众利益密切相关的公共企事业单位，公开在提供社会公共服务过程中制作、获取的信息，依照相关法律、法规和国务院有关主管部门或者机构的规定执行"。伴随着信息公开的要求、信息化手段的运用及监督机制的完善，义务教育的招生日渐透明，最大程度上保证了招生的程序公正。但在优质资源紧张的地区，要求公布顺位表等新的公开需求也随之出现，如何在处理好个人信息保护的前提下公开应该公开的招生信息，这显然是对教育公平的新挑战，应予以重视和回应。笔者在实地调研中发现，教育部门工作人员也非常认可通过信息化公开招生工作的作用，认为软件的运用能够很好地实现信息查询功能，能够解决85%以上家长的问题，还能通过网上互动问政消除老百姓的疑问。

## 三、推进教育信息化

实践中，教育信息化与教育公平的关系受到越来越多的关注，在此专门予以阐述，以更客观地认识和发挥教育信息化之功能。

### （一）教育信息化与平等保障

"给予人们和群体平等与不平等的程度，往往是依客观的生产状况而定的……依社会进化的一般状态而定的，以及依现有的认识和理解水平而定的。"[①] 以信息技术助推义务教育公平，是受教育平等权发展的自然要求，也是在共享"优质而公平"义务教育诉求下各国教育政策和实践的一种积极回应。

从世界范围看，实施义务教育的国家基本上都以"强制、免费、就近"为基本原则，以普及性和平等性实现国家的教育目标。但受制于资源不均衡等因素，义务教育平等权的实现始终存在现实难题，蕴含着复杂的形式平等与实质平等问题，以教育阻断贫困代际传递的理想需要寻求突破方向，而教育信息化则为此提供了可能。从宪法学的角度，教育信息化这一目标的达成主要是通过两种方式而实现的，一是从权利的享有主体——受教育者的角度而言，教育信息化影响了受教育权的实现方式，即借助信息化，可以有效地消除影响教育公平的各种社会事实因素，从而实现形式平等；二是从权利的保障主体和教育治理角度而言，信息化创新了国家保障权利的方式，既可以借助技术的优势，创设公平的制度环境、排除不合理的差别对待，从而实现形式平等，又可以集中力量、对教育资源获取中的处于弱势地位的群体实施特殊待遇，从而实现实质平等。具体地，其功能体现以下方面。

#### 1.形式平等保障

在教育信息化的使命和现实成效中，对义务教育形式平等权的保障是较为显性而充分的，其主要体现于以下方面：

（1）以学籍管理和招生的信息化保障入学机会平等。学籍是一个学生属于某学校的身份证明，也是确立其与学校法律关系的基础。我国义务教育以就近入学为基本原则，入读公办学校的中小学生亦据此被安排到所在的学区

---

① 博登海默.法理学：法律哲学和法律方法 [M].邓正来，译.北京：中国政法大学出版社，1999：290.

及其学校，学籍号以学生居民身份证号为基础生成，一人一号、籍随人走。应该说，以"户籍地""居住地""父母工作地"等空间标准统一"就近"安排体现了一种形式平等，规范的学籍管理亦有助于这一平等的实现。但由于教育资源的不均衡，就近入学的实际执行中存在跨区域的"择校"现象，学籍管理中的"一人多籍""人籍分离"现象助长了这一不平等。为了更好地规范中小学生学籍管理，2013年，教育部《中小学生学籍管理办法》第三条规定"学生学籍管理采用信息化方式"，从而取代了此前学籍信息纸质登记和变更的管理方式，通过电子学籍系统确保信息的真实、准确和完整，并通过"提升教育管理信息化水平，充分发挥学籍管理系统在治理择校问题上的基础性、机制性作用"[1]，及时发现学籍信息的异常变动，保障就近入学平等。

　　而在招生环节，则通过公开实现对平等的保障。在教育信息化的推动下，我国地方政府通过"义务教育入学服务平台"（如北京市义务教育服务平台：https://yjrx.bjedu.cn）或"义务教育学校招生报名系统"（如广州市义务教育学校招生报名系统：http://zs.gzeducms.cn/）等平台建设，将招生政策、入学流程、操作流程、疑问解答及招生查询等信息进行网上公开，从而进一步增强了招生过程的透明度，有利于入学机会平等。如上海市于2015年全面启用"上海市义务教育入学报名系统"，不仅方便了家长，也形成了更为有利的社会监控体系，"学生、家长在登录系统信息确认后，就知道自己该进哪个学校。如果进的不是那个学校，或者某个孩子不应该进哪个学校却进了，那么就会立刻暴露出来"，因为"每个不规范的'操作'都有记录"[2]。此外，在入学矛盾比较突出的学区，以"电脑派位"等信息化的方式确定录取结果也体现了形式平等，韩国即在"就近"安排的原则下，由各学区内的计算机

---

① 教育部关于印发《教育部2018年工作要点》的通知（教政法〔2018〕1号）。

② 促进教育公平，信息化如何破解"抢尖战"？一张学籍卡背后的奥秘[EB/OL].（2018-09-26）[2020-08-26].
https://www.shxwcb.com/195053.html.

随机确定适龄儿童的就读学校。①我国公办学校极少采用这种方式。2019年，中共中央 国务院发布《关于深化教育教学改革全面提高义务教育质量的意见》，规定民办义务教育学校"报名人数超过招生计划的，实行电脑随机录取"，即体现了以信息化方式保障入学机会平等的取向。

（2）以信息化建设实现优质数字资源共享。通过资源共享解决因资源配置不均而造成的教育不公，从而实现优质而公平的义务教育是各国教育信息化最基础也最核心的使命。如澳大利亚联邦政府的"数字教育革命"（DER）计划即希望通过教育设施的均等配置、课程和资源的随时获取推进教育均衡；法国在其《重建共和国基础教育规划法》中也提出了通过发展数字化技术和推广数字化教学来促进教育公平。②我国自20世纪90年代开始"网络校校通"建设以来，信息化进程有目共睹，教育资源供给服务平台、教育管理公共服务平台初具规模。③根据《教育信息化2.0行动计划》，到2022年将基本实现"三全两高一大"的发展目标，即教学应用覆盖全体教师、学习应用覆盖全体适龄学生、数字校园建设覆盖全体学校，信息化应用水平和师生信息素养普遍提高，建成"互联网＋教育"大平台。教育信息化"突破时空限制、快速复制传播、呈现手段丰富的独特优势"为优质数字资源的平等共享提供了可能。以国家中小学网络云平台为例，自2020年2月17日开通后，能同时容纳5000万人在线学习，至5月初，浏览次数达20亿。④

2.实质公平保障

在有关平等权的理解中，对形式平等和实质平等的区分具有重要意义。

---

① 索锋，孙启林.韩国基础教育[M].上海：同济大学出版社，2015：5.

② 王晓宁，张梦琦.法国基础教育[M].上海：同济大学出版社，2015：250.

③ 王刚，王艺璇."十三五"期间我国关键教育政策问题与对策建议[J].现代教育管理，2020（3）：36-44.

④ 中国教育报.疫情期间，我国面向两亿多大中小学生开展大规模在线教学——奏响在线教育变革序曲[EB/OL].（2020-08-15）[2020-08-28].http://www.moe.gov.cn/jyb_xwfb/s5147/202008/t20200817_478459.htm.

如前所述，形式平等强调"无差别的同等对待"，这是个体间人格平等的必然要求。在我国义务教育公平问题上，基于历史的原因，一直存在着城乡之间、区域之间和校际之间的差距，教育信息化的使命即是要通过扶弱来缩短差距，实现实质平等，其面向的重点主要是经济落后地区及作为特定群体的进城务工人员随迁子女。

（1）以信息化助推教育扶贫。治贫先治愚，扶贫先扶智。教育在扶贫工作中具有基础性、先导性和持续性作用，是阻断贫困代际传递的根本途径。随着我国信息化建设和应用水平的不断提升，信息技术作为一种先进生产力，逐渐成为实施精准扶贫的有效手段和政策选择，其着力点涵盖基础设施配置、教学平台建设、教师信息技术应用能力培训等方面，从而从硬件、软件和政策支持等多重层面加强贫困地区教育信息化建设，提升欠发达地区的教育质量，缩小区域、城乡、校际教育差距。如2001年《国务院关于基础教育改革与发展的决定》，《2004—2010年西部地区教育事业发展规划》《国务院关于深入推进义务教育均衡发展的意见》（国发〔2012〕48号）、《国务院办公厅关于印发国家贫困地区儿童发展规划（2014—2020年）的通知》等均将推进农村中小学数字教育资源全覆盖项目建设、加强教师信息技术应用能力培训，扩大优质数字教育资源共享范围等作为重要的工作内容。部分调研显示，教育信息化为贫困地区孩子接受公平而有质量的教育提供了更多的机会。如部分"农村教学点数字学校建设后，农村教学点的课程开齐率达到100%，质量达标率达到98%以上"，"农村贫困地区教师信息技术能力培训效果整体较好，其中有30%的教师达到优秀水平，50%的教师达到良好水平"，"87.1%的农村贫困学生认为"自己的学习兴趣更浓了"等。[①] 近年来，信息化扶贫进一步精准化，在运用大数据识别贫困学生的基础上进行精准扶贫有

---

① 马敏.信息化推进教育精准扶贫脱贫：行动与效果[EB/OL].（2018-11-23）[2020-09-20].https://www.sohu.com/a/277286753_100886.

望进一步推进受教育权实质平等的保障。

（2）以信息化管理保障进城务工人员随迁子女受教育权。作为一个特定的群体，农民工随迁子女的受教育权保障问题至今仍是义务教育公平的焦点问题。根据我国《义务教育法》的规定，随迁子女有权在其父母工作地、居住地就近入学，国家在保障城务工人员随迁子女平等接受义务教育方面亦出台了不少规定，如要求"坚持以流入地为主、以公办学校为主"的"两为主"政策，将常住人口纳入区域教育发展规划，按照进城务工人员随迁子女在校人数拨付教育经费，适度扩大公办学校资源等。各地的居住证制度也将居住证持有人享受义务教育等基本公共服务在立法中予以明确，尽力满足进城务工人员随迁子女在公办学校平等接受义务教育的需求。然囿于城市教育资源的有限性，随迁子女受教育权的实现始终存在现实的障碍。目前，教育信息化对此的作用主要体现于通过学籍信息管理系统为随迁子女转学提供便利、通过学籍系统监测随迁子女流动情况，从而实现其学校教育的对接，保证每一个学生完整地接受义务教育，防止辍学现象的发生。此外，通过信息化管理，可杜绝义务教育生均经费拨付的误差，以及将随迁子女义务教育纳入公共教育体系，根据进城务工人员随迁子女流入的数量、分布和变化趋势等情况，合理规划学校布局和发展，从而统筹安排其入学问题。可见，教育信息化通过学籍信息的透明化和信息联通、大数据分析等，可以为随迁子女受教育权的实现提供从宏观规划到个体入学的技术支持，有利于义务教育的实质平等。

**（二）教育信息化之于平等保障的局限性**

以教育信息化全面推动教育现代化已成为我国教育事业发展的战略选择。2019年2月24日，中共中央、国务院印发的《中国教育现代化2035》将"加快信息化时代教育变革"列为十大战略任务之一，全面审视这一趋势下的义务教育公平保障现状及其方向显然十分必要。事实上，信息化在改变传统的教育教学管理、教育资源的配置，从而实现受教育权的形式平等和实质平等同时，其显性和隐性的局限性乃至问题亦逐渐呈现，其对于形式平等保障的冲击、对于平等保障职责主体的模糊化及对平等权保障的虚化都有可能使义务教育平等保障的目标发生偏离，必须予以重视。

1.形式平等的部分失却

如前所述，形式平等重在"排除不合理的差别对待"，避免因家庭、出身、经济状况等原因而造成的不平等。基于此，义务教育以免费为特点，保障所有适龄儿童和少年均能不因经济因素不同而平等地接受教育。但在信息化教学中，因家庭经济差异、区域经济发展差距，已逐渐呈现出这一形式平等保障的困境，这在2020年疫情下全面铺开的在线教学中已经得到证实。而相关数据也显示，尽管截至2019年，我国"义务教育阶段建立校园网学校比例继续提高……农村小学、初中建网学校比例分别为65.7%和74.2%"，但仍然比城市学校分别"低17.3和11.5百分点，城乡差距依然较大"①。又如，"电脑派位"体现了"运气面前人人平等"的特点，但同样应防止形式平等问题，如派位软件是否经过第三方认证、派位过程是否有人大代表和家长代表等的监督及公证处的公证，从而保证结果的公开和公平。因此，在技术变革教育的同时，如何在制度和资源层面保障基本的机会平等，避免公民受教育平等保障受到新的冲击是需要首先予以关注和解决的。

2.平等差距的进一步扩大

教育信息化过程中，一个需要警惕的现象是：技术可以用来支持公平，但也有可能加剧现有的偏见和不平等。构成技术公平挑战的因素包括：学生

---

① 教育部.中国教育概况——2019年全国教育事业发展情况[EB/OL].（2020-08-31）[2020-09-20].http://www.moe.gov.cn/jyb_sjzl/s5990/202008/t20200831_483697.html.

公平获取技术的条件如相关工具和能力、学校的信息化资源及教师的信息应用能力、家庭参与信息化的可能等。2020年新冠疫情期间，与经济发达地区学校运用多种数字平台进行教学创新形成明显对比的是，贫困地区的孩子们缺乏必要终端设备接入线上课堂的问题也呈现在大众面前。尽管个案问题可以通过特殊方式得以解决，但如何解决贫困地区、贫困家庭在教育信息化中的困境仍然是推进义务教育公平中需要重点考虑的问题，否则用来弥合城乡差距的教育信息化将进一步拉大这一差距。此外，伴随着信息素养成为信息化时代基本能力的构成，这种差距将进一步产生马太效应，这是必须予以避免的，否则将导致教育公平问题的恶性循环。

3.平等权保障职责的模糊

作为公民的一项基本权利，受教育权平等保障的职责主体主要是国家，义务教育因其基本公共服务的性质，更是强化了国家保障的职责，这在《宪法》原理和运用层面已经获得一致的共识。而在教育信息化的背景下，这一职责的履行具有一定的特殊性。教育信息化涉及基础设施建设、技术开发和运用等多个环节，涉及国家、企业、学校和家庭等多元主体的职责履行和配合。目前，国家在教育信息化的宏观规划、具体推进等方面出台了不少指导性文件，基础设施投入力度和目标方向清晰可见。而伴随着国家教育信息化基础建设已经基本完成，教育信息化进入应用驱动时代，教育现代化的推进和教育公平的提升则有赖于企业的创新发展、学校的积极变革、家庭的配合支持及国家的基本保障和监测，因此理顺不同主体的职责对于义务教育平等权的实现十分重要。以企业为例，如果说教育信息化1.0时代的一个较大的问题是企业对于教育信息化参与度不够"，那么，在教育信息化2.0背景下"互联网+教育"企业如何参与优质教育服务供给，承担助推教育公平的社会责任则需进一步厘清国家与市场的关系，并通过具体的机制予以明确。又如，在疫情期间的在线教学中，家长从幕后走向台前，承担了大量的教育职责，尽管这也体现了我国一直以来"家校共育"的传统文化，但也导致学校与家长之间职责的模糊。因此，进一步厘清教育信息化中国家与企业、学校、家庭之间的职责界分，是教育信息化全面影响义务教育背景下防止平等权保障缺漏和方向偏离的重要问题。

4.受教育权平等保障认识的虚化

在信息化助推教育公平的理念和实践中，一个需要避免的方向是期望技术能够解决教育公平的所有问题。技术在教育问题的局限性决定了，技术无法从根本上解决教育的基础性问题，也就是教育的本质。关于教育究竟是什么，自古以来无数思想家提出自己的观点而并无统一的答案，普通民众亦有自己的理解。然而在各种不同层面的讨论中，一个共同的指向是，教育的目的和方法始终都不能离开"人"。如康德认为教育应合乎人性，"对孩子们的教育，不应以当前人类状况为准，而应以未来人类可能获取的更佳状况为准，这里所说的更佳状况是指，合乎人性的理念及其所有的使命"[①]。弗洛因德认为"教育完全是为了人，为了帮人成为人"[②]，杜威提出"以儿童为中心"的教育思想等。我国儒家所说的因材施教，亦主张以"人"为核心实施教育内容和教育方法。因此真正的教育，必定要回归到"人"的品格部分，包括人格培养、道德完善、思维创新等，而这些贯彻于整个教育过程，非单纯的技术所能解决。同时，教育信息化使知识传播更为迅速，获取知识的成本变低，手段更为丰富，从而为教育公平提供了条件，但技术的统一性只能实现形式上的平等，而对教育过程中基于个体能力差异的实质平等则无能为力，仍需借助于教师的教育扶助。事实上，教育信息化也不以公平为终极目标，而在个性化学习上被更多地期待。因公平和质量并举而被树为义务教育典范的芬兰，其在教育信息化背景下更为重视的是"针对每个学生制定更加适切

---

① 萨瓦特尔.教育的价值[M].李丽，孙颖屏，译.北京：北京大学出版社，2012：177.

② 萨瓦特尔.教育的价值[M].李丽，孙颖屏，译.北京：北京大学出版社，2012：200.

的、内容和形式更加丰富多彩的个性化教学和学习计划"[①]。或许，教育信息化的终极意义也正应如此，因为这才是真正体现了教育与"人"的关系。因此，充分认识技术作用于教育的局限性，避免教育的技术化，是尊重教育规律、解决教育公平问题的应有立场。

同时，对受教育权平等保障的理解也要透过表象、跟进社会发展，防止平等保障的断层。以进城务工人员随迁子女群体为例，其在借助信息化实现义务教育平等保障的同时，平等的实现程度及其对后续的影响容易被忽视。相关调研显示，尽管"约八成进城务工人员随迁子女就读于公办学校，他们在流入地升普通高中仍面临较大压力"。"2017年当年共有初中随迁子女毕业生125.07万人，但考入普通高中的随迁子女只有42.81万人，随迁子女的普通高中升学率仅为34.23%，比当地考生升入普通高中的机会平均少23.02百分点。"[②]这表明，尽管随迁子女实现了入学机会平等，但由于入读学校的差异等其他因素，其在义务教育结果上仍然呈现出与城市学生较大的差距，并深远地影响其未来的发展。因此，深入到平等权内部，保障平等保障的持续性，也是信息化时代必须坚持的平等理念并予以推进。

（三）信息化助推义务教育公平的实现路径

信息技术发展本身承载着正义维度，其"实质是把人的价值、尊严和权利视为信息技术及其开发、应用过程中人的行为的根本"[③]。然而信息技术作为一种手段和辅助工具，其正义的价值取向仍然需要用制度予以规范，防止其运用中的"恶"。社会发展史已经证实，法治视野下的良法美制方是更为稳定的、可持续的权利保障利器。因此，适应技术变革趋势，加强制度保

① 康建朝、李栋.芬兰基础教育[M].上海：同济大学出版社，2015：251.

② 原春琳.《中国农村教育发展报告2019》：约八成随迁子女读公办校[EB/OL].（2019-01-14）[2020-09-20]. http://edu.zjol.com.cn/jyjsb/zxx/201901/t20190114_9240067.shtml.

③ 李华荣.信息技术的正义维度[J].山西高等学校社会科学学报，2001（5）：33-35.

障,是在现有基础上推进义务教育公平的重要途径。

1.加强法律控制,提升信息化运用的程序公正

在有关义务教育公平的质疑和引发教育不公的原因中,信息不公开、不对称是重要的缘由,以公开体现公平是最令人信服度的方式。目前,基于政府信息公开的要求和教育公平的推进,我国义务教育的招生政策、学区划分等信息基本实现了网上公开,但民众关心的一些核心信息如各校师资分析、入学录取详情、学区学位变动等尚不够透明和精准,对信息化手段的公平性亦尚存疑,教育公平的信任度有待整体提升,这些都需要通过信息化的规范运作、信息公开、有效监管等予以法律控制,否则仍然无法改变教育公平的现状和满意度。为此,可以针对焦点问题提升公平指数。如可以在有效处理隐私内容的基础上充分公开学校资源及录取信息,最大限度地消除民众的公平质疑,提升公平信任度。又如,对于部分学位紧张的学校,可通过部门间信息共享和大数据分析的优势,动态地发布相关信息,及时发布生源预警,引导民众理性看待"热门学校"问题;又如,针对摇号录取的各种猜测,可以进一步严格摇号规则和程序,包括加强摇号程序软件的监管和保密、进一步透明摇号过程等,从而从制度层面规范信息技术的运用,推进义务教育公平。

2.完善精准扶弱机制,有效缩小"教育鸿沟"

借助信息化优势及相关机制,有效缩小区域差距、校际差距和家庭差距是实现义务教育实质公平的重要方向,也是持续推进公平的必要构成。为此,需要重点完善以下机制:一是扶弱信息的收集、监测和更新机制。对信息的精准掌握是精准扶弱的基础,其既包括区域、学校等整体层面上的教育实况,也包括家庭、学生个体层面上的教育需求;既包括信息的常态化管理,也包括对异常变动的监测和更新。结合信息化和大数据分析,可以随时精准地掌握扶弱对象需求,从而利于精准扶弱。二是建立稳定的多渠道多主体扶弱协助机制。导致教育落后的原因多样,教育扶弱需要持续、全过程地

进行。从了解信息到实施，需要社区、学校、社会力量及国家多元主体的共同参与和努力，从而精准掌握现状、精准采取措施。为此，可以建立信息共享机制，根据不同主体的优势分解帮扶内容、充分发挥供需的有效对接。三是建构教育发展机制。扶贫、脱贫并非教育公平的目标，优质教育的全面均衡方是教育公平的体现。利用信息实现优质资源共享、提升贫困地区的学校课程建设、教学改革和教师专业发展水平是教育扶弱的关键，国家需要进一步加大支持力度，从根本上解决教育差距问题。

3.丰富教育资源供给方式，建立数据共享与运用机制

基本权利的性质决定了义务教育的公平保障职责主要在于国家，因此，国家在推进教育信息化、解决教育公平问题上有不可推卸的责任。党的十九大报告中"努力让每个孩子都能享有公平而有质量的教育"的宣示亦表明了我国的官方立场。然而在现代"小政府大社会"理念及"教育关乎千家万户"的特点下，教育公平的推进需要社会多元主体的共同推进。在教育信息化领域，一个突出的特点是，教育资源的供给已经实现了较大程度的社会化。由新冠疫情下的在线教学情况也可见，除了国家教学平台、省级教学平台的支撑外，钉钉、腾讯会议等企业平台发挥了积极作用。因此，建立合乎法治的教育信息化市场机制及数据共享与数据运用机制，形成企业、学校、家长等多元社会力量支持体系，是形塑教育公平不可或缺的重要组成。

## 四、改革高考升学选拔机制

义务教育属于基础教育，其主要功能本应定位于素质教育。但由于我国义务教育阶段以外的优质教育多需通过竞争获得，评价学校的优质程度亦更多地体现在升学选拔的应试能力上，因此某一阶段优质资源的获得在相当程度上影响着后一阶段的资源优劣及未来的前途可能，这也是就近入学成为

我国民生问题的原因。而只要在选拔性考试中以分录取的情况没有改变，资源之间存在差异，那么对优质资源的争夺将会始终存在。因此，在义务教育已经普及的情况下，进一步提升高等教育投入水平，完善教育选拔和评价机制，丰富教育手段，发展继续教育等是解决教育公平问题的核心。而如何改变，需要时日，也需要更完善的顶层设计。

## 五、完善受教育权救济制度

作为公民的一项基本权利，受教育权救济制度的完善程度对于保障公民受教育权的实现、促进受教育权的健康发展具有重要的作用。从世界范围看，将受教育权保障纳入司法救济范畴是众多国家的共同选择。我国从《宪法》到教育法律规范都对受教育权做了较为充分的规定，但相较于其他基本权利，救济渠道相对狭窄，《行政复议法》《行政诉讼法》未将之列入明确列举的受案范围，传统的信访、投诉等成为常见的问题解决方式。由就近入学的裁判文书也可见，诉讼往往是其在其他方式无法解决诉求下的最后选择。在推进国家治理现代化的过程中，将各类教育纠纷的解决纳入法治渠道，建立以行政诉讼、行政复议为主，行政调解为辅的多元解决机制显然是保障权利、实现教育公平的重要方向，这不仅需要从理论上进一步探索符合我国国情受教育权的救济制度，亦需要在实践中不断优化和完善，从而不断提升教育法治程度。

# 结　语

充分实现"就近"及其选择权是就近入学的理想态样，也是未来教育进一步走向开放、多元、个性化，从而充分实现教育目的的必然要求。从我国国情出发，就近入学仍将是义务教育入学的基本原则，其与教育公平的关联仍将在一定时期内客观存在，是解决中国式教育公平的重要课题。党的十九大报告指出，"建设教育强国是中华民族伟大复兴的基础工程，必须把教育事业放在优先位置，深化教育改革，加快教育现代化，办好人民满意的教育"。在中国特色社会主义进入新时代的历史进程下，要实现《中国教育现代化2035》中长期战略规划，更高质量、更加公平、更具个性的义务教育需求也更为迫切。期待在不久的将来，没有了学区房的炒作、没有了家长们四处寻求优质资源的焦虑，孩子们都能在离家最近的学校享受同等的优质教育，身心健康地快乐成长。

教育既是全球化的重要内容，也是推动人类走向美好世界的重要力量。教育一方面由它所在的社会所决定，不同国家有着不同的文化、教育制度和传统，但教育也是世界的共同语言。在"提高质量、促进公平、推动发展"已成为世界教育改革共同主题的背景下，"以平等的关切对待处在某种境况下的一些群体"[1]始终是教育治理现代化、实现美好教育应坚持的方向，更是人类永恒的追求。

---

① 德沃金.至上的美德：平等的理论与实践[M].冯克利，译.南京：江苏人民出版社，2003：（导论）7.

# 参考文献

## 一、著作

[1] Pete Alcock，Margaret May，Karen Rowinggson，主编.解析社会政策（上）：重要概念与主要理论[M].彭华民，等译.上海：华东理工大学出版社，2017.

[2] Pete Alcock，Margaret May，Karen Rowinggson，主编.解析社会政策（下）：福利提供与福利治理[M].彭华民，等译.上海：华东理工大学出版社，2017.

[3] 奥斯特罗姆.公共事物的治理之道：集体行动制度的演进[M].余逊达，陈旭东，译.上海：上海译文出版社，2012.

[4] 鲍传友.教育公平与政府责任[M].北京：北京师范大学出版社，2011.

[5] 博登海默.法理学：法律哲学和法律方法[M].邓正来，译.北京：中国政法大学出版社，1999.

[6] 陈新民.行政法学总论[M]. 6版.台北：三民书局，1997.

[7] 德沃金.至上的美德：平等的理论与实践（导论）[M].冯克利，译.南京：江苏人民出版社，2003.

[8] 高秦伟.行政法规范解释论[M].北京：中国人民大学出版社，2008.

[9] 胡军，刘万芩.加拿大基础教育[M].上海：同济大学出版社，2015.

[10]姜晓燕，赵伟.俄罗斯基础教育[M].上海：同济大学出版社，2015.

[11]橘本俊诏.日本的教育不平等[M].彭曦，译.南京：南京大学出版社，2015.

[12]坎布朗−麦凯布，麦卡锡，托马斯.教育法学：教师与学生的权利（第5版）[M].江雪梅，茅锐，王晓玲，译.北京：中国人民大学出版社，2010.

[13]康建朝,李栋.芬兰基础教育[M].上海:同济大学出版社,2015.

[14]克雷明.公共教育[M].宇文利,译.北京:中国人民大学出版社,2016.

[15]拉伦茨.法学方法论[M].陈爱娥,译.北京:商务印书馆,2005.

[16]劳凯声.变革社会中的教育权与受教育权:教育法学基本问题研究[M].北京:教育科学出版社,2003.

[17]李建民.英国基础教育[M].上海:同济大学出版社,2015.

[18]李新翠.澳大利亚基础教育[M].上海:同济大学出版社,2015.

[19]林来梵.从宪法规范到规范宪法——规范宪法学的一种前言[M].北京:法律出版社,2001.

[20]林喆.公民基本人权法律制度研究[M].北京:北京大学出版社,2006.

[21]刘山.日本近代普及义务教育研究[M].北京:人民出版社,2016.

[22]毛雷尔.行政法学总论[M].高家伟,译.北京:法律出版社,2000.

[23]帕尔默,主编.教育究竟是什么? 100位思想家论教育[M].任钟印,诸惠芳,译.北京:北京大学出版社,2008.

[24]秦琳.德国基础教育[M].上海:同济大学出版社,2015.

[25]萨瓦特尔.教育的价值[M].李丽,孙颖屏,译.北京:北京大学出版社,2012.

[26]申素平.教育法学:原理、规范与应用[M].北京:教育科学出版社,2009.

[27]沈岿,主编.风险规制与行政法新发展[M].北京:法律出版社,2013.

[28]沈亚芳,谢童伟,张锦华.中国农村的教育贫困与教育补偿机制研究[M].上海:上海财经大学出版社,2011.

[29]施瓦德勒.论人的尊严——人格的本源与生命的文化（法哲学学术译丛）[M].北京:人民出版社,2017.

[30]斯科特.规制、治理与法律:前沿问题研究（法学精义）[M].安永康,译.宋华琳,注释.北京:清华大学出版社,2018.

[31]苏力.大国宪制：历史中国的制度构成[M].北京：北京大学出版社，2018.

[32]索丰，孙启林.韩国基础教育[M].上海：同济大学出版社，2015.

[33]田辉.日本基础教育[M].上海：同济大学出版社，2015.

[34]王名扬.美国行政法[M].北京：中国法制出版社，1995.

[35]王晓宁，张梦琦.法国基础教育[M].上海：同济大学出版社，2015.

[36]温辉.受教育权入宪研究[M].北京：北京大学出版社，2003.

[37]吴康宁.教育改革的"中国问题"[M].南京：南京师范大学出版社，2015.

[38]熊丙奇.教育公平：让教育回归本质[M].上海：华东师范大学出版社，
2014.

[39]杨东平，主编.中国教育发展报告（2014）[M].北京：社会科学文献出版社，
2014.

[40]英伯，吉尔.美国教育法（第3版）[M].李晓燕，申素平，陈蔚，译.北京：
教育科学出版社，2011.

[41]余凌云.行政法上合法预期之保护[M].北京：清华大学出版社，2012.

[42]张翔.基本权利的规范建构（增订版）[M].北京：法律出版社，2017.

[43]章剑生.现代行政法总论[M].北京：法律出版社，2014.

[44]赵章靖.美国基础教育[M].上海：同济大学出版社，2015.

## 二、论文

[1] 安延.法国就近入学制度遭质疑[J].基础教育参考，2007（8）：27-28.

[2] 陈新民.德国行政法的先驱者——谈德国19世纪行政法学的发展[J].行政
法学研究，1998（1）：31-40.

[3] 陈杭平.论"事实问题"与"法律问题"的区分[J].中外法学，2011（2）：
322-336.

[4] 陈根芳.就近入学探究[J].杭州师范学院学报，2000（7）：116-120.

[5] 陈纯槿，顾小清.互联网是否扩大了教育结果不平等——基于PISA上海数据的实证研究[J].北京大学教育评论，2017（1）：140-153.

[6] 程雁雷，隋世锋.论学区划分的法律属性及其法律规制[J].行政法学研究，2019（5）：95-105.

[7] 胡锦山.从巴基案到密歇根大学案——美国高校录取中种族优惠政策的演变[J].厦门大学学报（哲学社会科学版），2012（5）：52-58.

[8] 胡劲松.从等级化到标准化：义务教育阶段学校建设的新趋势——基于广东省的实证研究[J].教育理论与实践，2005（12）：36-39.

[9] 黄学贤.行政法中合法预期保护的理论研究与实践发展[J].政治与法律，2016（9）：83-97.

[10]姜永久，张杰仲，吴树琴.1988、1989年贯彻《中华人民共和国义务教育法》的情况[J].中国法律年鉴，1990（1）：124.

[11]罗宏述.义务教育立法刍议[J].中国法学，1986（5）：34-38.

[12]劳文.关于改进初中入学办法的若干思考[J].中小学管理，1993（6）：14-18.

[13]劳文.就近入学与义务教育的发展[J].中小学管理，1994（8）：6-9.

[14]劳凯声.重构公共教育体制：别国的经验和我国的实践[J].北京师范大学学报（社会科学版），2003（4）：75-86.

[15]李华荣.信息技术的正义维度[J].山西高等学校社会科学学报，2001（5）：33-35.

[16]李军.我国义务教育阶段就近入学政策分析[D].上海：华东师范大学，2007.

[17]李换.义务教育择校现状及合理性探究——基于教育公平视角[D].新乡：河南师范大学，2011.

[18]刘文平.受教育权实现的国家义务——以社会权的双重性理论为视角[D].
厦门：厦门大学，2009.

[19]吕亚萍.反向歧视的平等意蕴——对巴基案的省思[J].北大法律评论，2012
（2）：404-421.

[20]林茉梓.特朗普政府政策下美国学区制的发展趋势及启示[J].科教导刊，
2019（5）（上）：11-13.

[21]卢乃桂，董辉.审视择校现象：全球脉络与本土境遇下的思索[J].教育发
展研究，2009（20）：1-6.

[22]梁友君.就近入学：成败得失如何——来自哈尔滨、大连的报告[J].人民
教育，1995（10）：25-28.

[23]雷万鹏，王浩文.70年义务教育学校布局调整回顾与反思[J].华中师范大
学学报（人文社会科学版），2019（6）：12-24.

[24]苗连营.民生问题的宪法学思考[J].国家检察官学院学报，2010（3）：47-
56.

[25]马岭.宪法中的平等权[C].中国宪法年刊，2006：57-71.

[26]马涛，王广辉.受教育权实现路径新论——基于法律基本权利功能的视角
[J].社会科学战线，2012（4）：209-213.

[27]宁本涛，杨柳.从"政策依赖"到"制度自觉"："公民同招"新政的利弊
分析[J].湖南师范大学教育科学学报，2021（3）：98-104，122.

[28]倪娟.从"教育之制"到"教育之治"："公民同招"政策要义及实施风险
防范[J].中国教育学刊，2020（12）：30-34，57.

[29]乔远正.基础教育阶段中美两国择校行为比较研究[D].长沙：湖南师范大
学，2010.

[30]申素平.受教育权的理论内涵和现实边界[J].中国高教研究，2008（4）：
13-16.

[31]孙梦阳.义务教育均衡发展中政府权力配置的路径优化——以制度分析为视角[J].社会科学战线，2020（12）：266–270.

[32]文君，顾楚丹.教育公平向何处去？——基于教育资源供给三阶段的思考[J].国家教育行政学院学报，2017（1）：22–29.

[33]王建华.新教育公平的旨趣[J].教育发展研究，2017（2）：12–17.

[34]王晓辉.择校现象的国际观察与我国的政策选择[J].比较教育研究，2009（8）：47–51.

[35]王美，徐光涛，任友群.信息教育促进教育公平：一剂良药抑或一把双刃剑[J].全球教育展望，2014（2）：39–49.

[36]王刚，王艺璇."十三五"期间我国关键教育政策问题与对策建议[J].现代教育管理，2020（3）：36–44.

[37]王琴.英国中小学入学政策研究[J].基础教育参考，2007（11）：39–42.

[38]吴福生.《义务教育法》实施情况[J].中国法律年鉴，1992（1）：110–112.

[39]薛小蕙.法律—文件共治模式的生成逻辑与规范路径——基于四十年教育规范性文件的考察[J].交大法学，2021（1）：108–120.

[40]杨强.反贫困法治的中国道路[J].法律科学（西北政法大学学报），2021（3）：120–130.

[41]杨敏，汪菲.集团化办学的历史演进、发展模式与优化路径[J].当代教育理论与实践，2021（3）：1–6.

[42]张青波.宪法平等原则对立法分类审查的体系性标准——以美国和德国的实践为参照[J].法商研究，2015（5）：166–174.

[43]张婷."划分学区、就近入学"政策的法律规制：实质平等的视角[J].江汉论坛，2021（3）：138–144.

[44]张雷.协调与互补：美国择校制度及其启示[J].教育导刊，2013（1）：42–45.

[45]张东娇.义务教育阶段择校行为分析——社会资本结构的视角[J].教育发展研究，2010（2）：12-17.

[46]张旸，吴婷婷.我国义务教育供给的变迁研究[J].现代教育管理，2020（12）：35-41.

[47]张海霞.俄罗斯义务教育阶段的公立办学标准及其经费保障[J].现代教育科学，2009（1）：75-77.

[48]周慧蕾.我国学区划分的司法审查实践评析[J].法学，2020（8）：143-159.

[49]周智.义务教育非均衡状态下择校行为分析——从消费者行为视角[D].武汉：华中师范大学，2012.

[50]朱月华.随迁子女义务教育政策分析及改进路径研究——基于利益相关者视角[J].教育科学研究，2020（12）：5-11.

[51]朱旭东.八、90年代美国教育改革的目标及其取向[J].比较教育研究，1997（6）：43-47.

[52]赵硕，高慧珠.日本义务教育阶段公立学校择校制度的发展及启示[J].教育科学研究，2021（3）：65-71.

[53]郑贤君.非国家行为体与社会权——兼议社会基本权的国家保护义务[J].浙江学刊，2009（1）：135-142.

[54]湛中乐.公民受教育权的制度保障——兼析《义务教育法》的制定与实施[J].华南师范大学学报（社会科学版），2016（6）：56-62，191.

[55]湛中乐，靳澜涛.新中国成立70年来教育立法变迁及其制度发展[J].中国人民大学教育学刊，2019（4）：5-25.

# 附 录

## 义务教育就近入学平等保障满意度调查问卷

您好，我们正在进行"义务教育就近入学中的平等权问题研究"项目的研究工作，为了全面了解家长对义务教育就近入学平等保障的满意程度，特制作此问卷，本问卷仅供研究使用，属于匿名调查，不需要填写姓名，请您根据实际情况认真填写问卷，谢谢！

## 一、家长基本信息

1. 性别：（1）男　　　　（2）女

2. 年龄：（1）25~35岁　　（2）36~45岁　　（3）46~55岁

3. 职业：（1）工人　　　　（2）农民　　　　（3）企业管理人员

　　　　（4）行政机关、事业单位工作人员

　　　　（5）自由职业者　　　　（6）其他

4. 文化程度：（1）小学及以下　　（2）初中　　　（3）高中或中专

　　　　　　（4）大专或大学本科　（5）硕士及以上

5. 您家庭的年收入为：（1）10万元以下　　（2）10万~20万元

　　　　　　　　　　（3）20万~30万元　（4）30万~50万元

　　　　　　　　　　（5）50万~100万元（6）100万元以上

6. 您孩子的性别：（1）男　　　　　　（2）女

7. 您孩子所在的年级：（1）小学＿＿＿年级

　　　　　　　　　　（2）初中＿＿＿年级

## 二、家长对于就近入学的满意度

8.您孩子就读学校所在的区域? (1)农村 (2)城市

具体区域是: ____省(直辖市)____市____区(县)

9.您孩子就读学校的性质? (1)公办学校 (2)民办学校

10.如果您孩子就读的是公办学校,是否属于户籍生(在户口所在地读书)? (1)是 (2)不是

11.如果是户籍生,您孩子属于哪一类情况?

(1)户房一致生源 (2)户房不一致生源

12.如果不是户籍生,您孩子属于哪一类情况?

(1)外来务工人员随迁子女 (2)跨区域择校生

(3)特定群体(如人才子女、烈军属子女、海外华侨华人 台胞子女、借读生等)

13.您孩子就读学校与家的大致距离?

(1)3千米以内 (2)3~5千米

(3)5千米以上 (4)没有特别注意

14.您孩子平时上下学方式?

(1)走读 (2)自行车等非机动车接送

(3)私家车接送 (4)校车接送

15.您如何理解"就近"?

(1)"就近"就是离家最近

(2)"就近"是相对而言的,未必就是离家最近

(3)没有特别考虑过这个问题,相信政府安排的就是"就近"

16.您认为您孩子入学是否是就近入学?

(1)是 (2)不是 (3)说不上

17.如果在"就近"和"学校"这两个因素上择一选择,您优先考虑的

因素是：

（1）"就近"优先，因为上学方便很重要

（2）"学校"优先，因为学校教学质量更重要，远一点没有关系

18.您对目前的就近入学安排是否满意？

（1）满意　　（2）不满意　　（3）说不上

如果您不满意，原因是：

（1）距离没有体现"就近"　　（2）"就近"的学校不理想

## 三、家长对于就近入学平等保障的满意度

19.您如何理解就近入学的平等？

（1）同一区域孩子就读学校的距离相近

（2）同一区域孩子就读的学校教育质量一样好

（3）城乡孩子就读的学校一样好

（4）所有孩子具有同样的就近入学机会

20.您认为目前的就近入学安排是否平等？

（1）平等的，统一按规定来安排，不能择校了

（2）不平等，城乡之间、区域之间、学校之间的教育资源不均衡

（3）不平等，户籍和房子还是能优先入学

（4）说不好

21.您认为就近入学的平等应体现的学校类型是：

（1）公办学校　　（2）民办学校

（3）公办学校和民办学校都应体现

22.在"公民同招"政策下，您会选择公办学校还是民办学校？

（1）公办学校　　（2）民办学校　　（3）无所谓

27.您认为应如何进一步推进就近入学的平等保障？

（1）政府积极作为，继续推进教育均衡

（2）加大对困难家庭学生等特定群体的平等保障

（3）政府及时公开教育信息，增进公众了解

（4）推进教育信息化，正向促进公平

（5）公众更好地理解就近入学的优点，不盲目跟风

感谢您对本次调研的支持！

# 教育部规划课题"义务教育就近入学中的平等权问题研究"调研提纲

您好！我正在主持教育部规划课题"义务教育就近入学中的平等权问题研究"项目，基于您在该领域的丰富经验，想对您进行一次深度访谈，希望得到您的支持，谢谢！

浙大城市学院法学院教师　邵亚萍

访谈内容：

## 一、关于义务教育就近入学的政策认知

1. 如何理解义务教育就近入学的立法和政策规定？

2. 请谈谈"零择校"与就近入学的关系，如何评价"零择校"？

3. 如何看待以房择校现象？

4. 如何理解就近入学中"就近"标准？

## 二、关于就近入学的执行情况

1. 所在行政区域是从哪些因素来确定学区的？是否体现了"就近"入学？

2. 在落实就近入学要求中是否存在困难？本行政区域是否存在特殊区情，能否克服这些困难？如果已经克服，有哪些值得借鉴的经验？如果尚未解决，其难点是什么？您认为应通过哪些举措予以解决？

3. 在就近入学问题上，是否有过举报或投诉？如果有，主要有哪些意见？是否有反映到上级或诉到法院案例？

4. 该区域是否有通过插班学习规避就近入学规定的现象？

### 三、关于就近入学中的平等保障问题

1.如何理解就近入学中的平等保障？您认为这一平等权中体现是哪一种平等，是"就近"入学的机会平等还是也包括"教育过程"的平等？

2.目前，家长更关心的是学校的优质问题而不是"就近"问题，对此，您是否认同？对于"就近"的诉求主要来自哪些群体，为什么？

3.就近入学的保障中，您认为是否应在当地孩子和随迁孩子之间有一定的区别对待，为什么？这种区别对待是否符合平等保障要求？

4.居住证制度的实施，对于随迁子女就近入学带来何种影响？

5.有一种观点认为，用摇号来确定学区是最公平的，您怎么看？

6.作为教育部门，在面对就近入学面临的问题时，是否存在与其他部门之间的不同看法？

### 四、关于义务教育公平

1.您认为目前对于义务教育不公的观点主要源于哪些方面？您认为是否存在不公？

2.您认为学校间的差异主要有哪些？是由哪些原因导致的，硬件、师资、生源？

3.您认为能否借助如网络教学缓解或解决义务教育中的公平问题？

4.目前，师资流动、名校集团化等举措旨在推进教育公平，您认为效果如何？

5.对于政府来说，义务教育是一种公共服务，您怎么看待部分孩子选择就读民办学校或者在家上学？目前本行政区域内选择这两种方式的群体大概有多少？

非常感谢您的支持和帮助！

# 教育部规划课题"义务教育就近入学中的平等权问题研究"调研提纲

尊敬的法官：

您好！我正在主持教育部规划课题"义务教育就近入学中的平等权问题研究"项目，基于您在该领域的丰富经验，想对您进行一次深度访谈，希望得到您的支持，谢谢！

浙大城市学院法学院教师　邵亚萍

访谈内容：

1.贵院是否碰到有关义务教育就近入学的案件？

2.目前，有关学区划分不合理的诉讼案有所增加，从已公布的裁判文书看，法院多以学区划分的文件为抽象行政行为，裁定驳回诉讼请求，您怎么看？如果当事人提出附带审查要求，您认为应从哪些方面审查该文件的合法性？

3.从公布的裁判文书看，有关就近入学的诉讼几无原告胜诉，您怎么看？

4.部分案件中，因原告非当年入学的适龄儿童，从而被法院认为不具有原告资格，您认为此类案件中是否存在预期利益问题？

5.在就近入学的平等保障上，您认为法院应从哪些方面进行判断？

6.在审理此类案件中，法院是否存在难度？可以发挥哪些能动性？

7.部分案件中，行政机关以已尽到"统筹解决"入学问题而认为已履行法定职责，您如何理解"统筹解决"中的行政职责？

8.部分法院在判决书里采纳了教育部的"就近不是最近""就近不是直线距离"的观点，您怎么看？

非常感谢您的帮助！

## 教育部规划课题"义务教育就近入学中的平等权问题研究"调研提纲

尊敬的学校领导：

我正在主持教育部规划课题"义务教育就近入学中的平等权问题研究"项目，想对贵校进行一次调研，希望得到您的支持，谢谢！

浙大城市学院法学院副教授　邵亚萍

调研提纲：

1.贵校生源构成中，户籍生和非户籍生的数量情况？这两种生源的入学安排是否存在难度？如有，主要体现在哪些方面？

2.相较于以前存在的择校现象，您是否支持现在的一律就近入学要求？为什么？

3.您认为就近入学是否公平？您所在的学校是否遇到跨学区入学的情况？如有，其原因是什么？

4.您认为目前对新居民子女的入学安排是否公平？目前您所在的学校在接收学生上是否存在新居民子女之间、新居民子女与当地户籍子女的差异？如有，您认为这种差异是否公平？

5.您认为在入学安排上，学校是否有权力？您认为在这一问题上，学校与教育部门（当地政府）之间应如何分工和协作？

6.您是否支持"公民同招"？为什么？

7.贵校所在的学区是否稳定？如有调整，一般是基于什么原因？学校是否参与调整程序？调整前后会有哪些工作难点？是怎么解决的？

非常感谢您的支持！

# 后 记
## Postscript

　　"就近入学"是当下备受关注的民生问题,对此教育学界已有一些研究成果。从法学视角对这一问题进行观察和分析则是本书的初衷和特色。可能因为是女性和母亲,加之教师的职业特点及格外喜欢孩子,我对教育问题尤为感兴趣。因此,在10年前,我便开始尝试从法学的视角观察、思考教育领域,尤其是义务教育领域存在的问题,并且兴趣越来越浓厚。

　　然而,义务教育领域作为教育学与法学的交叉领域,教育理论的丰厚性和实践的复杂性不能仅靠兴趣维系,法学视角的探究也不容易打通各个关节,更勿论构架出一个全新、全局性的框架。但兴趣毕竟也是最好的老师,在过去10年的沉心阅读中,在走进实践的感知中,我慢慢地对教育学与法学的交叉点——教育法学有所领悟。

　　本书是教育部课题"义务教育'就近入学'中的平等权问题研究"的最终研究成果。历时4年,其间因新冠疫情一度调研受阻,所幸疫情缓解得以继续前行,也所幸科技发达,部分工作得以借助网络和线上沟通实现。

　　在本书的写作过程中,我国义务教育改革也逐渐进入深水区:面对老百姓对于优质、公平教育的强烈追求,国家出台了推进教育均衡、全面提高义务教育质量的诸多文件,实行义务教育阶段"公民同招",并通过《民办教育促进法》的修改将实施义务教育的民办学校限定为"非营利性学校"等,这些都给本书的写作提供了大量的素材,也逼迫课题研究同步跟进。

　　本书虽然由我执笔完成,但写作过程中得到了课题组成员、诸多学界和实务界朋友的帮助。感谢余军、胡敏洁、李春燕等学友就本书的结构、论证方法等提出优化建议；感谢陈沪军老师等教育学界朋友为我提供交流机会，增进了我对义务教育领域的认知；感谢各地教育部门、人民法院及义务教育学校的朋友为我提供调研机会，使我能近距离地了解就近入学的实践运行；感谢在问卷调查中众多师友、朋友和学生的帮助，从而保证了调查结果的有效性和真实性；感谢《浙江学刊》和《浙江社会科学》刊载小文，坚定了笔者继续从事教育法研究的信心。

感谢浙大城市学院法学院为我的专著出版提供支持和帮助。写作过程中，与学科点老师的探讨总有收获，贴心的同事也适时为我的工作减负，让我能够集中精力完成写作。

感谢吴伟伟和杨茜编辑，没有她们的努力，本书不可能如期出版。

感谢我的家人，总能理解我的选择，也早就接受了大学教师生活与工作混杂一体的状态，不管是工作日还是非工作日，只要看到我在写作，就不会来打扰我。在本书写作的关键期，一家三口各自努力，以相互鼓励传递爱和温暖。特别要感谢儿子帮我仔细校对样稿。

在撰写后记之际，恰逢国家全面放开"三孩"生育政策。可以想象，就近入学问题将会继续受到关注，义务教育公平也必然需要在制度层面进一步加以推进。

本书是笔者涉足教育法学的第一本专著，研究还很粗浅，现实中的不少问题尚未能给出清晰的答案，也有不少需要深入思考之处，还请各位读者批评指正。希望在大家的共同努力下，我们的孩子都能平等地接受义务教育，健康快乐地成长，我们的家庭都能少一些教育焦虑，幸福美满。

今天是六一国际儿童节，一个关注儿童的特别日子，也是专著完成之日，是以记之。

邵亚萍

2021年6月1日于杭州拱宸桥西

**图书在版编目（CIP）数据**

就近入学与义务教育公平 / 邵亚萍著. — 杭州：
浙江大学出版社，2021.9
ISBN 978-7-308-21756-9

Ⅰ. ①就… Ⅱ. ①邵… Ⅲ. ①义务教育－公平原则－
研究－中国 Ⅳ. ①G522.3

中国版本图书馆CIP数据核字(2021)第186641号

**就近入学与义务教育公平**

邵亚萍　著

| | | |
|---|---|---|
| **策划编辑** | 吴伟伟 | |
| **责任编辑** | 杨　茜 | |
| **责任校对** | 曲　静 | |
| **封面设计** | 周　灵 | |
| **出版发行** | 浙江大学出版社 | |
| | （杭州市天目山路148号　邮政编码 310007） | |
| | （网址：http://www.zjupress.com） | |
| **排　　版** | 杭州林智广告有限公司 | |
| **印　　刷** | 广东虎彩云印刷有限公司绍兴分公司 | |
| **开　　本** | 710mm×1000mm　1/16 | |
| **印　　张** | 15.25 | |
| **字　　数** | 201千 | |
| **版 印 次** | 2021年9月第1版　2021年9月第1次印刷 | |
| **书　　号** | ISBN 978-7-308-21756-9 | |
| **定　　价** | 68.00元 | |